JN300712

日本から発信する平和学

安斎育郎
池尾靖志 編

法律文化社

目　次

序　章　日本から発信する平和学 ——————————— 1
    1　はじめに　1
    2　冷戦期における平和学　3
    3　ポスト冷戦期の平和学　9
    4　テロ後の時代における平和学　13
    5　おわりに——本章の構成　16

Ⅰ　歴史から日本を診る

第1章　軍事化する日本 ——————————————— 23
    1　はじめに　23
    2　太平洋戦争に至る道　25
    3　戦後の日本の安全保障　29
    4　グローバル化する日米安保体制　34
    5　おわりに　40

第2章　戦後日本のあゆみと平和運動の役割 ————— 47
    1　はじめに　47
    2　戦後の「反戦的平和運動」の特徴　47
    3　第二次世界大戦後の日本社会の変遷　49
    4　戦後の平和運動を概観する　54
    5　おわりに　66

第3章　歴史問題の現在と解決の道 ———————————— 71

1　はじめに　71
2　歴史問題の現在　72
3　「対立」の本質を考える　82
4　日本の歴史問題をめぐる対立の克服への道　86
5　おわりに　89

Ⅱ　政府の政策を斬る

第4章　日本の軍縮・不拡散政策 ———————————— 93

1　はじめに　93
2　軍縮・不拡散に対する日本のスタンス　94
3　軍縮・不拡散に対する日本の政策　95
4　輸出管理政策の点検(1)――キャッチ・オール規制　100
5　輸出管理政策の点検(2)――拡散に対する安全保障構想（PSI）　104
6　軍縮・不拡散の論理と安全保障の論理　108
7　おわりに　112

第5章　日本の「人間の安全保障」政策 ———————————— 115

1　はじめに　115
2　人間の安全保障とは何か　116
3　人間の安全保障をめぐる日本の政策　123
4　人間の安全保障政策の限界　127
5　おわりに　132

第6章　日本のODA政策 ———————————— 135

1　はじめに　135

目　次

  2　日本の ODA の特徴　136

  3　ODA のタテマエと実態——主権尊重の名の下で　141

  4　ODA は変わったのか——人間の安全保障・平和構築の虚実　146

  5　埋まらない ODA 政策への認識のギャップ　149

  6　おわりに　151

第7章　日本の地球温暖化政策 ——155

  1　はじめに　155

  2　日本政府の地球温暖化政策の現状　156

  3　現状の温暖化政策の問題点　165

  4　市民社会の役割——政策提言型 NGO の重要性　168

  5　おわりに　171

第8章　日本の人権政策 ——174

  1　はじめに　174

  2　人権の役割　174

  3　人権政策——尊重，保護，実現　179

  4　差別とのたたかいと人権政策　182

  5　求められる人権の主流化と国内人権機関への期待　189

  6　おわりに——国家のための人権から，人権のための国家に　190

III　平和創造と主体形成

第9章　戦後日本の平和教育 ——195

  1　はじめに　195

  2　平和教育の戦後の展開　196

  3　日本の平和教育の特性　200

4　未来の平和主体の意識　203
　　　5　おわりに　207

第10章　日本国憲法からのメッセージ ──────── 210
　　　1　はじめに　210
　　　2　日本国憲法の不戦・平和主義　210
　　　3　日本国憲法の制定過程　213
　　　4　解釈改憲・明文改憲の動き　215
　　　5　日本国憲法の世界化の動き　221
　　　6　おわりに　225

終　章　平和創造の主体形成
　　　　　──「憲法を守る」から「憲法で守る」へ ──────── 227

　　資料　日本近現代史略年表　235
　　あとがき　247
　　索　引　251

序章
日本から発信する平和学

1 はじめに

　ここ数年の間に，平和学に関する教科書が相次いで発行された。学際的な性格をもつ平和学がどのような体系をもち，どの程度人々の間に認知されているのかについては，今なお議論の余地のあるところである。そのことは，それぞれの「平和学」と名の付いた教科書が，それぞれの「特徴」を打ち出すかたちで出版されていることからもわかる。しかし，少なくとも，「平和」を希求する人々の強い意思に促され，それに呼応して平和学という学問分野が発展してきたことだけは間違いない。とくに，社会構造のなかで最も抑圧されている人々の視点から「平和」の実現を求めることが，平和学の基本的なスタンスであるといえよう。いかなる状態を「平和」と呼ぶのか，また，誰にとっての「平和」なのかを考えると，人それぞれによって「平和」の定義が異なることから，その実現のための手段もさまざまである。たとえば，権力者の求める「平和」といえば，権力者の地位が脅かされる恐怖から解放され，権力者にとって都合のいい社会秩序が保たれることを「平和」と定義するであろう（今の日本の状態は，まさにこのような危機的状況にあると編者は考える）。しかし，平和学は，権力者の側に立つのではなく，社会構造の中で最も抑圧された人々，言い換えれば，社会構造のゆえに，自己実現の果たしえない状況に置かれている人々の視点に立って「平和」を捉えようとする立場にある点を，最初に確認しておこう。

ところで、「平和学」の講義をする場合に必ずふれられる概念として、J. ガルトゥングの提唱した「構造的暴力」という概念がある。この概念によって、平和学の扱う領域は飛躍的に拡大した。当初の平和学の課題は、2度にわたる世界大戦の後、二度と戦争を起こさない社会をつくり出すために、戦争の発生要因を探求する点にあったが、ガルトゥングのめざす平和学は、人間が本来もっている可能性の発揮を妨げている原因を「暴力」ととらえ、「暴力のない世界」をめざそうとした。その結果、単に戦争だけでなく、飢餓・貧困・差別・人権抑圧・環境破壊といった、ありとあらゆる自己実現を阻害する要因が「平和」の問題と結びつけられることになった。このような議論は、「平和」という概念を静的・平面的にとらえすぎているのではないか、あるいは、「平和」という概念を無限定に拡散しすぎているのではないかといった批判にさらされることになった。しかし、ガルトゥングの提唱する「構造的暴力」概念が日本の平和学に多大な影響を与えたことは疑いのない事実である。

　では逆に、日本から発信する、あるいは、日本オリジナルの「平和学」を開拓するといった学問的貢献を生み出す努力が、これまでの日本における「平和学」を学ぶ者たちによってなされてきたのであろうかと問い直してみよう。すると、たしかに、戦後まもなくして冷戦時代に入ると、改めて日本国憲法、なかでも憲法第9条の理念を重視しようとする動きが起きた（第10章参照）。しかし、最近になって急速にマスコミで取り上げられるようになった「憲法改正」問題、とりわけ、紛争の解決手段としての軍事力の否定を唱える日本国憲法が改編の危機にさらされ、憲法上、公然と軍事力の保有できる国に移行しようとしている状況に対して、日本の「平和学」は、某かの解答を導くことができるであろうか[1]。

　本書はこうした問題意識の下、「日本における平和学」あるいは、「日本から発信する平和学」のありようとはいかなるものであるべきかを考えようとする、チャレンジングな試みを行おうとするものである。そこで、この序章では、世界全体の平和学の歩みを概観しながら、日本におけるオリジナルな平和学の萌芽は見られなかったのか、今後の日本が積極的にとりくまなければならない課題は何かをともに考えていくことにしよう。

2 冷戦期における平和学

はじめに，第二次世界大戦後，言い換えれば，冷戦時代に，「二度と戦争を繰り返してはならない」と考える人たちの声に答えるにはどうすればよいか，あるいは，学問の社会的責任として，「平和」を実現するためには何が必要かを考えるなかから，平和学といわれる学問領域がスタートしたことを確認し，冷戦時代における平和学の展開についてみていこう。

◇「核抑止力」批判としての平和学

日本において，平和学といった学問領域が，いつ頃から，どのようにはじまったかを特定することは，国際政治学ないし国際関係論がいつから始まったのかを特定するのと同様に，難しい。もともと，2度にわたる世界大戦を経て，二度と戦争のない状態をめざそうとし，戦争の発生要因を探求することを課題として掲げた平和学は，ウェストファリア・システムの成立以来，戦争が国際政治の延長ととらえられていたことから，国際関係論（ないし国際政治学）とまったく無縁でいられることはできなかった。[2]

国際関係論がいつ頃からはじめられたかをめぐっては，諸説がある。たとえば，第一次世界大戦と第二次世界大戦との間に，不戦条約の締結（1928年）や，国際連盟による集団安全保障体制の試みによって，戦争を食い止めようとする動きが実際にみられ，理想主義の考え方がとくに1920年代に一世風靡した。このような時代から，国際関係論がスタートしたとみる研究者もいる。他方で，E. H. カーのように，理想主義の隆盛に警鐘を促し，国際政治における権力の役割に注視する必要性を唱える動きもみられた（カー 1996）。実際，1930年代に入ると，ファシズムの台頭が見られ，ヒトラーは，民主的選挙によって政権を獲得し，その後，「全権委任法」を議会で成立させて独裁体制を築き，ユダヤ人に対する大量虐殺を行った。また，日本においては，「大東亜共栄圏」の設立を掲げながらいわゆる「15年戦争」に突入した。こうして1930年代に入ると，理想主義の限界は目に見えるかたちで現れるようになってきた。

他方，連合国側の側でも，戦争の勝利を目前とした時期に，戦後の国際秩序を定めるヤルタ会談が開かれたが，そのときにはすでに〈資本主義 対 社会主義〉という政治／経済体制ないし〈自由主義 対 共産主義〉といったイデオロギーをめぐる対立がみられ，第二次世界大戦後は，西側陣営と東側陣営との対立の顕在化によって，核軍拡競争がエスカレートするなど，「冷戦」といわれる，新たな戦いが起きることとなった。

　こうした現実を目の前にして，もし，第三次世界大戦が起きれば，それは，米ソを中心とする東西両陣営によると全面核戦争の勃発という危機感を多くの人々が抱いた。実際，日本においても，アメリカによるビキニ環礁での水爆実験によって，第５福竜丸が「死の灰」をあびるなど，核実験にともなう新たな「ヒバクシャ」がでるなかで，戦争の起きる原因を多面的／学際的に研究することによって「戦争のない世界」をめざすこと，とりわけ，全面的核戦争の勃発をめざすために，どうすれば「核廃絶」は可能なのかを，学問分野を超えて，多くの科学者たちが構想しようとしたことは，ごく自然の成り行きであった。

　しかし，核兵器は，単に巨大な破壊力を有するだけではない。核爆発が起きた後にも「死の灰」や「黒い雨」によって放射線障害を引き起こし，今なお多くの被爆者の方々が「原爆症」に苦しめられている。また，全面核戦争後に起きる「核の冬」によって，全面核戦争が起きれば，勝者も敗者もなく，地球の滅亡といった状況に陥ることが，次第に科学者による知見などから明らかにされた。そのため，米ソ両超大国間には，次第にではあるが，とくにキューバ危機において全面核戦争に陥るかもしれない状況が生まれて以降，米ソ間において，全面核戦争の危機を回避しようとする暗黙の了解ができたといわれる。ただし，核兵器を「抑止力」として用いようとする発想や，核兵器の小型化によって，限定的に核兵器を用いる試みがなされ，核兵器の実戦使用が諦められたわけではない。そのため，冷戦期における平和学の最大の課題は，「核抑止力」によって，少なくとも戦争が回避されるといった，「核の平和」という考え方をどのように打ち砕くかという点にあった。日本平和学会初代会長である関寛治は，平和学の体系化を一貫して追い求めようとし，「平和学の主題は，戦争と平和の循環現象に焦点をあてて，戦争に至る原因を解明しその循環過程を変

容させる諸条件を探りだすことにおかれる（関 1995：第3章。とくに，61頁）」と述べた。

◇「南北問題」の顕在化と「構造的暴力」概念の登場

ところが，世界には，〈資本主義（西側陣営）対社会主義（東側陣営）〉という，社会・経済体制ないしイデオロギーの違いに由来する「東西問題」のみが存在したわけではない。1959年，イギリスのロイド銀行会長（当時）であったO.フランクスは，「東西問題」だけではなく，地球を見渡してみると，〈先進国対途上国〉といった，経済的ないし社会的格差という「南北問題」があることを指摘した。また，1960年代は「アフリカの時代」と呼ばれているように，1960年代にはいると，多くの植民地が旧宗主国から独立し，新興独立国家が誕生した。しかし，それでもなお，旧宗主国と旧植民地（新興独立国家）との従属関係は相変わらず続き，新植民地主義であるとして非難された。旧植民地は長い間，旧宗主国の原料供給地とさえ，経済的自立の基盤がなかったからである。

このように，経済的ないし社会的格差の問題がクローズアップされる中で，ただ単に，「戦争がなければ平和である」とする単純な見方ではなく，戦争がなくても「非平和」な状態のあることが，次第に明るみにされるようになってきた。はじめに述べたように，1967年，J.ガルトゥングは，「暴力」を幅広く定義し，「人間の潜在的な身体的・精神的な能力を，その可能性以下に抑圧するような影響力が作用しているとき，暴力が存在する」と定義した。従来，平和学が扱ってきた「戦争」という，加害責任の問える「直接的暴力」のみならず，人々を苦しめる社会構造そのもののなかに「暴力」性が潜んでいると捉える「間接的暴力」ないし「構造的暴力」概念を提唱することによって，私たち一人ひとりの生活のありようを問い直す契機を提供したものと考えることができよう[6]。

◇国際関係における「アイデンティティ」の確立

ただし，「平和」は，社会のダイナミズムのなかから生まれるものであり，

J. ガルトゥングの「平和」の定義は，ダイナミズムに欠けるとの批判が K. ボールディングから出されたほか，「(戦争や暴力)がない状態」を「平和」と定義する消極的な定義よりも，むしろ，「こういう状態を『平和』という」というように，より積極的に「平和」を定義した方がいいとして，日本平和学会会長を務めたことのある故・馬場伸也は，「人類益の達成された状態」を「平和」と定義した。その内容は，①核兵器を含むすべての軍備と戦争からの解放（永久平和の確立），②飢餓，貧困からの解放（全人類の経済的福祉の確立），③環境破壊からの解放（自然と人間との調和の確立），④人間性の解放（個々人の人格の尊厳の確立）といった，4つの価値観を志向する概念である。こうした「人類益」の達成された社会を，馬場は，福祉「国際社会」と定義した（馬場編 1990：11-12）。

　また，「戦争」はクラウゼヴィッツが「戦争は，他の手段をもってする政治の継続である」と定義したように，国際関係に影響力を及ぼすことのできる「大国」間でなされるものであるが，国際関係のアクターは必ずしも大国に限らないと馬場は指摘した。たとえば，国際関係に影響力を及ぼすことができず，むしろ，大国からのパワーの行使をはねのけようとする小国（たとえば，核実験場に使われ，「ヒバクシャ」を生み出すような状況にあるような国々）は，自国のアイデンティティを確立しようと模索するし，ミドル・パワーと呼ばれる中級国は，大国からのパワーに対して，一定の影響力を及ぼすことによって自国の国際システムにおけるアイデンティティを確認しようとする。たとえば，ニュージーランドは，アメリカやオーストラリアとともに，ANZUS 条約に加盟しているが，核兵器に対しては否定的である。このほかにも，国際関係に影響力を及ぼしうるような企業や国際組織，諸個人といった，さまざまな非国家的行為体（Non-State Actors）が相互作用を織りなす場として「国際社会」が成立しつつあるととらえることにより[7]，馬場は，単に国際関係を国家間の権力闘争とみるリアリズム的思考に対するオルタナティブを提示し，「アイデンティティ」という概念で国際政治をとらえ返そうとした（馬場 1980）。

　国際政治学会において，非国家的行為体に着目した特集がはじめて組まれたのは，『国際政治』59号（1978年）であるが，アメリカにおいて，トランスナ

◆コラム1　リアリズムとリベラリズム

　国際関係論における主流は，リアリズムといわれる見方である。これは，ただ単に「現実を直視しましょう」というものではなく，「権力闘争こそが国際関係におけるリアル（現実）である」というものの見方である。それぞれの国家は，国益を追求しようとしたが，他国の利益と異なる場合に，最初は話し合い（外交）によって利害関係を調整しようとしたが，それがうまくいかなくなると，最終的には武力紛争へとつながる。これが「戦争」といわれるもので，クラウゼヴィッツが，「戦争は政治の延長である」と言われるゆえんである。

　しかし，冷戦期にはいると，米ソ両覇権国を中心とする二極体制は決定的なものとなり，この状況の中で，いかに自国の利益を最大化しようとするかと考えるネオリアリズムといわれる考え方が生まれてきた（ネオとは，「新しい」という意味である）。

　他方，A. スミスが「神の見えざる手」と呼んだように，同じ理性を持ったものどうしが交渉すれば，予定調和的に物事が決定するから，国家権力のような第三者は介入しない方がよく，国家は最低限度の治安の維持や国防のみでいい（こうした国家のことを「夜警国家」という）というリベラリズムといわれる考え方もある。これを国際関係論にあてはめてみると，国家のみが国際関係における主アクターではなく，非国家的行為体（例：国際機関，NGO，国際関係に影響力を及ぼすような（多国籍）企業や諸個人など）にも着目しようという議論が生まれてきた（こうした関係を「トランスナショナルな関係」という）。

　しかし，1970年代には，すでに，覇権国アメリカの衰退が叫ばれており，1980年代にはいると，覇権国アメリカのみが国際公共財（例えば，西側陣営にさしかける「核の傘」などの核抑止政策や，基軸通貨ドルによる国際通貨／金融体制の安定など）を負担するのはおかしいとの議論から，西側陣営の同盟国に対して，burden sharing（責任分担）を求めてくるようになってきた。実際，オイルショックの後には，西側陣営における国際経済体制の安定を求めてサミット（主要国首脳会議）が1975年から毎年開催されるようになってきたし，国際社会全体にとって利益となる事柄は，国際協調体制を図るべきだといわれる議論が登場してきた（こうした国際的な話しあいの枠組みを「国際レジーム」という）。アナーキーな国際関係を前提とした上で，国家間の協調体制をうたう考え方は，ネオリベラル・インスティテューショナリズムという。要するに，「国際制度」に期待しようというのである。ただし，この場合，国家の行動に制約が加えられる場合もあることから（例えば，CO_2の排出削減を求められて，経済発展を一定程度押さえなくてはならなくなるなど），必ずしも，ネオリベラル・インスティテューショナリズムといわれる考え方が万能なわけでもなく，ネオリアリズム的な発想に立って，国家が単独行動に出る場合もある（アメリカの動きや，北朝鮮のNPTからの離脱とその後の核実験実施など）。

　しかし，国際社会において，どこかの国家が単独で行動することを抑制したり，国

> 際レジームが形成されたりすることによって，NGO の動きが活発なものとなり，国際世論による監視の目が厳しくなるといった効果も期待できる。
> 　このように，「権力」の抑制の仕方には，様々なアプローチがあることを念頭に置いて，いかに「権力」の濫用や暴力の発生を未然に防ぐかが平和学を学ぶためには必要である。

ショナルな関係に焦点があてられたのは，1960年代後半のことである。アメリカでは，「トランスナショナル」という概念は，単に，国家の論理を乗り越え，国境を越えた状況を指す概念として用いられたが，日本にトランスナショナルな関係を紹介した馬場は，たとえば，アムネスティ・インターナショナルのように他国の人権侵害に対する告発の NGO の事例をはじめ，核兵器の廃絶を願う人々が「国家」の支配の論理から抜け出し，国境を越えてトランスナショナルに連帯するといったように，社会運動のグローバル化をすでに1980年代には構想していた（その後，こうした社会を夢見ながら，「ベルリンの壁」が崩壊するひと月前の1989年10月にご逝去なされた）。

　このように，冷戦期の平和学は，戦争の発生原因を追究することによって「戦争のない状態」をつくり出そうとする段階から，「戦争がなくても平和とは呼べない状態」があることに気づき，平和学の扱う対象を拡げるにいたった。しかし，当時の国際関係の主流であるネオリアリズムは，2つの覇権国（米，ソ）の共存といった，二極システムという国際構造を所与のものとして，そのなかで，いかに，自国の行動を決定するかを考える，システム論的志向ないし構造論的決定論に陥っていた。

　そのような状況のなかで，J. ガルトゥングのいう「構造的暴力」概念に触発されながらも，冷戦時代における，日本オリジナルの平和学といえば，日本平和学会会長も務めた馬場伸也がいうように，多くの国々や地域（ローカル）が，独自のアイデンティティを模索することによって，大国のパワーから逃れ，大国中心の国際関係から抜け出すことによって，独自の「国際社会」を模索しようとする動きに代表されるのではないかと筆者は考えている。今でこそ，アイデンティティ・ポリティクスやコンストラクティビズムといった議論が国際関

係論上の話題にのぼっているが，1980年代の「新冷戦」といわれる時期に，「アイデンティティ」という概念を国際関係に適用し，独自の「国際社会」観を打ち出したことは，日本の平和学において，特筆すべきことであると筆者は考える[8]。

　本節の最後に，日本における「平和学」講座の開設についてふれておこう。日本で最初に「平和学」の講座を開設したのは，岡本三夫である。1976年，四国学院大学ではじめて「平和学」の講座が開設され，これ以降，何らかのかたちで，平和学関連の講座を開講する大学もかなりの数にのぼっている。第19期日本学術会議平和問題研究連絡委員会報告「21世紀における平和学の課題」によれば，その数は，全国50以上の国公私立大学に拡がっているという（岡本 2006a：138）。

3　ポスト冷戦期の平和学

　1989年12月，マルタにおいて冷戦終結宣言がなされ，すくなくとも，米ソ両覇権国による全面核戦争の危険性が遠のくと，一時的であるにせよ，平和学の存在理由が問われることとなった。「核兵器のない世界」を目指そうとする平和学の課題が解決したかのごとく見えたからである。しかし，核兵器をはじめとする大量破壊兵器はこの世の中から消滅したわけではなく，新型核兵器の開発は今なお進められている。また，これまで，東西対立にエスカレートしたことから抑えられてきた地域紛争が再燃し，自らのエスニック・アイデンティティを主張することによって，冷戦後はかえって地域紛争が多発するようになってきた。さらに，地球温暖化の加速やテロの脅威など，新たな意味で，人々の生活を脅かす状況も生まれてきた。そこで，次に，冷戦以後の平和学の課題や模索を思いつくままに素描しておこう。

◇グローバリゼーションの進展
　冷戦の終焉は，東側陣営の自壊によってもたらされたと考える人たちからは，冷戦の終焉を，自由主義の「勝利」と考えた（たとえば，（フクヤマ，F. 1992））。

こうして，アメリカ流の「自由主義」というイデオロギーをグローバルに広めようと考え，グローバリゼーションを「アメリカナイゼーション」ととらえる人たちもいる。こうした動きを後支えする議論として，紛争データを根拠として民主主義国家間ではめったに戦争が起こらないというテーゼを唱えた「デモクラティック・ピース（民主主義による平和）」，（たとえば，（ラセット，B. 1996））や「リベラル・ピース（自由主義による平和）」などがある（これらの議論に対しての論争をまとめたものとして，Brown et al. 1996参照）。また，アメリカは，冷戦構造崩壊後まもなくして起きた，イラクのクウェート侵攻に対し，国連安全保障理事会による決議にもとづいて多国籍軍を結成し，当時のブッシュ大統領は，「新世界秩序」の樹立を唱え，「世界の警察官」たろうとした。

　たしかに，〈自由主義対共産主義〉といったイデオロギー対立は影を潜め，アメリカ流の「自由」や「民主主義」という価値観グローバルなレベルで浸透するようになり，アメリカ流の生活様式や文化が世界に蔓延するようになってきた。他方で，1980年代以降深刻化した累積債務問題によって，IMF（国際通貨基金）や世界銀行などが融資した「借金」を債務国に外貨をかせぐことによって返済させようとして押しつけた，構造改革政策（新自由主義的な政策を途上国に強要し，社会福祉を切り捨て，通貨を切り下げる一方で，外貨獲得によって債務を返済するように求める政策）や，グローバル化時代に一層顕著になった投機マネーによる通貨・金融危機に追い込まれて，今なお立ち直れないでいる人たちなど，これまでの権力の象徴であった国家（主権）以外にも，さまざまなかたちでの権力の行使のありようが明らかとなり，とくに1日1ドル以下での生活を余儀なくされる絶対的貧困層といわれる人たちの生活やいのちを犠牲にするようになってきた。こうした人たちの存在は，従来のように〈先進国対途上国〉といった，国家単位での「南北問題」として問題化することはできない。すなわち，先進国の中にも，途上国の中にも「格差」が蔓延し，グローバルなレベルで「豊かな人たち」と「貧しい人たち」という構図（《「グローバル・ノース（Global North）」対「グローバル・サウス（Global South）」》）が生まれるようになってきた。こうした構図のことを，かつて，南アフリカ共和国でとられていた「人種隔離政策（アパルトヘイト政策）」になぞらえて，「グローバル・アパルト

ヘイト」と呼ばれている[10]。

　このように、平和学の存在理由を、「直接的暴力」の除去に求めるならば、「帝国」アメリカのグローバルなレベルでの軍事力再編に対するアンチテーゼを模索しなければならないし、社会的に最も脆弱な人たちに対して加えられる「構造的暴力」に着目するならば、冷戦以後のグローバリゼーションの本質を探らなければならない。

　以上のように、人々を苦しめる「権力」行使は国家のみであった時代から、国家以外の存在（たとえば、多国籍企業や、投機マネーを運用する主体、技術開発による知的所有権を独占しようとする存在など）が「権力」を行使し、社会的に脆弱な人たちを苦しめるという状況が生まれてきている。こうした状況に対して、平和運動の側も、より「トランスナショナル」な連帯が求められる時代になってきた[11]。

　このほか、こうした「平和」の問題に無関心を装ったり、無気力感に陥っていたりする人たちに、世界の現状を伝え、現実を変えていく原動力の主体となってもらうために、連帯の輪を拡げていかなければならないといった、より大きな課題も存在する。日本の平和学は、こうした状況を、どこまで、人々にメッセージとして伝えきれているであろうか。

◇アイデンティティの重層化と「新しい戦争」

　グローバル化の時代は、改めて、自らの存在理由や帰属意識（アイデンティティ）を問い直す契機をも提供した。たとえば、私の担当するゼミ生の中は、「地球市民」としてアメリカの反核デモに参加し、アメリカの入国審査の際には「日本国民」を称し、住所からいうと「京都市民」であり、下宿先や大学は「岩倉」（筆者の本務校のある地名）というところにあるので、その地域に愛着を感じている。そして、アメリカ産の牛肉を用いた「吉野屋」に行き、たまには京料理を堪能し、ときには、ベトナム料理も食べるといった具合である。

　このように、諸個人のアイデンティティは重層的なものであり、場合によって使い分けるといったことが起きるようになってきた。これは戦前日本のように、国家や天皇にのみ忠義を果たそうとするナショナリズムとは異なる。しか

し，現実の日常生活の場は，やはりローカルな枠組みに縛られている。例えば，地域のゴミ問題に関わったり，ご近所づきあいがあったり，そして何よりも自分一人の時間を持ちたがろうとする。このように，"Think Globally, Act Locally"が必要であることは，1980年代ぐらいから主張されている（たとえば，（アルジャー／吉田編訳 1987）参照）。

　平和学が最初にとりあげた「戦争」のありようを考えてみても，戦前は，「天皇陛下」の「臣民」としての「日本国民」であることを人々は強要され，それに異議を差し挟むことなく（差し挟めずに）いた。また，国家の方針である「大東亜共栄圏」設立のために，軍隊に入隊することを，あるいは，軍需工場で働かされることを強要され，それがあたかも「当たり前」だと思い込むといったように，国家のみに帰属意識（アイデンティティ）を求めることを強要された。こうして，戦争を支える資源をまかなうために，自国の影響の及ぶ範囲を拡大しながら，戦争が遂行されていった。

　しかし，冷戦後の戦争ないし紛争では，従来のように，自国の勢力圏下を拡大することによって戦争資源を獲得しながら戦争を戦うのではなく，自分たちのアイデンティティをめぐるエスニック集団どうしが，人為的に引かれた国境線とは関係なく争う状況が生まれてきた。あるいは，破綻国家（failed states）といわれる国家では，国家機能は壊滅し，そもそも，政府の正統性をめぐって，政府軍と反政府軍とが，自らの政治支配の正統性をめぐって相争うようになってきた。

　また，戦争や紛争に用いられる兵器は，冷戦時代に米ソを通じて持ち込まれた小型武器がそのまま用いられたり，あるいは，ブローカーを通じて流入したりしている。[12] 戦争や紛争を戦う主体も多様化し，紛争の「民営化」も進んでいる。[13] このような状況を，イギリスの平和学者，M.カルドーは「新しい戦争」（カルドー 2003）と呼んだ。「新しい戦争」状況においては，たとえば，テロ集団や民間軍事会社に大量破壊兵器が拡散したり，子ども兵が傭兵として雇われ，小型武器を扱ったりするといった問題なども付随して起きてくる。

　こうした状況に対し，日本においても，実際に，紛争の現場に行って，紛争の仲裁を試みる紛争ワーカーと呼ばれる人たちが活躍したりもしている。他方

で，日本の「国際貢献」の名の下に，自衛隊が「海外派兵」する契機もつくりだされている。

　日本の平和学は，紛争予防のために何ができるか，あるいは，「平和構築」のためにどのようなことができるのか，さらには，紛争を和解に導くとともに，紛争が終結しても人々の心の中に残るトラウマをどのように緩和していくのか，といった実践的な課題に向き合う必要があるのはもちろんのことであるが（この点について，（稲田ほか 2003）は，政府や NGO が果たすべき復興支援の今日の課題を，具体的な事例を取りあげながら考察している。また，平和構築に関する標準的なテキストとして，（大門 2007）），自衛隊の「海外派兵」によって，現地ではどのようなことが行われているのか，そもそも自衛隊が海外でどのような働きを行っているのか，検証していく必要があろう。

4　テロ後の時代における平和学

　ポスト冷戦期と呼ばれる時期から 10 年以上が経ち，21 世紀最初の年，2001 年には，アメリカにおいて，同時多発テロが起きた。これに対して，アメリカは，同時多発テロの首謀者とされるウサマ・ビンラディンの引き渡しを拒んだアフガニスタンを攻撃し，その後，2003 年には，大量破壊兵器を隠し持っているとして，国連の決議を経ずに，イラクを攻撃した。これに対して，日本は，2001 年 10 月には，小泉政権のもとでテロ対策特別措置法が成立し，翌月，自衛隊給油艦がインド洋へ派遣された。また，2003 年のイラク戦争では，日本は米英の立場を支持し，同年 7 月には，イラク復興支援特別措置法が成立した。こうして，同年 12 月には，自衛隊をイラクに派遣し，2004 年 12 月には，新防衛大綱が決定している。

　このように，21 世紀において，軍事力のみならず，食糧や資源の供給地として他国の追随を許さないアメリカを「帝国」となぞらえるようになってきた。これは，まだ，冷戦構造が崩壊して後，国際社会がどのような方向に進むのかはまだ未確定ではあるが，グローバリゼーションだけは着実に進行しているというポスト冷戦期の状況とは大きく異なり，他国の追随を許さない軍事力によ

って，国際社会において君臨しようとする新たな時代の幕開けともいえる。このような状況において，21世紀の平和学は，何をすべきか，考えてみよう。

◇軍事力によらない平和創造の模索

　1990年代初頭には，自衛隊を海外に派遣することには，多くの人々が反対した。一度は，PKO法案は廃案に追い込まれたが，その後，日本の「国際貢献」をめぐるあり方が諸外国から問題とされ，外圧に押し切られるように，軍事化の方向へと日本は進みつつある（すでに日本の軍事力の増大や「米軍再編」に組み込まれた状況を，「解釈改憲」によって説明できないところにまで陥り，ついに政府・与党は，憲法改正に踏み込む議論を展開するようになってきた）。とりわけ，21世紀の米同時多発テロを契機として，国連による集団安全保障体制を形骸化し，いざとなれば，単独で軍事介入に踏み切ることが，自国の，あるいは地域の安全保障につながるとする動きがみられるようになってきた（このような動きの先駆けとして，1999年のNATOのコソボ空爆があり，現在まで続くイラク戦争は，アメリカ一極支配のなかで起きた出来事である）。

　しかし，「日本国憲法」第9条には，「武力による威嚇又は武力の行使は，国際紛争を解決する手段としては，永久にこれを放棄する」とある。アメリカの圧倒的なパワーのもとに，テロ後の国際システムのありようは一変したが，こうした状況だからこそ，アメリカ一極集中のもとで行使される軍事力のありようを牽制することが，「平和憲法」を有する日本の平和学の課題なのではないか。また，地域紛争によって分断された国や地域における，エスニック紛争の「非暴力的」解決や，紛争後の「和解」をいかに試みるのかといったことも重要であろう。

　翻って，国内の社会状況をみると，北朝鮮によるミサイル実験をはじめ，近隣諸国の軍備増強の動きに対して，日本においても何らかの対応をするべきではないのか，という「右傾化」の動きが進むなかで，いかに，より多くの人々が，「平和」の担い手となりうるのか，あるいは，少なくとも，気づかなかった社会構造に「気づく」ことが平和学の最初の出発点である。最終的には，多くの人々との「連帯」によって，すくなくとも自分たちの日常生活の場から，

何ができうるのか，どのような「アクション」へとつながっていけるのかという実践的な課題に結びつける必要がある。

◇アイデンティティの確立による人間性の回復へ

　前節でも述べたように，今，諸個人は，重層的かつ場面に応じて，自らの「アイデンティティ」を使い分ける。「地球市民」であり，「日本国民」であり，「岩倉」の住民でもあるといったように。しかし，1999年による国旗国歌法の制定や，2006年に全面改正された教育基本法などによって，少しずつ，個人の内面の自由に国家が介入しようとしつつある。

　例えば，国旗国歌法においては，1999年6月29日の衆議院本会議における小渕首相（当時）の答弁では「……政府といたしましては，国旗・国歌の法制化に当たり，国旗の掲揚に関し義務づけなどを行うことは考えておりません」と述べておきながら，現実には，文部省（当時）の通達によって，国旗掲揚と国歌の斉唱が事実上義務づけられるようになり，それに反対する公務員である教職員と文部省の通達との板挟みになって校長が自殺する事件が起きた。また，改正された教育基本法においては，愛国心に関する記述が問題となり，「伝統と文化を尊重し，それらをはぐくんできた我が国と郷土を愛するとともに，……」と，旧法には触れられていなかった愛国心の規定が盛り込まれるようになった。また，道徳教育などの規定も盛り込まれた。

　このように，少しずつ，国家に対するアイデンティティをもつことを奨励するとともに，第1章において触れたように，日本をとりまく周辺諸国からの脅威を強調することによって，「有事」の際には，国家が守ってくれるという考え方を人々に吹聴し，軍事化の正当化を政府は図ろうとしている。これも，絶大な権力を持つことによって，権力の自家撞着に陥ってしまったアメリカに追随しようとする動きの現れである。

　他方，「自己責任」という名の下に，「人間としての誇り」をもてるような，憲法第25条の「生存権」の規定はないがしろにされ[14]，「格差社会」を肯定するような発言が，閣僚の中からも聞こえるようになってきた。また，「日本国民としての誇り」を優先し，都合の悪い歴史を改竄しようとする勢力も次第に大

きくなっている。

　今こそ，自らのおかれた社会的位置を確認するとともに，自らのアイデンティティを確立することによって，人間性の回復を図る必要があろう。このように，人権と「平和」の問題は，密接につながっている（第8章参照）。

5　おわりに——本章の構成

　日本におけるこれまでの平和学を考える際には，社会のメカニズムを探り，どこに「暴力」が存在するのかを明らかにする平和「研究」と同時に，平和「教育」や平和「運動」が有機的に連動することを念頭に入れることが望ましい。しかし，これまでの歩みを振り返ってみると，それぞれが，それぞれの営みを歩んできたきらいがあったことは否定できない。また，一部の人たちからは，平和教育は「偏向教育」であると非難にさらされ，そうした議論に十分な反論をできずにいたり，平和運動家たちは研究者全般を指して，運動の現場や現実を知らない存在であるかのようにとらえられたりする傾向もなくはない。

　しかし，これからは，平和運動にも「戦略的な」展開が求められるし，平和教育を「偏向教育」とみなし，「愛国心」をやたらと強調することによって過去の歩みを「清算」しようとする動きが，政治家の間にも，そして，一部の人たちからも起きている今日，歴史をめぐる「政治問題」は，中国や韓国，北朝鮮などといった近隣諸国だけではなく，「同盟国」アメリカとの間にも起きていることを思い知る必要があろう（たとえば，過度な愛国心の強調は，東京裁判や，戦後秩序の否定につながると考える人たちがいる。米下院外交委員会における「日本軍慰安婦をめぐる下院決議案」の採択などもこうした流れのなかでとらえるべきである）。

　そこで，本書では，はじめに，日本が近代国家をめざそうとして以来の歩みを振り返ることが必要であると考え，第I部では，近代日本の歩みを，平和学の観点から検証するとともに，戦後の平和運動がなしえたものを確認し，それらが平和学に与えた影響について考える。また，第II部では，平和学の観点から，現在の日本政府の政策を批判的に検証する。そのことによって，今や経済大国のみならず，軍事大国にもなりつつある日本の現状を知るとともに，非軍

事的分野において，日本が果たす役割についても確認できるであろう。第Ⅲ部では，日本において蓄積された平和教育のありようを振り返るとともに，今後，平和学の視点から今の日本社会がどのように見えるかを概観し，たとえば，国連の常任理事国入りを模索する「大国」日本をめざすのではなく，「ミドル・パワー」日本としての役割に，日本発の平和学の存在意義があることを終章において述べる（日本における「ミドル・パワー」としてのありようについては，（池尾編 2009：96-97）の〈コラム3-3〉のなかで，若干指摘しておいた。（馬場 1988）も参照のこと）。

〈注〉
1）　川本兼は，「日本の平和学が，平和を『変革を要求する新しい価値』として提示する必要を認識できなかった」と指摘している（川本 2007：5）。
2）　（岡本 2006b）が，日本の平和学の歩みについては詳しいので参照のこと。また，日本平和学会が創設された1970年代の論壇の世界において，平和学について論じたものとして，たとえば，（川田ほか 1972）を参照のこと。
3）　冷戦終結後，アメリカによるアトミック・ソルジャーの存在や，旧ソ連のセミパラチンスク核実験場など，これまで秘密裏にされてきた核実験場の近隣に住んでいた人たちの放射線被爆，旧植民地において旧宗主国が行った核実験の被害などが，次第に明るみになってきた。
4）　能力（とくに軍事力）の配分状況を，国際システムの構造とみなし，国際システムの構造を所与のものとみなし，そのなかで，自国の行動を決定しようとする発想をネオリアリズムという。「核抑止力」によって，冷戦時代は，米ソによる全面核戦争が起きなかったことを指して，「長い平和（Long Peace）」と言い表した，（ギャディス, J.L. (2003)）などはネオリアリストの典型である。ネオリアリズムによる核抑止論の誤謬を明らかにしようとすることが，当時の平和学の最大の課題であった。日本平和学会初代会長の関寛治も，この点に最も関心があったようである。筆者が大学院時代の頃，彼の講義を受講して感じた印象は，ネオリアリズム批判による「平和学」の構築にあったように思われる。
5）　もともとは，国際関係論において，ネオリアリズム的戦略思考に基づく「ゲームの理論」を用いて核抑止力批判を行った，A.ラパポートの業績を日本に紹介した試みが，関寛治によってなされた（ラパポート／関訳 1969）。
6）　戦争といった「直接的暴力」のない状態を「消極的平和」，「（構造的）暴力のない状態」を「積極的平和」と定義するようになった（ガルトゥング 1991）。
7）　こうした，国家以外のアクターどうし，あるいは，アムネスティ・インターナショナ

ルのように,「良心の囚人」といわれる政治犯を解放するように他国の国家に対して圧力をかけるなど,片方は国家でも,もう片方のアクターは国家以外のアクターとの関係のことを,トランスナショナル(脱国家・超国境)な関係という。(馬場 1980, 1983)。
8) ポスト冷戦期に入ると,東西両陣営の対立に巻き込まれる可能性が低下したことから,「アイデンティティ」の名のもとに,エスニック紛争が多発するようになったことは注意しなければならない。
9) こうして,しばらくの間,アメリカは,PKO(国連平和維持活動)にも積極的に派兵を行ってきたが,ソマリアに展開された UNOSOM II (PKO のなかでも,ガリ事務総長の提唱する,国連憲章第7章に基づく「平和強制」活動の唯一の失敗例となった)において,米兵の遺体が街中を引きずり回される映像が CNN に流されると,アメリカの国益に見合わない PKO には参加しないとクリントン大統領は声明を出した。
10) 権力の源泉の多様化について,たとえば,(ストレンジ 1994)参照。
11) たとえば,これまで無理だと思われてきた,対人地雷全廃条約に向けて,ミドル・パワーであるカナダを巻き込んで,NGO がネットワーク・キャンペーンを展開した ICBL や,西暦 2000 年までに,累積債務を帳消しにしようと訴えた JUBILEE 2000,投機マネーに税金をかけるトービン税を求める ATTAC(市民を支援するために金融取引への課税を求めるアエシエーション)など,平和運動自体がヒエラルキーではなく,各国の現状にあわせて,ゆるやかなネットワーク組織に変貌を遂げている点にも着目する必要があろう。こうした状況を「トランスナショナル市民社会」の形成という議論として展開する研究者も存在する(目加田,2003)。
12) 小型武器の問題が深刻化していることを最初に指摘したのは,1995 年の『平和のための課題(追補)』である。また,1997 年,当時のガリ国連事務総長(当時)は,『小型武器報告書』を発表した。最新情報は,http://www.smallarmssurvey.org で得ることができる。
13) たとえば,民間軍事会社が,国軍の訓練を請け負ったり,実際に,民間軍事会社どうしが紛争を請け負って戦ったりするなど,紛争のアウトソーシングが進む。(シンガー 2004)を参照。
14) 例えば,朝日訴訟において,生存権の保障が法廷において争われ,判決は,「個々の国民に具体的権利を付与したものではなく,そのように国政を運営すべきことを国の責務として宣言したものである(これをプログラム規定説という)」というものであった。

〈参考文献〉
アルジャー,C.F./吉田新一郎編訳『地域からの国際化:国家関係論を超えて』(日本評論社,1987 年)
池尾靖志編『平和学をつくる』(晃洋書房,2009 年)
稲田十一・吉田鈴香・伊勢崎賢治『紛争から平和構築へ』(論創社,2003 年)
岡本三夫『平和学は訴える——平和を望むなら平和に備えよ』(法律文化社,2005 年)
岡本三夫「第6章 日本学術会議・対外報告『21 世紀における平和学の課題』——解題」

安齋育郎教授退職記念論集編集委員会編『平和を拓く』(かもがわ出版, 2006 年) a
岡本三夫「日本における平和学・平和研究の歩み」『季刊軍縮地球市民』No. 4 (2006 年) b
カー, E. H.『危機の二十年——1919〜1939』(岩波文庫, 1996 年)
カルドー, M.／山本武彦・渡部正樹訳『新戦争論——グローバル時代の組織的暴力』(岩波書店 (原典では, 2006 年に第 2 版が出版されている), 2003 年)
ガルトゥング・J.／高柳先男・塩屋保・酒井由美子訳『構造的暴力と平和』(中央大学出版部, 1991 年)
川田侃・関寛治・豊田利幸・武者小路公秀・蝋山道雄「＜シンポジウム＞ 平和科学をいかに進めるか」『世界』87 巻 11 号 (1972 年)
川本兼『「日本国民発」の平和学——戦争を否定する根拠は何か』(明石書店, 2007 年)
シンガー・P. W.『戦争請負会社』(日本放送出版協会, 2004 年)
ストレンジ, S.『国際政治経済学入門——国家と市場』(東洋経済新報社, 1998 年)
関寛治「第 3 章 平和学の体系化は可能か」関寛治・山下健次・斎藤哲夫編『平和学のすすめ』(法律文化社, 1995 年)
大門毅『平和構築論——開発援助の新戦略』(勁草書房, 2007 年)
ハンチントン, S.／鈴木主税訳『文明の衝突』(集英社, 1998 年)
馬場伸也編『現代国際関係の新次元』(日本評論社, 1990 年)
馬場伸也『ミドル・パワーの外交——自律と従属の葛藤』(日本評論社, 1988 年)
馬場伸也『地球文化のゆくえ』(東京大学出版会, 1983 年)
馬場伸也『アイデンティティの国際政治学』(東京大学出版会, 1980 年)
フクヤマ, F 渡部昇一訳『歴史の終わり (上) (下)』(三笠書房, 1992 年)
Brown, M. E., Lynn-Jones, Miller, S. E. eds., *Debating the Democratic Peace*, (Boston : MIT Press, 1996).
目加田説子『国境を超える市民ネットワーク——トランスナショナル・シビルソサエティ』(東洋経済新報社, 2003)
ラパポート, A.／関寛治訳『現代の戦争と平和の理論』(岩波新書, 1969 年)

I
歴史から日本を診る

　第Ⅰ部では，日本の軍事化に関する動向をサーベイすると同時に，戦後日本の平和運動のありようについて概観する。そのことによって，現在の日本の状況の輪郭がつかめてくるであろう。その上で，現在，とりわけ日本の「隣国」との間で問題となっている「歴史問題」について，解決の方策を模索する。読者にも，是非，「自分の頭を働かせながら」，日本の現状を考えると同時に，自分なりに「平和」にアプローチする方法を探ってほしい。

第1章
軍事化する日本

1 はじめに

　近年では，防災の日に，消防や警察だけでなく，自衛隊や米軍が消防や警察と一緒になって訓練に参加するようになってきた。このように，私たちの日常生活において，軍事的なるものの影響を感じるようになってきた傾向のことを軍事化という。

　とくに，小泉政権から安倍政権にかけて，こうした傾向は一層顕著にみられるようになってきた。これまでにも，1992年6月に成立したPKO協力法によって，自衛隊の海外派兵が「期限付きで」行われてきたが，その後のテロ対策特措法（2001年10月），イラク復興支援特措法（2003年7月）などを経て，2007年1月には防衛庁が防衛省へ昇格し，自衛隊法の改正によって，自衛隊の海外派兵が「本体業務」に格上げされた。2007年の国会では，米軍再編にともなう米軍再編特措法，憲法9条の改正を主眼に入れた国民投票法などが成立し，「防衛白書」において，中国や北朝鮮といった具体的な国名をあげての脅威の存在を明記するなど，ますます，防衛力強化や日米同盟のさらなる関係緊密化を推し進めつつあり，目に見えないところで，あるいは一部の人たちには目に見えるかたちで，はっきりと，着実に，軍事化が進みつつある。

　他方で，「靖国」派議員の勢力拡大によって，過去の戦争責任に対する謝罪は置き去りにされ，近隣諸国のみならず，「同盟国」アメリカからの批判にもさらされるようになってきた。序章でも述べたように，人々のアイデンティテ

I　歴史から日本を診る

ィは,「地球市民」といったグローバルなレベルから,地元への愛着といったローカルなレベルまで,重層的に,また,場面ごとに使い分けられるようになってきたにもかかわらず,安部政権の下では,戦前日本のように,人々に国家への帰属意識（アイデンティティ）を強要しようとする動きが加速している。たとえば,「美しい日本」のことさらな強調,さらには,1999年の国旗・国歌法の制定の際に,当時の小渕首相は,「国旗・国歌の法制化にあたり,国旗の掲揚に関し義務づけなどを行うことは考えておりません」と衆議院本会議で明言したにもかかわらず,学校行事における国旗掲揚,国歌斉唱の強要などがあげられるが,2007年に入ってからは,教育基本法の改正,沖縄戦の集団自決に関する教科書の記述には削除を求める検定意見がつき,従軍慰安婦に対する日本軍による強制はなかったとの一部国会議員有志による米紙への意見広告など,例をあげれば枚挙にいとまがない。

　このように,日本は,米軍に従属するというかたちで軍事におけるグローバリゼーションの動きに追随しようとする一方で,戦前の日本に回帰するかのように,内心の自由や表現の自由に国家が介入するようになってきた。本来,「自由」とは国家権力からの「解放」を意味するはずなのに,である。

　そこで本章では,過去からの教訓を学ぶべく,なぜ,太平洋戦争への道を食い止めることができなかったのか,また,戦後においては,なぜ,平和憲法を有しながら,ふたたび軍事化への道を歩むこととなったのかを概観するとともに,平和学の立場から現在の軍事化への動きを検証し,軍事化への動きを食い止めるためには何が必要かを検討することとする。

　以下,2節では,戦前において,権力の暴走を食い止めることのできなかった政治構造について言及し,権力の肥大化を食い止める手だてが「平和」実現には必要なことを示し,3節では,敗戦によるアメリカの占領政策によって,一度は非武装化がすすめられたかにみえたが,実は,アメリカによって,アメリカの属国化となるように仕組まれており,それをあくまでも日本が主体的に選択したという点に着目する。この点を理解したうえで,4節において,冷戦後の日米安保再定義とその後の動き,とくに,米軍再編にともなう日本の対応についてみていきたい。

2　太平洋戦争に至る道

　長い間鎖国状態にあった日本が，近代国家としての体裁を整えるためには，国内を統一する権力の確立，人々の意識を国家の方に向けさせるためのシンボルやイデオロギー（例えば天皇制など）そして，何よりも，近代国家の体裁を保つため，「憲法」や「議会」の制定が必要であった。同時に，急激な体制変換に反発する勢力を一掃する必要もあったため，明治新政府が真っ先に取り組んだのは，旧幕府軍の一掃であった。たとえば，1968年に起きた戊辰戦争は，王政復古で成立した明治新政府が江戸幕府勢力を一掃した日本の内戦として知られ，この戦争の結果，明治政府は，倒幕に動いた旧薩摩藩・長州藩の出身者が主体となり，近代的な中央集権国家への道を歩み出した。

◇明治憲法下の政治構造

　近代国家であろうとするために，統一政体をつくり出そうとする最初のステップは，民選議会の設立と憲法の制定であった。憲法は国家の基本法であるが，国家のシンボルである天皇を中心とする国家構造（国体）を確立するため，「大日本帝国憲法」（以下，明治憲法と略記）は，立憲君主制をとるプロイセン憲法をモデルに制定された。明治憲法は，近代国家の仲間入りを果たそうとするための形式的要件を満たそうとすることに主眼がおかれ，（国家）権力の濫用を憲法によって抑止するという「立憲主義」という発想は，当時の日本政府にはほとんどなかったといってよい（法律により，政治を運営していこうとする考え方を「法治主義」といい，ドイツや日本はこうした考え方に基づいて行政が行われた）。天皇を主権者とする明治憲法において，臣民の権利は，「法律ノ定メル範囲内ニ於イテ」のみ保障された。また，天皇への忠誠を求めるとともに，戦時における義勇心を人々に植え付けるための教育勅語も制定され，沖縄県では，方言撲滅運動が展開されるとともに標準語を使うことが求められた（その後，台湾や朝鮮でも，日本の「侵略」とともに，日本語や国家神道が強要されていった）。

　明治憲法下の政治構造においては，内閣総理大臣も，「同輩中の最上位者」

Ⅰ　歴史から日本を診る

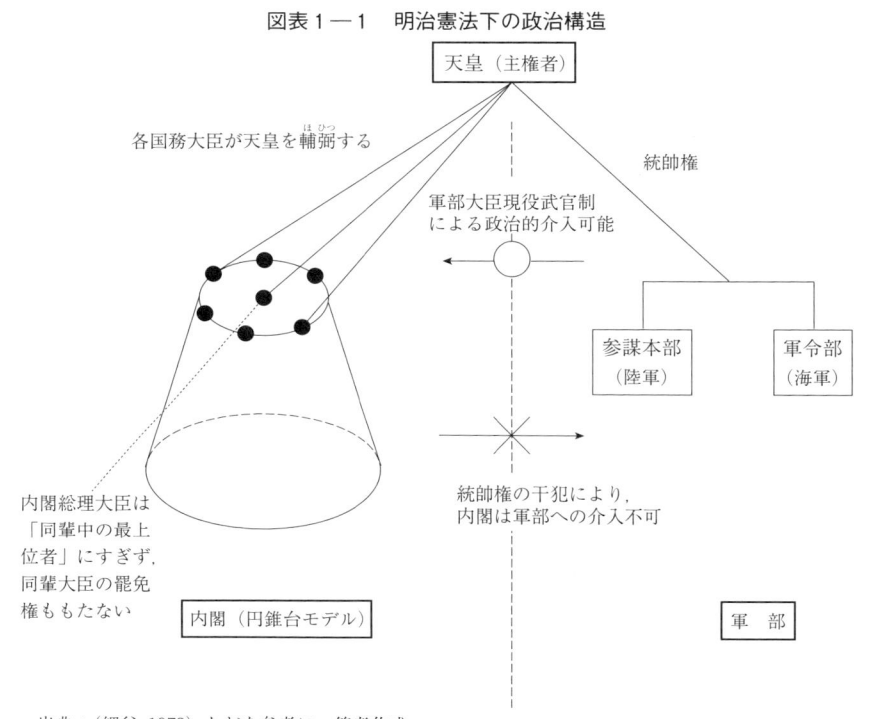

図表 1 — 1　明治憲法下の政治構造

天皇（主権者）

各国務大臣が天皇を輔弼する

統帥権

軍部大臣現役武官制による政治的介入可能

参謀本部（陸軍）　　軍令部（海軍）

内閣総理大臣は「同輩中の最上位者」にすぎず，同輩大臣の罷免権ももたない

内閣（円錐台モデル）

統帥権の干犯により，内閣は軍部への介入不可

軍　部

出典：（細谷 1973）などを参考に，筆者作成。

と位置づけられるにすぎず，反抗する同輩大臣の罷免権すらもち合わせていなかった。そして，各国務大臣が直接天皇を「輔弼」するかたちをとっていたため，内閣総理大臣は内閣におけるリーダーシップを発揮できなかったばかりか，軍部大臣現役武官制や天皇の保有する統帥権を政府は干犯してはいけない（統帥権の独立）とする憲法の規定により，政府による軍部に対する介入はできなかった（したがって，シビリアン・コントロールという考え方は通用しない）。他方で，軍部は，内閣の方針に対して，気に入らなければ，軍部大臣（陸軍大臣と海軍大臣）を内閣に送り出すことを拒むことによって組閣を阻むことができ，内閣の方針に直接関与することができる政治構造となっていた。このことが，結果的に，軍部の政治的台頭を招き，最終的に太平洋戦争へと突き進むこととなった

（図表 1 — 1 参照）。

　それぞれの各国務大臣が，直接，天皇を「補弼」し，内閣におけるリーダーシップ不在の状況では，各省において，あるいは軍部内において，政策決定の際に上層部と中堅層との間での合意をはかる必要があった。合意形成の重要性と，リーダーシップを発揮できる上層部（トップ）の不在による責任所在の不明確さは，日本社会の特徴とされるが，明治憲法下の政治構造が，軍部の政治的台頭を許す構造となっていたため，しだいに軍部の中堅層が暴走し，それを，上層部が止めきれなかったことが，1936年の2・26事件や，1937年の盧溝橋事件を引き起こしたものと考えられている。

　また，真珠湾攻撃にいたる政策決定過程においても，海軍の第1委員会（海軍省，軍令部の局部長クラスで構成）が最初に結集し，その後，陸海軍の局部長会議において対米戦を決定し，その後，上層部における，紆余曲折の議論を経ながら，最終的に御前会議（1941年12月1日）において，最終の戦争決定がなされたといわれている（細谷 1973：104）。

◇「超国家主義」（ウルトラ・ナショナリズム）

　次に，当時の国民（当時，国民は，主権者である天皇に使える者としての位置づけであったため，「臣民」と呼ばれた）のアイデンティティがどのように形成されていったのかをみてみよう。

　近代国家の建設にあたっては，「富国強兵」「殖産興業」といったスローガンを掲げながら国力を蓄えると同時に，国民に，国家に対する帰属意識（アイデンティティ）を植えつけ，国家としての強靱性を保つ必要があった。このため，天皇を「神格化」し，天皇を中心とする外面的／内面的ヒエラルキー構造をつくり出し，このことを全国民に知らしめる必要があった。その結果，末端の行政組織にいたるまで，中央権力の司令に従うという，中央集権国家がつくりあげられていった。今でも，日本人のどこかには，「お上」意識（政治権力には盾を突けない）といわれるものが潜んでいるように感じられる。

　国民の心（精神／思想）の内面にまで入り込んで，「国民」意識を植えつけるそのやり方は，「先発」先進国のように，市民革命を経て，国家とは区別され

Ⅰ　歴史から日本を診る

た「市民」領域が存在するといった状況とは大きく異なり，あくまでも「国体（天皇制を中心とする国家体制）」の護持を基本とする国家建設というかたちに現れ，国家と市民との領域を区分することは，（水面下での動きをのぞけば）不可能に近かった。1925年には，普通選挙法が制定されるが，同時に，治安維持法も制定され，国民の思想統制がはかられるようになった。また，「国体護持」のため，軍隊は「天皇のための軍隊」と位置づけされ，個人のいのちよりも，「お国のために死に行く」姿が美徳とされた。「靖国で会いましょう」という言葉がそのことを象徴しているように思われる。このような状況は，ポツダム宣言受諾の際において「国体護持」を主張し，さらには，憲法改正の際においても「国体護持」を頑なに主張する政府の姿勢などに現れていた。

　以上で見たような，「先発」先進国とは異なるナショナリズムのありよう，とりわけ，あまりに理不尽で，しかも思想の体系性をもたず，ただ，天皇を中心とする国家に国民を縛りつけておくためのイデオロギーは，「超国家主義」と呼ばれる。この「超国家主義」といわれるイデオロギーは，太平洋戦争における日本の対戦国（連合国側）の理解に苦しむところであった。なぜ，「天皇陛下の御為に」，負けるとわかっている闘いを続けるのか，自らのいのちを犠牲にしてまで敵国艦隊に体当たり攻撃を行う「神風特攻隊」が編成されるのか。あるいは，1941年に提示された「戦陣訓」にあるように，「生きて虜囚の辱を受けず……」の言葉どおり，兵隊は自害し，沖縄の人たちは集団自決をしなければならなかったのか。これらのことは，戦後，日本における政治学の研究対象とされるようにもなってきた（丸山 1964）。

　このように，急速な近代化＝西欧化をめざすことによって近代国家の成立をめざすあまり，立憲君主制による，形式的な憲法制定をつくりだしたことは，結果として，軍部の政治的台頭を生みだし，権力の抑制機能が欠けていたところに，国民を超国家主義へと駆り立てることによって，戦争へと突き進む1つの要因があったのではないか。

3 戦後の日本の安全保障

　日本は，戦後しばらくは，連合軍，とりわけアメリカの占領下におかれ，そのもとで，日本国憲法が制定された。極東軍事裁判において，天皇の「戦争責任」を追及したいオーストラリアやソ連に対し，天皇制を利用して日本を単独で間接統治したいアメリカは，極東軍事裁判までに憲法制定をしさえすれば，戦前日本の解体と同時に，天皇制の存続が可能になると考えた（このことは，天皇が自らの立場を側近に語った「天皇独白録」(寺崎 1995)によれば，①たとえそれが天皇の意に反していても，専制君主ではなく立憲君主である以上，認めるほかはなかったこと，②終戦だけは，天皇による「聖断」であったことなどから，太平洋戦争への開戦責任は東条英機首相以下にある，③極東軍事裁判までは，日本の統治権は，マッカーサー現地司令官の下に委ねられている，と書かれていたことがのちに明らかとなっている）。そこで，マッカーサー草案では，平和主義の規定を盛り込むと同時に，天皇制の規定を盛り込んだ。その際，政府の提示する松本委員会の提出した原案ではなく，鈴木安蔵氏らを中心とする憲法研究会が起案した『憲法草案要綱』をGHQがつぶさに検討し，マッカーサー草案の参考とされたといわれる[5]（第10章3節参照）。

◇**日本の主権回復と天皇メッセージ**

　しかし，冷戦構造の顕在化や朝鮮戦争の勃発など，国際情勢の変化にともない，アメリカは日本に対し，次第に「再軍備」を要求するようになってきた。また，日本が主権を回復すれば，日本の「安全保障」をどのように確保するかが，重要なポイントとなる。その際，当時の首相であった吉田茂は，基本的に，「日本の安全保障は，日米間に協定を結んで日本の安全を計る」という方針を貫き（高坂 1964），米大統領特使ダレスとの講和条約と安保条約をめぐる交渉において，しばらくは再軍備しないという約束を取り付けた（詳しくは，（豊下編 1999b：第1章）参照）。こうして，サンフランシスコ講和会議によって，日本は西側陣営の一員としての道を選択するとともに，日米安全保障条約を締結

し，日本とアメリカの協力関係によって，日本の安全保障を確保する道が追求された。

ただ，日米安保条約締結の交渉過程において，片山内閣の下で副首相も務めた芦田外相は，国連による集団安全保障の代案として，アメリカが日本の安全保障を担保するという提案をワシントン側に伝えた。しかし，沖縄自体の日本領有と，講和の早期実現を前提とした提案であり，沖縄の基地化が明記されていないとして，ワシントンの軍部を十分満足させるものではなかった。その後，天皇は，自ら，日本国憲法が施行された直後の1947年9月中旬，宮内庁御用掛の寺崎英成からシーボルトGHQ政治顧問に伝え，シーボルトが米国務省に報告した「天皇メッセージ」といわれるものの存在が，1979年に進藤榮一氏によって雑誌『世界』において公表される。そこには，宮内庁御用掛である寺崎英成から米国務省に伝達された内容が，以下のように記されている。

「寺崎が述べるに天皇は，アメリカが沖縄をはじめ琉球の他の諸島を軍事占領し続けることを希望している。天皇の意見によるとその占領は，アメリカの利益になるし，日本を守ることにもなる。……

天皇がさらに思うに，アメリカによる沖縄（と要請があり次第他の諸島嶼）の軍事占領は，日本に主権を残存させた形で，長期の―25年から50年ないしそれ以上の―貸与をするという犠制の上になされるべきである。天皇によればこの占領方式は，アメリカが琉球列島に恒久的意図を持たないことを日本国民に納得させることになるだろうし，それによって他の諸国，特にソヴェト・ロシアと中国が同様の権利を要求するのを差止めることになるだろう」（進藤 1979：47）。

そして，日本の内閣やマッカーサーを迂回するかたちで，天皇自らダレスと会見し，在日米軍基地は，日本側からの「自発的なオファ」であることを示したというのである（豊下 1999a：IV章）。

このように，サンフランシスコ講和条約と日米安保条約にいたる日米交渉は，その後，「軽武装・経済成長」路線を掲げ，一時は「軍事基地は（アメリカに）

第1章　軍事化する日本

貸したくない」とまで発言して国会において議論を呼んだ吉田茂外交と、日本側からの「自発的オファ」によって米軍基地を日本におき、沖縄と小笠原諸島は米軍が自由に使用してよいとする天皇外交との二元外交であったことが、日本政治外交史の分野における研究で、次第に明るみにされるようになってきた[6]。

◇冷戦構造の激化と「解釈改憲」

その後、朝鮮戦争の勃発（1950年6月）によって、アメリカは「警察予備隊」の創設を日本側に指示し（1950年7月）、1952年10月には警察予備隊を改組して保安隊を発足させ、1954年7月、防衛庁と自衛隊が発足した。当然ながら、憲法第9条との整合性が問題とされるようになるなかで、日本政府は、次第に憲法第9条に対する政府見解を変え、「解釈改憲」と呼ばれるように、次第に、憲法第9条の規定を、政府の都合のいいように「解釈」し、事実上、軍事化への道を正当化しようとしてきた（図表1－2参照）[7]。

しかし、「あとがき」にも記したように、いくら「解釈改憲」といわれようが、現在の憲法第9条がある限り、自衛隊の活動が憲法に照らして合法であることの立証責任は、政府側にある。だが、次節で述べるように、憲法第9条が改正され、自衛軍の規定がもし仮に盛り込まれることとなってしまったら、すでに、自衛隊が米軍の要請に伴う海外派兵が現実となりつつある今日、自衛隊海外派兵に対する歯止めをかけようとする場合、その運動の存在意義を立証する責任は、われわれ国民の側にまわってきてしまう。自民党の憲法草案こうなれば、戦前と変わらず、軍部の政治的台頭を再び招きかねない。まして、文民である政治家自らが、アメリカに従う意向を示している以上、文民統制（シビリアン・コントロール）などというものは、ほとんど機能しないといっていいだろう[8]。

◇日本の「安全保障」

自衛隊を創設するにいたった日本の「安全保障」の論理は、「国連憲章に規定のある「個別的」自衛権まで放棄したわけではない」とするものである。そのため、1976年に閣議決定された「防衛計画の大綱」には、「我が国に対する

31

I 歴史から日本を診る

図表1—2 冷戦時代における，憲法9条をめぐる政府見解の推移

自衛権の発動としての戦争も放棄 （1946年6月，衆議院委員会における吉田首相の答弁）	「戦争放棄に関する本案の規定は，直接には自衛権を否定はしておりませぬが，第9条第2項において一切の軍備と国の交戦権を認めない結果，自衛権の発動としての戦争も，また交戦権も放棄したものであります。従来近年の戦争は多く自衛権の名において戦われたのであります。満州事変然り，大東亜戦争また然りであります。」
警察予備隊は軍隊ではない （1950年7月，参議院本会議における吉田首相の答弁）	「警察予備隊の目的は全く治安維持にある。それが国連加入の条件であるとか，用意であるとか，再軍備の目的であるとかはすべて当たらない。……従ってそれは軍隊ではない。」 ＊1950年8月，警察予備隊（75000人発足）
戦力に至らざる程度の実力の保持は違憲ではない （1952年11月，吉田内閣の政府統一見解）	「憲法9条2項で保持を禁止している戦力とは，近代戦争遂行に役立つ程度の装備，編成を備えるものをいう。戦力に至らざる程度の実力を保持し，これを直接侵略防衛の用に供することは違憲ではない。」 ＊1952年10月，保安隊発足
自衛権を行使する実力である自衛権は違憲ではない （1954年7月に自衛隊が発足，同年12月に成立した鳩山内閣は，この自衛隊について政府の統一解釈として）	「第9条は，……わが国が自衛権を持つことを認めている。自衛隊のような自衛のための任務を有し，かつその目的のため必要相当な範囲の実力部隊を設けることは，何ら憲法に違反するものではない。」 ＊1954年7月防衛庁，自衛隊発足 ＊1954年12月政府統一見解「自衛隊は違憲ではない」 ＊1957年4月政府統一見解「攻撃的核兵器を自ら持つことは違憲」
「戦力」とは自衛のための必要最小限度を越える実力 （1972年11月，田中内閣の政府統一見解）	「戦力とは，広く考えると文字通り戦う力ということであります。そのような言葉の意味だけから申せば，いっさいの実力組織が戦力にあたるといってよいでありましょうが，憲法第9条第2項が保持を禁じている『戦力』は，右のような言葉の意味通りの戦力のうちでも，自衛のための必要最小限をこえるものであります。それ以下の実力の保持は，同条項によって禁じられていないということでありまして，この見解は，年来，政府のとっているところであります。」 ＊1976年10月，「防衛計画の大綱」決定 ＊同年11月，防衛費の「当面の間 GNP の1％以内」を閣議決定
細菌兵器や核兵器も持ち得る （1978年3月，衆議院外務委員会における福田首相の答弁）	「わが国といたしましては，自衛のための必要最小限の兵器はこれを持ち得る，こういうことでございまして，それが細菌兵器であろうがあるいは核兵器であろうが差別はないのだ。自衛のため必要最小限のものである場合はこれを持ち得る，このように考えておる次第でございます。」

自衛権の行使は交戦権の行使とは別である （1980年5月、大平内閣の政府統一見解）	「憲法第9条2項の「交戦権」とは、戦いを交える権利という意味ではなく、交戦国が国際法上有する種々の権利の総称であって、このような意味の交戦権が否認されていると解している。 　他方、我が国は、自衛権の行使に当たっては、我が国を防衛するため必要最小限度の実力を行使することが当然に認められているのであって、その行使として相手国兵力の殺傷及び破壊等を行なうことは、交戦権の行使として相手国兵力の殺傷及び破壊などを行なうこととは別の観念のものである。」
集団的自衛権の行使は違憲である （1981年5月、鈴木内閣の政府統一見解）	「国際法上、国家は、集団的自衛権、すなわち、自国と密接な関係にある外国に対する武力攻撃を、自国が直接攻撃されてもいないにもかかわらず、実力をもって阻止する権利を有しているものとされている。 　わが国が、国際法上、このような集団的自衛権を有していることは、主権国家である以上、当然であるが、憲法第9条の下において許容されている自衛権の行使は、わが国を防衛するため必要最小限度の範囲にとどまるべきものであると解しており、集団的自衛権を行使することは、その範囲を超えるものであって、憲法上許されないと考えている。」
武器使用は自然権的権利である （1991年9月、海部内閣の政府統一見解）	「憲法第9条第1項の「武力の行使」は、「武器の使用」を含む実力の行使に係る概念であるが、「武器の使用」が、すべて動向の禁止する「武力の行使」に当たるとはいえない。例えば、自己又は自己と共に現場に所在する我が国要員の生命又は身体を防衛することは、いわば自己保存のための自然権的権利というべきものであるから、そのために必要な最小限の「武器の使用」は、憲法第9条第1項で禁止された「武力の行使」には当たらない。」 ＊1991年4月、湾岸戦争の後、機雷除去のため海上自衛隊の掃海艇などがペルシャ湾へ。「我が国船舶の航行の安全を確保するためであり、武力行使の目的ではなく、憲法の禁止する海外派兵にあたらない」と閣議決定。 ＊1992年6月、国際平和維持活動（PKO）協力法成立

出典：『資料　政・経　2007』東学、2007年、90頁に筆者加筆

軍事的脅威に直接対抗するよりも、自らが力の空白となって我が国周辺海域における不安定要因とならないよう独立国としての必要最小限の基盤的な防衛力」を整備するとする基盤的防衛力構想が盛り込まれた。「力の空白」という論理によって、防衛力の正当化をはかろうとする思考は、国際関係論における、

I 歴史から日本を診る

ネオリアリズム的な発想である。つまり,東西両陣営による二極構造という国際環境に応じて,自国の行動を決定しようとする思考パターンである。あわせて,日本の安全はアメリカの核抑止力を含む日米安保体制によって保障されるとの立場を堅持しており,アメリカからの「事前協議」がない限り,日本への核兵器の持ち込みはないというのが政府見解である。

日米間には,日米安保条約をはじめ,1978年には日米防衛協力のための指針(旧ガイドライン)が決定され,同年から,米軍に対する「思いやり予算」が決定された。また,日米安全保障協議委員会をはじめとする協議の場も設けられている。

いずれにせよ,日米安保条約は,もともとは,冷戦構造を前提として,西側陣営の一員にくみすることによって日本の防衛を図ろうとするねらいが日本政府側にはあった。また,アメリカ政府にとっては,共産主義国に囲まれた日本を「反共の砦」と位置づけ,東側陣営の行動を抑止しようとする目的のために日米安保条約が締結されたことをあることを忘れてはならない(1960年に発効した「(新)日米安保条約」第6条には,「日本国の安全に寄与し,並びに極東における国際の平和及び安全の維持に寄与するため,アメリカ合衆国は,その陸軍,空軍及び海軍が日本国において施設及び区域を使用することを許される。……」と記されている(傍点は筆者による))。

4 グローバル化する日米安保体制

冷戦構造は半永久的に続くと仮定して組み立てられていた国際システムは,1989年12月,マルタにおいて,米ソによる「冷戦終結宣言」がなされると,大きく変化した。少なくとも,米ソによる直接対決によって,全面核戦争が起きるというシナリオは崩れ去り,地域紛争が米ソ二極対立に巻き込まれるという事態は想定できなくなった。このため,それぞれのエスニシティにアイデンティティを求める集団どうしのエスニック紛争が多発するとともに,旧東側諸国の体制移行にともなうさまざまな問題(たとえば,国家体制の変換にともなう治安の悪化,社会主義経済体制の見直し,核物質の不十分な管理によるテロ集団などへの

核物質の流出などがあげられる）なども生まれてきた。また，1991年に起きた，イラクのクウェートに対する軍事侵攻によって，アメリカは「世界の警察官」を自認し，「新世界秩序」の樹立を掲げるなど，アメリカ一極集中の兆しが，1990年代に入ると，おぼろげながらに見えはじめてきた。[13]

◇**日米安保体制の「再定義」**

　旧東側の軍事同盟であるワルシャワ条約機構が解体するなかで，旧西側の軍事同盟である北大西洋条約機構（NATO）の存在理由が問い直されるとともに，日米間においても，冷戦構造を前提とした日米安保体制の枠組みを，ポスト冷戦期においても堅持していく必要性を示すことが求められるようになってきた。そのため，1996年4月，冷戦後の日米安保の役割を再定義した「日米安保共同宣言」が日米間で調印された。このことにともない，国内において，日米防衛協力のための体制整備が進められ，翌年（1997年）には，「日米防衛協力のための指針」が改訂された（「新ガイドライン」）。ここでは，①平時（平素から行う協力），②有事前（日本に対する武力攻撃が差し迫っている場合の対処行動），③日本有事（日本に対する武力攻撃がなされた場合の対処行動），④周辺事態（日本周辺地域における事態で日本の平和と安全に重要な影響を与える場合の協力）の4つの場合に分けて，日米防衛協力のための指針が示されることになった。これに伴い，1999年には新ガイドラインに基づく「新ガイドライン関連法（周辺事態安全確保法など）」が成立した。この法律では，「我が国の平和及び安全に重要な影響を与える」周辺事態が発生した際に，全国の地方自治体と民間業者に協力を求める旨が明記された。[14]

　他方，「日米安保再定義」が取り決められる前年（1995年）には，沖縄で米兵による少女暴行事件が起き，沖縄の在日米軍に対する怒りは頂点に達していた。翌年の1996年には，米軍基地をめぐる沖縄県民投票において，米軍基地の整理・縮小に賛成する人が全体の89％を占めるなか，当時の大田昌秀沖縄県知事は，米軍用地を強制使用するために必要な「代理署名」（当時，国から地方公共団体に委任された，機関委任事務であった）を拒否し，政府はあわてて1997年4月，改正駐留軍用地特措法を成立させ，米軍用地を強制使用するための手

続きを国の直接事務にするなどの対応に迫られた。

　こうした沖縄における一連の動きに対して，日米間においては，1996年12月に最終報告の出されたSACO（沖縄に関する特別行動委員会）合意によって，普天間基地を全面返還することが発表された。他方で，代替ヘリポート基地の建設がアメリカから求められ，代替ヘリポート基地の候補地であった名護市においても，1997年12月に住民投票が行われ，その結果，「海上基地建設に反対」の票が過半数を占める結果が出た。それにもかかわらず，その後の米軍再編の動きのなかで，改めて，キャンプ・シュワブのある名護市辺野古沖に新たな海上基地をつくる計画が浮上し，2007年には現況調査（事前調査）が，海上自衛隊まで出動させて，政府によって強行された。また，海上アセスメントの手続きを政府が着実に実施しようとしているが，地元の自治体は態度を保留にし，現地での座り込み運動も，今なお継続中である。さらには，北部訓練場のある東村高江区に，新たにヘリパッド基地をつくる作業に政府は取りかかっており，沖縄本島の中で，唯一手つかずの森だった場所にまで，新たな基地機能強化のための施設がつくられようとしており，現在，建設に対する阻止行動が展開中である。

◇**有事法制の成立**

　2001年には，アメリカで起きた同時多発テロ事件を受けて，日本では「テロ対策特別措置法」が可決，成立し，自衛隊法が改正された（図表1—3参照）。これにより，自衛隊の活動範囲は外国の領域へと拡がり，国内では在日米軍の関連施設などを自衛隊が警備できるようになった。また，防衛秘密を漏らした者に対する罰則規定が強化された。

　2003年には，武力攻撃事態対処法をはじめとする有事関連3法が成立し，2004年には国民保護法など有事関連7法が成立した。このことにより，福田内閣当時の1977年以来，政府内で検討されてきた有事法制の整備は，一応完成したことになる。[15] さらに，1954年以来，内閣府（以前の総理府）の外局であった防衛庁は，2007年1月9日に防衛省に移行し，防衛大臣のポストが新設された。それにともない，予算要求や法案，幹部人事などはすべて防衛大臣の

第1章　軍事化する日本

図表1－3　テロ特措法をめぐる経過

(日付は現地時間)

2001年	9月11日	米中枢同時テロ
	10月7日	米英がアフガニスタンに報復攻撃
	10月29日	テロ特措法成立
	11月9日	海上自衛隊の艦艇3隻が「調査・研究」名目でインド洋に出航
	11月16日	基本計画を決定
	11月20日	小泉首相が実施要項を承認。中谷元/防衛庁長官が派遣命令
	11月25日	補給艦など3隻がテロ特措法に基づき出航
	11月29日	航空自衛隊輸送機による米軍物資輸送開始
	11月30日	国会が承認。衆参両院での審議は計10時間
	12月2日	洋上給油開始
2003年	3月20日	イラク戦争開戦
	7月26日	イラク復興支援特別措置法成立
	10月10日	テロ特措法を2年延長
	12月9日	イラク派遣の基本計画を決定
2004年	1月19日	陸上自衛隊先遣隊がイラク入り
	3月3日	イラクで空自が空輸活動開始
2005年	7月7日	ロンドン同時テロ
	10月26日	テロ特措法を1年延長
2006年	7月17日	陸上自衛隊がイラク撤収を完了
	9月26日	安倍内閣発足
	10月27日	テロ特措法を1年延長
2007年	7月29日	参院選で自民党惨敗
	9月8日	安倍首相が洋上給油継続を「国際公約」と強調
	9月12日	安倍首相が退陣表明
	11月1日	テロ特措法の期限切れ

出典：『琉球新報』2007年9月14日。

権限となり，煩雑な事務手続きが簡素化されるほか，武力攻撃の際の防衛出動や海上警備行動の閣議開催も，直接求められるようになるなど，防衛大臣の権限が強化された。このことが近隣諸国の警戒感を呼び起こし，「安全保障のジレンマ」といわれるように，相手国の不安を呼び起こすことによって軍拡競争に拍車がかかるのではないか，少なくとも日本の軍事化が加速しているのではないかといった懸念材料を日本自らがつくりだしている。

また，すでに，国民保護法に基づく，有事の際の「国民保護計画」の策定が，

I 歴史から日本を診る

都道府県レベル，市町村レベル，それぞれにおいて進められている[16]。直接，「国民保護法」とは関係しないかもしれないが，たとえば，東京都では，2006年の防災の日（9月1日）に，はじめて在日米軍も参加し，自衛隊は過去最大規模の2890人が参加した（うち陸上1490人。ちなみに，2005年の自衛隊参加人数は全体で約1500人。2005年に比べて約2倍の規模の自衛隊員が参加した）。

　本来，「防災」とは，自然災害に備えて，警察や消防の連携によって取り組まれるべきものである。しかし，1995年11月にとりまとめられた「新防衛計画の大綱」には，「大規模災害等各種の事態への対応」の項目の中に，自然災害とともにテロリズムへの対応が盛り込まれ，さらに，「周辺事態」への対応も盛り込まれている。このように，本来，予測不可能な「自然災害」（最近は，ずいぶん予測技術が発達してきたのだが）と，防ごうと思えば，外交努力などによって危機的状況を回避できる「周辺事態」という「人的災害」が意図的に混同され，軍の警察化，警察の軍化が進みつつある（藤原 2000）。こうして，人々は，軍事化の傾向を無意識のうちに是認してしまう状況に陥ってしまっている。

◇**米軍再編と自衛隊**

　そもそも，自衛隊とは，日本の主権を守るという「専守防衛」に徹する存在であると位置づけられてきた。しかし，クリントン政権時代に出された「国家安全保障戦略」（1997年5月）に基づく，長期的な「米軍トランスフォーメーション」の流れとともに，2001年の同時多発テロを受けて，21世紀の戦争には従来型の米軍では対応しきれず，米軍側に「柔軟性」や「機動性」が求められるようになっていった。そのことを受けて，世界各国の軍隊も，米軍再編の動きに組み込まれていく。

　アメリカ側は，クリントン政権時代から，「二正面作戦」（中東と北東アジアの脅威に対して，同時に戦えるようにする戦略）を掲げてきたが，とりわけ，ブッシュ・Jr.政権に入ると，同時多発テロを主謀したとされる「アルカイダ」をかくまっているとされたタリバーン政権がかつて支配していたアフガニスタン，大量破壊兵器を隠し持っているとされるイラン・イラク，核実験を行ったインドやパキスタン，そして，中国や朝鮮半島といった，不安定要因を孕む要因が，

第1章 軍事化する日本

1996年のSACO合意にもとづき、耐震性の上で問題のあった旧市庁舎の隣に新市庁舎の建設が進む。しかし、旧岩国市の住民投票によって、これ以上の基地機能強化に「No」を政府に示した途端、2007年度の補助金が打ち切られてしまった。それでも市庁舎建設は進んでいる（2007年6月12日筆者撮影）。現在、前市長は、政治塾を主宰し、草の根レベルから「市民」意識を育む活動をしている。

中東から日本周辺までのアジア地域には多数存在していることから、これらの地域を「不安定の弧」と呼び、その東側に位置する日本を、重要な戦略的拠点と位置づけてきた（西側の戦略的拠点としては、同盟国イギリスが位置づけられている。また、日本では2004年12月に新「防衛計画の大綱」が閣議決定され、北朝鮮ばかりでなく中国をも脅威として明示した）。

さらに、北朝鮮の相次ぐミサイル実験によって、日本にとっても、アメリカにとっても、「ミサイル防衛」が、喫緊の課題となってきた。そのため、共同開発を推し進めようとしているが、そのために、武器輸出3原則による歯止めが次第に形骸化しつつある[17]。

米軍再編に関わって日本との間で発表された文書は、以下の3つである。すなわち、①2005年2月19日に発表された、「共通の戦略目標」に関する合意、②2005年10月29日に発表された「日米同盟——未来のための転換と再編」

39

(「中間報告」），③2006年5月1日に発表された「再編実施のための日米ロードマップ」（「最終報告」）である。これらは，いずれも，関係する自治体には事前に何の予告や相談もなかったことや，沖縄に集中している米軍基地の整理・縮小とアピールされているが，実際には，先に見たように，米軍の基地機能強化を意図するねらいがあること，「緊密かつ継続的」な日米司令部の結合をはかることを目的とし，航空自衛隊の総司令部（航空総隊司令部）が府中から横田基地へと移転して，在日米空軍司令部との一体化をめざそうとすることや，キャンプ座間に米陸軍第1軍団が移駐してくるなど，ますます，日米「同盟」の関係強化が図られ，憲法第9条の規定を踏み越える事態が進められようとしている。こうなると，「解釈改憲」では追いつかず，憲法そのものを改正しようと政府は動きだした（豊下 2007）。

また，日本政府は，何が何でも米軍再編の動きに追随しようとし，先に述べたように，普天間基地返還にともなう「代替」基地（「代替」とはいえ，V字型滑走路2本を，辺野古崎沿岸につくろうとする，より大規模なものである）建設にともなう現況調査の強行，2007年の国会における「在日米軍再編特措法」の成立によって，自治体の米軍再編への協力度合いによって，自治体に再編交付金を積み増ししたり，逆に，受け入れに反対表明を行う自治体に対しては交付金を打ち切ったりするといったことが，国家権力によって，恣意的に行われることになった[18]。このことにより，自治体への協力を求める一方で，反対表明を行っても，結局は米軍再編計画にともなう基地建設は進められていくという事態を迎えている（この法案が成立したことにともない，山口県岩国市，沖縄県名護市には，交付金の打ち切りが決定した。米軍再編にともない，その影響を受ける地域の実情をまとめたものに，（木村編 2007 年）がある）[19]。

5　おわりに

二度にわたる世界大戦を経て，戦争そのものを違法なものとしない限り，戦争による犠牲はなくならないとの考えのもとに，第二次世界大戦後は，第一次世界大戦後にできた国際連盟による集団安全保障体制の欠陥（たとえば，大国の

不参加，全会一致制，経済制裁のみに限られていたことなど）もふまえ，より強力な集団安全保障体制を国連憲章のなかに盛り込んだ。すなわち，原則として，各国による武力行使を禁ずるとともに，「国際の平和と安全」を脅かす事態（当時は，他国による侵略のみが想定されていた）に対して，各国から拠出された「国連軍」による共同制裁を行う。そして，国連安全保障理事会において，必要な措置を講じるまでの間に限り，自衛権の行使を例外的に認めた。日本の「安全保障」も，戦後まもなくは，この国連の枠組みによって確保しようとしていた。

しかし，第二次世界大戦が終わる頃までには，米・英とソ連との確執が顕在化し，国連憲章において，集団安全保障体制とは基本的に性格の異なる「集団的自衛権」の規定も盛り込んだ。すなわち，国際社会が一丸となって，武力行使の機会を減ずるとともに，「国際の平和と安全」を脅かす事態に対応するという考え方から，仮想敵を想定し，侵略を受けた場合に，侵略を受けた国による個別的自衛権のみならず，あらかじめ軍事同盟を結んだ国々が，侵略を受けた国になりかわって，集団的自衛権を発動するというものである。

こうした規定に基づいて，第二次世界大戦後は，アメリカを中心とする西側陣営においては，北大西洋条約機構（NATO）が，ソ連を中心とする東側陣営においては，ワルシャワ条約機構が設立され，東西両陣営による「冷戦」時代を迎えるにいたった。日本はサンフランシスコ講和条約によって，西側陣営とのみ講和条約を締結するとともに，同日，日米安全保障条約を結んだ。その交渉過程に至っては，日本側の「オファ（申し出）」によって，米軍に基地を提供する，とりわけ，沖縄は米軍が自由に使用してよいという条件を日本側から提示したのである。

その後，冷戦構造が崩壊する中で，ワルシャワ条約機構は解散したが，旧東側陣営であった国々も巻き込むかたちで，NATOは拡大を続け，ヨーロッパ地域の安全保障をめざすこととなった。日本の安全保障に関しても，冷戦の崩壊にともなって，ソ連は消滅したものの，北東アジアには依然として脅威が存在しており，日米同盟には新たな役割があることを改めて確認した。現在は，米軍再編の動きに組み込まれ，事実上，憲法第9条の禁ずる「集団的自衛権」にまで踏み込んだ日米軍事協力が進み，その事態に，憲法改正によって対応す

Ⅰ　歴史から日本を診る

るといった,「逆立ちした」論理がまかりとおり,国民もなんとなく憲法改正に前向きな姿勢を示す状況になっている(たとえば,(香山 2002)などを参照してみると面白いかもしれない)。ただし,「戦後レジームからの脱却」を唱え,自主憲法の制定(憲法改正)を掲げて実施された2007年7月の参議院選挙において,自民党が歴史的な敗北をし,野党が参議院の議席の過半数を占めるに至り,安倍首相は2007年11月1日に期限の切れる,テロ対策特別措置法にもとづくインド洋での海上自衛隊の給油活動が継続できなければ,安倍首相は退陣する決意を示した(2007年9月10日)。しかしその2日後の9月12日,「自らの求心力がない」と述べ,臨時国会において,所信演説を述べ,代表質問にうつる前に,突然,辞意を表明した。

このように,解釈改憲によっては説明できないところまで,事実上の「集団的自衛権」の行使は進んでいるのだが,多くの国民はこうした現実に気がつかないでいる。

しかし,権力の抑制が効かなくなった状況において戦争が起きること,またいったん起きた戦争は,あくまで,自国の「国益」を理由に,正当化がはかられることを,これまでの日本の歴史の歩みは私たちに教えてくれている。このことをふまえるならば,権力の抑制のために,私たち一人ひとりが現在の社会状況に関心をもつこと,そして,権力の抑制のためにある「憲法」の存在やこれまでに果たしてきた「憲法」の役割を今一度見直してみることからはじめることが,日本において平和学をはじめるための原点になるのではないか。

〈注〉
1)「法治主義」に対し,イギリスで確立した「法の支配」という考え方は,為政者であっても「法」に支配される。すなわち,権力の濫用を法によって食い止めようとする考え方である。
2)　内閣のリーダーシップの権限をもつ政策決定者をトップに欠いた政策決定システムを,細谷千博は,「円錐台(truncated pyramid)システム」と呼んだ(細谷 1973：102-103)。円錐台とは,図1—1の左側に示される図形のことである。また,図1—1は,内閣と軍部との統帥権の干犯をめぐる関係を簡潔に図示することを目的としたものであるが,実際には,陸軍省と陸軍,海軍省と海軍とは容易には切り離せないことに注意されたい。

3） 軍部大臣現役武官制とは，1885年の内閣制度発足にともない，軍部の大臣（陸・海軍大臣）は現役の武官（軍人）でなければならないとする規定のことである。1913年，第1次山本権兵衛内閣において，「現役」の文字で勅令の改正というかたちで削除されたが，1936年，広田弘毅内閣の時に，「現役」の2文字が復活した。
4） はじめに書いたように，2007年の教科書検定において，沖縄の，日本軍による集団自決の強要と受け取られる表現の削除が求められたが，沖縄県立平和祈念博物館の移築に伴う展示内容の見直しの際にも，当時の稲嶺知事によって，日本兵が「ガマ（洞窟壕）」の中で沖縄県民に銃を向けている造形人形は，表現が生々しすぎるとして，銃をとった姿が展示されようとした（石原ほか 2002：とくに第6章参照）。このように，保守層には，歴史を改竄しようとする傾向がある。このことは，国家レベルのみならず，自治体立の平和ミュージアムにおいても，首長が変われば，十分に起こりうることである。沖縄県においては，大田知事（革新県政）から稲嶺知事（保守県政）に変わった後に，沖縄県立平和祈念資料館の移築オープンがなされたため，当初案とは異なる案が，県側から示されることとなった。
5） この様子を描いた映画に，「日本の青空」（「日本の青空」製作委員会，2007年上映）がある。詳しくは，http://www.cinema-indies.co.jp/aozora/（2007年7月10日アクセス）。また，憲法史の専門家，古関彰一氏の一連の研究を参照のこと。読みやすいのは，（古関 2006）。必読すべきなのは，（古関 1995）。
6） 戦後日本外交史のスタンダードな教科書として，（五百旗頭編 2006）。また，吉田外交と天皇外交の二元外交に着目した研究書として，（豊下 1999a）参照。
7） 日本近現代史が専門の纐纈厚は，「日本の再軍備と日米安保は，冷戦構造という国際軍事秩序を背景にしてはいたが，実際には米資本主義の利益の保守・拡大が目的であり，決して冷戦構造や反共主義の所産であったのではない」と指摘している（纐纈 2006：25）。また，同書の別の箇所では，「安保条約による日本全土の基地化は，日本を自由市場維持のための軍事拠点にしようとする，アメリカの構想から導き出されたものである」とも指摘している（纐纈 2006：50）。これらの点を，日本側から申し出たのが，先に記した「天皇メッセージ」であるといえるのではないだろうか。
8） 安倍政権の下では，「戦後レジームからの脱却」をしきりに主張している。外交面では，かねてから，外務省は，日本の国連安保理への常任理事国入りをめざしており，そのことによって，国連憲章に今なお残っている旧敵国条項の廃止などを求め，国際社会における影響力を高めようとしていた。また，安保理の常任理事国にふさわしく，軍事的にも「国際貢献」を行おうと憲法改正を急ぐ姿勢がより顕著なのが安倍政権の特徴である。とくに，今年（2007年）の国会において，「国民投票法案」が可決・成立したことは特筆すべきであろう。自民党案では，自衛軍と称する「海外派兵」のできる軍隊をもとうとしている。他方で，安部政権は，「美しい国日本」をことさらに強調し，教育基本法の改正などを通じて，あるいは，いくら個人名であるとはいえ，公人が，靖国神社へ供え物を奉納するなど，個人の内面の自由を国家権力によって介入し，人々にナショナリズムを強要する方向へと動きつつあることが，日常生活において報じられるニュ

ース報道によっても明らかである。この点では，21世紀に向けた，新たな日本のビジョンを示そうとする反面，実際には，戦前日本への回帰をめざしているのではないだろうか。少なくとも，近隣諸国の目にはそのように映っていることが，ドイツの常任理事国入りには賛成しても，日本の常任理事国入りには反対する中国などの姿勢に現れている。

9) ネオリアリズム的な発想に立つと，日本を取り巻く中国，ロシア，そして北朝鮮までが，成功したのかどうかはともかく，核実験によって核保有をしていることを外交的メッセージとして発している以上，日本も核兵器を持つべきだとする議論が出てきてもおかしくない。実際，政治家の中にも，図表1－2にあげられているとおり，また現在の政治家のなかにも，自衛手段として核兵器を持つことは合憲であると主張する政治家はいるし，ネオリアリストのなかには，いずれ，日本も核武装すると警告を発する研究者もいる。たとえば，（ウォルツ 1994）。

これに対して，日米安保体制は，日本が暴走して，戦前日本のようにならないようにするための，「瓶のふた」論を主張するものいる（たとえば，1990年，当時沖縄の海兵隊司令官であったヘンリー・スタックポール将軍が，日米安保は，「びんのふた」（cap in the bottle）みたいなものだと発言している。安保体制によって，周辺国に安心感をもたらし，日本から諸外国を守るという側面が合ったという点を指摘しているのである）。

10) アメリカが日本をはじめとする同盟国に提供する核抑止力は，「核の傘」と呼ばれる。また，日本政府自体，個別的自衛権のためであれば，核兵器を保有することも憲法違反ではないという立場に立っている。ただし，冷戦期においては，国連憲章によって，集団的自衛権も保持しているが，集団的自衛権の行使は，憲法第9条に照らして違法であるとして，個別的自衛権のみ行使する権利を有するという立場であった。

11) 沖縄返還交渉において，佐藤・ニクソン首脳会談の席上，非常時の沖縄への核再持ち込みを認める密約が結ばれたことを，会談に同席した故・若泉敬氏は，『他策ナカリシヲ信ゼムト欲ス』（文藝春秋，1994年）の中で証言した。また，1975年に神戸市議会は，「非核神戸港宣言」を行い，神戸港に入港する際，非核証明書の提出を求めるようになったが，それ以降，アメリカの軍艦は一隻も入港していない（自治体の平和への取り組みに関して，たとえば，（「いのくら」基地問題研究会編 2001）参照）。

12) 従来の「国家間の」戦争に対し，アイデンティティをめぐる対立，国家以外の紛争主体の登場，グローバル化した戦争経済の下で，小型武器などをブローカーが取引するなどの特徴をもつ紛争を，イギリスの平和学者，メアリー・カルドーは，「新しい戦争」と呼んだ。序章を参照のこと。

13) 湾岸戦争の際，日本も応分の負担をするようにとの要請に応え，多国籍軍へ総額135億ドルの資金協力を行った（1991年）。また，機雷除去のため海上自衛隊の掃海艇などがペルシア湾に派遣された。しかし，人的貢献がなかったことに対するアメリカをはじめとする国際社会の非難を浴び，1992年6月，国連平和維持活動（PKO）協力法が成立した。その後，カンボジア，モザンビーク，ゴラン高原，東ティモールに展開されたPKOに自衛隊が派遣されることになった。

第1章　軍事化する日本

14)　「周辺事態」の定義では，地理的範囲が明確でないため，「我が国の平和及び安全に重要な影響を与える」と考えられた場合，極限なく，自衛隊が出動することも可能になってくる。この点が，当時，国会においても議論の対象となった。

15)　有事を想定した研究は，1963年に統合幕僚会議が作戦研究として行った三矢研究以降，冷戦時代から進められていた。ただ，この研究の存在が暴露されたのは，1965年2月の国会において，岡田春夫・社会党議員によってである。

16)　各自治体の「国民保護計画」は，国の策定するモデルに従って，各自治体がアレンジするかたちとなっている。しかし，実際に，核兵器の実戦使用を受けた被爆地では，核攻撃に対する対応が分かれた。広島市では「核兵器攻撃による被害想定」の策定作業が進められたのに対し，長崎市では，被爆団体からの要請を受け，核兵器による攻撃を想定しない計画案を，長崎市国民保護協議会で，賛成多数で承認した。

17)　武器輸出3原則とは，1967年，当時の佐藤栄作首相が衆議院決算委員会における答弁により，共産圏諸国や国連決議により武器等の輸出が禁止されている国，国際紛争の当事国又はそのおそれのある国に対しては，武器の輸出を認めないとするものである。その後，1976年の三木武夫首相の衆議院予算委員会における答弁により，基本的に武器及び武器製造技術，武器への転用可能な物品の輸出をしていない。しかし，近年のエレクトロニクス技術の向上にともない，民生用か軍用かの区別がつきにくくなっている。これらの点につき，第4章注2）を参照のこと。

18)　防衛省への格上げに伴い，那覇防衛施設局から沖縄防衛局に名称変更し，初代の鎌田昭良沖縄防衛局長は，2007年9月10日の着任会見で，再編交付金について，「交付することが，再編の円滑かつ確実な実施に貢献するかどうかで判断している。ある種のボーナスのようなものなので，一生懸命やった（協力した）ところにはその分，手当てするというシステム」との認識を示し（『沖縄タイムス』2007年9月11日），地元の反発を呼んでいる。基地が存在することに伴う，住民への負担に対する補償という考え方は，そこには全くみられない。

19)　岩国市では，1996年のSACO合意に基づき，普天間基地の空中給油機部隊の岩国への移駐に対する見返りを当て込んで，新市庁舎の建設が着工された。しかし，2006年の住民投票の結果を受けて，これ以上の基地強化を拒んだため，2007年度の補助金35億円の支給が打ち切られた。このことにともない，市議会や地元経済界は「現実的対応」を求め，市議会は，井原前市長の度重なる予算案を否決し続けた。そのため，井原前市長は，みずからの進退をかけて予算案を成立させ，みずから辞職した。それに伴う出直し選挙が，2008年2月10日に行われ，わずか1782票の僅差で，元衆議院議員の福田良彦氏が市長に当選した。その後，国からの新市庁舎建設に伴う補助金が支給された。

〈参考文献〉
五百旗頭真編『新版・戦後日本外交史』（有斐閣，2006年）
石原昌家・保坂広志・大城将保・松永勝利『争点・沖縄戦の記憶』（社会評論社，2002年）
「いのくら」基地問題研究会編『私たちの非協力宣言──周辺事態法と自治体の平和力』

Ⅰ　歴史から日本を診る

　　（明石書店，2001 年）
ウォルツ，K.（1994）「日本は核武装する」諸君 26 巻 4 号（1994 年）
香山リカ『ぷちナショナリズム症候群——若者たちのニッポン主義』（中央公論新社，2002 年）
木村朗『米軍再編と前線基地・日本』（凱風社，2007 年）
纐纈厚『憲法九条と日本の臨戦体制』（凱風社，2006 年）
高坂正堯「宰相吉田茂論」中央公論 79 巻 2 号（1964 年）
古関彰一『憲法九条はなぜ制定されたか』岩波ブックレット No. 674（2006 年）
古関彰一『新憲法の誕生』（中公文庫，1995 年）
進藤榮一「分割された領土」『世界』1979 年 4 月号（1979 年）
寺崎英成・マリコ・テラサキ・ミラー『昭和天皇独白録』（文春文庫，1995 年）
豊下楢彦『安保条約の成立——吉田外交と天皇外交』（岩波新書，1999 年）a
豊下楢彦編『安保条約の論理：その生成と展開』（柏書房，1999 年）b
豊下楢彦『集団的自衛権とは何か』（岩波新書，2007 年）
細谷千博「対三極外交をどうするか」中央公論 88 巻 6 号（1973 年）
藤原帰一「内戦と戦争の間——国内政治と国際政治の境界について」『年報政治学 2000』（2000 年）
丸山眞男『現代政治の思想と行動（増補版）』（1964 年），とくに「超国家主義の論理と心理」論文参照

第2章
戦後日本のあゆみと平和運動の役割

1 はじめに

　平和運動を論じる場合にも，「平和運動とは何か？」との関係で「平和」の定義が問題となる。近年，「平和」は「能力の全面開花を阻む原因としての暴力のない状態」という概念規定に基づき，戦争や軍備競争のような「直接的暴力」，飢餓・貧困・差別・人権抑圧・社会的不公正・環境破壊・教育や医療の遅れといった「構造的暴力」，そして，それらを正当化または助長する要因としての「文化的暴力」など，もろもろの「暴力のない状態」という認識が広まりつつある。つまり，平和は「戦争の対置概念」から「暴力の対置概念」へと展開しつつあるが，往時は，平和運動といえば，もっぱら「戦争の対置概念」としての平和を希求する運動を意味した。もちろん，被差別部落解放運動や公害反対運動などは，現在普及しつつある平和概念に照らせば「広義の平和運動」に包含されなくはないが，ここでは主として「戦争の対置概念」としての「直接的暴力のない状態」を希求する「狭義の『平和』運動」に焦点を当てることとし，その後に，近年広がりをみせつつある「広義の『平和』運動」に言及することとする。

2 戦後の「反戦的平和運動」の特徴

　第二次世界大戦終結後の日本の「反戦的平和運動」は，2つの基本要素によ

って規定されているようにみえる。

　第1は十五年戦争の体験にかかわるものであり、第2は戦争終結後も日本を重要な軍事拠点の1つとして世界的な軍事戦略を展開しているアメリカと、それに追随する日本政府のあり方にかかわるものである。不戦・平和主義を基調とする護憲運動、日本の軍事化に反対する運動、強制労働・軍隊慰安婦・原爆被爆者などの実態解明・支援運動、核兵器廃絶を求める運動、平和博物館建設運動などの多くは第1の範疇に属し、沖縄返還運動、基地撤去・縮小要求運動、原潜寄港反対運動、ベトナム反戦運動、日米（核）安保体制反対運動などは、主として第2の範疇に属する。これらはいずれも、過去の「負の遺産」に対する反定立（アンチテーゼ）をバネに暴力のない社会を実現しようとする運動である。

　近年、こうした過去の戦争とその負の遺産にかかわる平和運動に加えて、問題意識の国際化と多様化がみられ、国境や個別の問題領域をこえた多彩な平和運動への取り組みが広まりつつある。それらは、人権回復、エイズ救済、温暖化防止、環境保護、難民支援、差別撤廃、医療・教育支援など多様な目的を掲げて地域的、全国的、国際的次元で取り組まれているが、これについては後述する。

　さて、満州事変から足かけ15年にわたって続けられた日本の戦争は、1945年9月2日、太平洋戦争における日本の全面降伏で幕を閉じた。この長い戦争も、後のベトナム戦争やイラク戦争と同じようにある種の謀略で始まった戦争であったが、その結果、想像を絶する惨禍を招いた。

　戦争が国民総動員体制で戦われ、加害と被害の両面において筆舌に尽くしがたい惨禍を招いたため、終戦後、日本人の大多数は立場の違いをこえて「二度とあのような戦争を起こしてはならない」という信条を共有することとなった。また、すでに終戦の詔勅にも「敵ハ新ニ残虐ナル爆弾〈原爆—引用者注〉ヲ使用シテ　頻ニ無辜ヲ殺傷シ　惨害ノ及フ所　眞ニ測ルヘカラサルニ至ル」と書かれていた原爆被災体験も、大多数の日本人が反核意識を共有する原点となった。制度的には、前者は日本国憲法の「不戦・平和主義」として、後者は核エネルギーの平和利用を定めた原子力基本法や、（核兵器は）「持たず、作らず、持ち

第2章 戦後日本のあゆみと平和運動の役割

込ませず」と表明した非核3原則のかたちで結晶したが、いずれについても、そうした制度的規定と現実との間のギャップが新たな平和運動の課題ともなっている。

第3節においては、戦後の日本社会の特徴を、第二次世界大戦終結から今日までの平和運動の特徴を第4節で考察する前段階として、簡単に跡づけることとする。

戦後の平和運動を考える場合、国民総動員、加害（侵略）、被害（空襲・沖縄戦・原爆）、不戦、反核は重要なキーワードになっているといえよう。そうした平和運動の例として、第4節の1項で「憲法擁護運動」を、第4節2項で「反核運動」を取り上げる。

また、第2のタイプの平和運動は、世界的な米ソ対決状況を反映してアメリカが戦後も日本に軍を駐留させ、日本をアメリカの戦争の出撃基地として利用し、基地公害や基地犯罪を繰り返し起こしてきたのに加え、日米安全保障条約を機軸とする日米核安保体制の下で日本の軍事化や非核3原則の形骸化がもたらされてきた状況に異を唱え、軍事基地も核兵器もない日本を築くことを要求する反米・反軍事同盟・反従属・反基地・反核などの多面的なメッセージを発信する平和運動である。第4節3項において、こうした運動の象徴として「沖縄返還・基地撤去運動」を紹介することとする。

最後に、第4節4項において、国際性を獲得しながら領域を広げつつある近年の平和運動を俯瞰することにする。

3 第二次世界大戦後の日本社会の変遷

通常「戦後」といえば「第二次世界大戦終結後」を意味するが、「平和学」を学ぼうとする20歳前後の若い世代にとっては、「戦後」はすでに自らの生の3倍をこえる程の歴史を刻んでおり、現代社会のありようからその変容を想像することさえ可能ではない。そこで、戦後の日本社会の歩みを、簡単に整理しておこう。

巻末資料（年表）は、1945年以来の日本社会の足取りを、平和に関連する事

項に相対的な力点をおいてまとめたものである。

◇ 1940 年代

　1945 年の終戦から朝鮮戦争が始まる 1950 年までの間は，世界と日本のその後のありようを規定した重要な時期だった。すでに大戦末期のアメリカによる原爆投下とソ連による対日参戦の背景には，戦後支配をめぐる米ソ両国の主導権争いが関係していたが，日本の敗戦過程においてイニシアチブをとったアメリカは，終戦直後には，大戦中の日本軍国主義の反民主性や凶暴性と表裏をなすものとして，徹底的な武装解除と軍国主義の払拭に努めた。日本国憲法をはじめとする民主化措置は，そのような状況の下で矢継ぎ早に行われた。アメリカは間接支配方式をとりながら強大な占領軍を駐屯させて実質的に支配し，アジア支配のための戦略的要地としての日本の地政学的な利点を確保した。

　しかし，1940 年代の終わりに中華人民共和国が成立し，ソ連が予想外の早さで原爆を保有するに及んで，アメリカは日本を共産主義拡大の防波堤にする必要性に迫られた。その結果，1950 年代にかけて日本の再軍備の方向を追求することになる。

　日本の平和運動にとっては，敗戦直後の 1946～47 年に成立した日本国憲法や教育基本法などを律している不戦・平和の価値観がきわめて重要な拠り所となり，それは半世紀以上を経て，なお拠り所であり続けている。

◇ 1950 年代

　1950 年 6 月 25 日に朝鮮戦争が始まると，日本はアメリカにとってのきわめて重要な出撃拠点，兵站基地としての機能を担うことになった。アメリカは，日本国内では戦犯の追放解除，警察予備隊→保安隊→自衛隊という再軍備の流れを，また，世界的にはサンフランシスコ平和条約による有利な終戦処理と，それと一体のものとしての日米安全保障条約による日本の同盟国化の流れを作り出した。日本は朝鮮特需の恩恵に浴して経済復興を果たしつつ，対米従属的な国家運営の枠組みを形成していった。

　一方，1950 年代は，米ソ冷戦の下で核軍備競争の枠組みのエスカレーショ

ンと固定化の時代でもあり、その裏返しとしての反核・平和運動の発端ともなった時代だった。50年代に入ってすぐ、米ソ両国は水爆の開発に成功し、1954年3月1日のアメリカのビキニ環礁での水爆実験は広島原爆の千倍の威力を示した[8]。日本のマグロ延縄漁船「第5福竜丸」23人の乗組員の被災、とりわけ無線長・久保山愛吉氏の死によって日本の反核世論が短時日の間に結集され、その後の反核運動の母体を創出するとともに、原爆被爆者が核被害の生き証人として公然と姿を現す機会を与えた。

◇ 1960年代

60年安保改定をめぐる政府与党と国民のせめぎあいは、対米従属路線の完成と、それを防ぎとめようとする国民各階層のたたかいであった。アメリカは対共産主義戦争の当面の焦点であるベトナム戦争を戦うために日本を出撃・兵站基地として最大限利用し、原子力空母、原子力潜水艦、核兵器搭載艦船を日本の基地に送り込み、必要とあらば日本政府と密約を結ぶことも辞さなかった[9]。こうした状況の下で、1960年代は、ベトナム反戦運動や原潜寄港反対運動が未曾有の高揚を示した時代だった。沖縄返還運動は、この文脈の中で特異な切実さと強度をもった運動として展開され、非核化要求運動とも結合して取り組まれていった。

一方、所得倍増計画の下で高度成長を遂げつつあった日本経済はさまざまな分野で歪みを噴出させ、公害・薬害・労働災害など、荒々しい利潤の追求の陰で、国民にさまざまな犠牲が強いられていった。労働力確保のために、量的には農村から都市への大規模な労働人口の移動が行われ、質的には画一的な教育が推進されていった。この時期には、労働運動、学生運動、住民運動、市民運動、消費者運動、科学者運動など、運動の担い手も各分野に多様化し、時には個別に、時には連帯しあって大きな運動を形成していった。しかし、一方では、暴力的な運動形態がとられた分野では、その後の運動離れの一因ともなった。

◇ 1970年代

日本は1960年代の高度成長期を経て、数字のうえではアメリカに次ぐ経済

大国となった。1970年代は東京オリンピック（1964年）以来の国家プロジェクトとして開催され、入場者数 6,400 万人余を数えた「日本万国博覧会」（大阪万博）で華々しく始まったが、やがて 1973～74 年のオイル・ショックでスタグフレーション下の低成長時代に入った。国民的な運動は燎原が燃え立つような広がりと激しさをもった 1960 年代の運動とは様相を異にしたが、たとえば石油危機下で大規模に推進された原発開発計画に対しては、反原発運動が各地で粘り強く展開された。

　70 年代を特徴づけるもう 1 つの出来事は、国内的には沖縄返還、国際的には超大国アメリカの敗北によるベトナム戦争の終結であった。沖縄返還は「核抜き・本土並み返還」という表看板とは異なり、その後に矛盾を残した。米軍基地はその後も強化され、1978 年からは「思いやり予算」も付けられた。また、核兵器については国内的には国民的な運動を反映して「非核 3 原則」が定式化され、国際的には、米ソ冷戦下で核軍縮が一向に進展しなかったため、非同盟諸国のイニシアチブで初の「国連軍縮特別総会」（SSDⅠ）が開催され、これを機に日本の原水爆禁止運動が活性化した。

◇ 1980 年代

　1980 年代に登場した中曽根内閣は、「戦後政治の総決算」の掛け声の下で教育基本法や自虐史観の見直しを掲げ、アメリカとの軍事同盟関係をさらに緊密にしていった。レーガン政権はソ連を「悪の帝国」呼ばわりしたが、やがてソ連に「ペレストロイカ（改革）」を掲げるゴルバチョフ政権が登場、中距離核戦力（INF）全廃条約の締結などを経て冷戦は終結に向かい、東西ドイツの統一へと向かった激動の時代だった。

　経済政策の面では、アメリカの対日貿易赤字是正をもくろむ「プラザ合意」を機に円高・ドル安が急速に進行し、円高不況対策としてとられた低金利政策が土地や株式への投機を沸騰させ「バブル景気」をもたらしたが、90 年代の長期不況の原因ともなった。

　平和運動の面では、1982 年の第 2 回国連軍縮特別総会（SSDⅡ）に向けて取り組まれた核兵器廃絶国民署名運動、代表派遣運動、さらには、非核自治体

宣言運動などによって一般市民が公然と地域レベルで平和活動に取り組むスタイルが一般化した時代でもあった。

◇ 1990年代

　実体を伴わない投機的マネーゲームとしてのバブル経済が崩壊した1990年代には，一転して就職氷河期が続き，中高年のリストラも行われるなど，失業率が2倍以上にも悪化した。新保守主義的な政権が登場し，経済的には規制緩和による自由な市場競争の推進，福祉や社会保障の圧縮，市町村の削減や交付金の削減などの政策がとられ，政治的には日米同盟の強化，自衛隊の海外派遣，憲法9条を含む明文改憲，中国や北朝鮮に対する強硬姿勢などが主張された。

　1990年代には東西ドイツ統一，ソ連崩壊，韓国・北朝鮮の国連同時加盟，中東和平会議の開催，地球環境サミット，欧州連合条約調印，イスラエル・PLOの相互承認，地球温暖化京都議定書などの動きがみられた一方，湾岸戦争，ルワンダ紛争，コソボ内戦など多くの紛争が勃発した時代でもあった。

　この混迷の時代にあって，核兵器の違法性に関する国際司法裁判所の裁定に働きかけた世界法廷運動，WTO第3回閣僚会議（シアトル）の阻止，平和創造のグランド・デザインを提起したハーグ平和市民会議など，国家の枠組みをこえたNGOの運動が光を放った時代でもあった。とくに「グローバリゼーション」の名の下に進められつつあるアメリカ中心の世界経済の単極化に反対する声が，発展途上国の市民を中心に国境を越えた共同を志向しつつある。その背景にはインターネットの普及による通信手段のグローバリゼーションという条件も寄与している。

◇ 2000年代

　21世紀初頭，超大国アメリカに「単独行動主義的」なブッシュ政権が誕生し，悪と名指した国家や集団に対して，武力行使をも辞さない攻撃的な政策を推し進めた。いわゆる「9・11テロ」を起点とするアフガニスタン侵攻や，イラクの「大量破壊兵器保有疑惑」を理由とするイラク戦争は，いずれもブッシュ政権が国連やトランスナショナル市民社会の批判をないがしろにして始め

られたものだが，イラクにおいても大量破壊兵器が発見されないなど，開戦の根拠そのものが虚構であることが判明している。こうした状況に対して，トランスナショナル社会の市民たちは1990年代の成果を受け継いで大きな反戦運動を展開し，イラク戦争開戦前の2003年2月15日には，世界中で1000万人をこえる人々が反戦の声を上げるという空前の事態が起こった。

　日本でもさまざまな団体や個人によってイニシアチブが発揮されたが，2000年代に入って登場した新保守主義的な小泉政権の下で，次々と有事法制が整備されて改憲の意図が明確になるにつれ，2004年に大江健三郎氏や加藤周一氏らによって結成された「九条の会」の呼びかけに応えて，3年足らずの間に草の根の「九条の会」が全国に6,000をこえて結成された。2006年10月に明らかとなった北朝鮮の核保有は6カ国協議での解決がめざされているが，日本の核武装や改憲に対する圧力となることが懸念されており，日米安保再定義や普天間基地移転問題ともども平和運動の課題となっている。

4　戦後の平和運動を概観する

◇憲法擁護運動

　日本の平和運動が掲げている不戦・平和主義は，基本的には日本国憲法前文および第2章（戦争の放棄）を拠り所としている。[12]

　日本国憲法は，第二次世界大戦の一環としての太平洋戦争において日本が敗北し，ポツダム宣言を受諾した後，連合国軍総司令部（GHQ/SCAP）の指導の下で制定されたという歴史的な特徴をもっている。1945年12月8日の衆議院予算委員会で「松本4原則」が示されたが，保守的であるとの批判があり，GHQが翌46年2月3日，いわゆる「マッカーサー・ノート」を示した。その重要な柱は「象徴天皇制」「戦争放棄」「封建制度廃止」であり，これをふまえて内閣が決定した「憲法改正草案要綱」がその後の論議の基礎となった。1946年6月20日に憲法草案は帝国議会に付議され，8月24日に衆議院を通過，10月6日に貴族院で可決された後，枢密院（大日本帝国憲法下の天皇の最高諮問機関）への諮問を経て天皇の裁可を得，11月3日に公布された。

今日でも「憲法はGHQから一方的に押し付けられたもの」との批判がなされるが、以下の事情からして適切ではない。すなわち、①民主的な普通選挙によって選出された議会での自由な審議が保障されていたこと、②基本的にポツダム宣言の内容に即したものであること、③自主憲法制定のチャンスを与えられながら、日本側はポツダム宣言に即した草案を作れなかったこと、④世論の過半数も「象徴天皇制」や「戦争放棄条項」を支持していたこと（1946年5月27日付『毎日新聞』有識者調査では、象徴天皇制85％、戦争放棄70％の支持率）、⑤日本を管理するための政策機関として設置された極東委員会は、「憲法施行後1年後～2年以内に改正の機会が与えられる」旨を指示したが、日本側は改正は必要ないとの判断だったこと、などである。

しかし、1949年に中華人民共和国が成立し、ソ連が原爆実験に成功すると、アメリカは共産主義勢力の伸張を恐れるようになり、日本を共産主義拡大に対する防波堤として位置づけるようになった。1950年に朝鮮戦争が勃発して在日米軍が韓国に出撃すると、GHQはポツダム政令によって警察予備隊を作り、やがてそれは保安隊（1952年）、自衛隊（1954年）と改称されつつ、「軍隊」としての性格を鮮明にしていった。自衛隊の設置にあたって吉田茂首相は「戦力なき軍隊」と説明したが、ついには世界有数の軍事予算をもつ軍隊にエスカレートし、憲法9条との矛盾が先鋭な問題となった（第1章参照）。

軍隊の保有の問題とは別に、核兵器の保有についても憲法9条との整合性が問題とされてきた。日本政府は、「自衛のための必要最小限度を超えない限り、核兵器であると、通常兵器であるとを問わず、これを保有することは、憲法の禁ずるところではない」との立場を繰り返し表明してきたが、戦力不保持を定めた最高法規の解釈として「核兵器保有も可能」とする見解は、行き過ぎた解釈改憲として問題にされてきた。

日本の護憲運動は、主としてこれらの点を争点に多様な活動に取り組んできたが、2001年に登場した小泉政権が「集団的自衛権を認めるなら憲法を改正すべきだ」と言明して憲法改正の方向性を明確に打ち出して以来、緊迫感を高めてきた。

2004年6月10日、井上ひさし（作家）、梅原猛（哲学者）、大江健三郎（作家）、

I 歴史から日本を診る

奥平康弘（憲法研究者），小田実（作家），加藤周一（評論家），澤地久枝（作家），鶴見俊輔（哲学者），三木睦子（国連婦人会）の9氏が「九条の会[13]」を結成し，「日本と世界の平和な未来のために，日本国憲法を守るという一点で手をつなぎ，『改憲』のくわだてを阻むため，一人ひとりができる，あらゆる努力を」と呼びかけた。以来，地域・職場・分野別に6,000をこえる地域組織が作られ，それぞれの方法で護憲を訴えている。わずか2年半程の間に地域・職域の組織がこのように多数結成されることは，1954年のビキニ水爆被災事件後の原水爆禁止運動依頼のことであり，憲法に対する関心の高さを反映したものに相違ない。

日本国憲法成立以来の護憲運動の担い手は，「教え子を二度と戦場に送るな」を合言葉に護憲・平和に取り組んだ教師たちに加え，憲法学者，法曹関係者，平和活動家，労働組合員，学生，一般市民など多様だったが，制定から半世紀以上も一言隻句変更されなかった背景には，戦争の被害・加害の言語を絶する非人道性を繰り返さないための法的措置として立てられた「戦争放棄，戦力不保持」というあまりにも明快な理念が人類史的な普遍性をもち，誰にも否定しがたい正当性をもつ内容だったこと，憲法を変えるための手続きがそれなりに高いハードルとして存在したこと，そして，何よりも主権者としての国民が最高法規としての憲法を容易に改変できるような独裁的権限を為政者たちに与えてこなかったことなどの条件があったからであろう。

◇反核運動

日本の反核運動の源流は，1954年3月1日，アメリカが中部太平洋のビキニ環礁で行った15メガトンの水爆実験にさかのぼる[14]。実験場から160キロメートル離れた海域でマグロ延縄漁の準備をしていた第五福竜丸の乗組員は，「西の空から太陽が昇った」と感じる程の閃光を見た後，やがて甲板上に白い粉が降るのを見た。それは，核爆発によって舞い上がったサンゴ礁の微粉末に放射性物質が付着したもので，乗組員の放射線被曝の原因となった。半年後の9月23日，無線長の久保山愛吉氏が死亡した。

核実験反対の声は全国に広がり，原水爆禁止日本協議会が結成された。東京

杉並の主婦たちが呼びかけた原水爆禁止署名は1954年末までに2,000万人を越えた。署名運動は国際的な原水爆禁止運動の契機となり，翌1955年には広島で第1回原水爆禁止世界大会が開かれ，1956年には日本原水爆被害者団体協議会が結成された。この原水爆禁止運動の流れは，紆余曲折を経て，運動戦術や運動構成員も多様化しながら今日に引き継がれ，「核戦争阻止・核兵器廃絶・被爆者援護」の3つの課題を掲げて現在も続けられている。

　日本の原水爆禁止運動が「成し遂げたもの」と「今なお成し遂げていないもの」を整理しておこう。

[Ⅰ] 成し遂げたもの
 (1) 原爆被災の生き証人である被爆者たちの証言活動が国内外で旺盛に取り組まれてきたこともあって，核戦争の非人道性が多くの人々に理解され，広島・長崎以来の核兵器の実戦使用を防ぎとめてきたこと。
 (2) 原子力基本法の「原子力平和利用3原則」や，「核兵器を持たず，作らず，持ち込ませず」の「非核3原則」という国是を実現する原動力となったこと。これらの原則は科学者や，沖縄県民を含む全国の市民たちの反核運動が背景にあって初めて可能となったものである。
 (3) 日本人の多くに「核兵器は廃絶されるべきもの」という強固な非核意識を定着させ，日本の核武装を防ぎとめてきたこと。1970年代の国連事務総長報告『核兵器の包括的研究』においても，「日本は中規模の核兵器国となり得る技術的・経済的力量を備えた国である」と規定されているが，前項で述べたように，法律や国是の形で日本の核武装化に対する歯止めが掛けられてきた。
 (4) 今日なお，さまざまな組織や個人によって核兵器廃絶を求める国際会議，専門家会議，さまざまなレベルでの市民集会，情報媒体の発行などのイニシアチブが旺盛に発揮され，核戦争阻止・核兵器廃絶・被爆者援護の課題の重要性を提起し，非核の世論形成に貢献し続けていること。
 (5) 原爆被爆者と研究者，法曹関係者，医療人，市民の協力・共同によって，不十分ながらも原爆医療法や被爆者援護法などの被爆者支援措置を生み出

I　歴史から日本を診る

◆コラム2　日本の原水爆禁止運動の歩み

　1977年，日本の原水爆禁止運動は，久しぶりに統一への機運を育みつつあった。この年，「被爆の実相とその後遺・被爆者の実情に関する国際シンポジウム」（通称：NGO被爆問題国際シンポジウム）が開催され，ショーン・マクブライド（元アイルランド外相），フィリップ・ジョン・ノエル・ベイカー（元・イギリス国会議員），ジョセフ・ロートブラット（パグウォッシュ会議事務局長）ら，ノーベル平和賞受賞者を含めて内外から多くの著名人が参加した。

　その頃，日本の原水爆禁止運動は，原水爆禁止日本協議会（原水協），原水爆禁止日本国民会議（原水禁），核兵器禁止平和建設国民会議（核禁会議）の3組織が分立し，日本青年団協議会（日青協），地域婦人団体連絡協議会（地婦連），日本生活協同組合連合会（日生協）などの市民団体は周縁に押しやられていた。もともと日本の原水爆禁止運動は，1954年3月1日のアメリカのビキニ水爆実験にともなう第五福竜丸の被災に端を発したもので，原水爆実験反対の署名運動が国民を大結集させ，その結果として1955年に「原水協」として組織化されたものだった。しかし，その後，日米安保条約改定やソ連の核実験をめぐって意見の対立が先鋭化し，1961年には「核禁会議」が，1965年には「原水禁」がそれぞれ袂を分かって独立，固有の運動を展開するようになった。原水爆禁止運動が統一を失ったのを契機に，市民団体は運動の表舞台から退かざるをえなくなり，日青協・地婦連・日生協などの市民団体にとっては不本意な時代が続いていた。

　ところが，1977年に原水協と原水禁の代表が組織統一に向けての合意メモを発表したのだ。人々の間には驚きと歓迎の声が上がったが，それぞれの組織内部には大きな戸惑いもあった。「NGO被爆問題国際シンポジウム」はそのようななかで準備されたが，日本原水爆被害者団体協議会（日本被団協）を中心に，市民団体・労働団体・平和団体が共同して，この「人間の顔をした科学シンポジウム」を成功させたいという思いがあった。

　シンポジウムは大きな成功を収め，被爆の実相解明の点でも貴重な成果を生み出すとともに，原水爆禁止世界大会を統一集会として開催する大きな原動力になった。

　翌1978年には非同盟諸国のイニシアチブで「第1回国連軍縮特別総会」（SSD Ⅰ）が開催され，日本から500人を越えるNGO（非政府組織）代表団が送られた。その過程で，国連に核兵器廃絶を要請する2000万人国民署名運動が進められ，平和運動団体や労働組合だけでなく，全国津々浦々の市民たちが草の根レベルで署名と代表派遣活動に旺盛に取り組んだ。長年原水爆禁止運動に取り組んできた原水協と原水禁の間にはなお不協和音が残ってはいたが，502名の統一代表団はニューヨーク国連本部での要請活動やアメリカ各地での市民交流活動を展開した。SSD Ⅰも「核兵器廃絶は最優先課題」と位置づけた最終文書を採択し，帰国した代表団も各地で報告集会を組織するなど，日本の原水爆禁止運動は市民団体の再結集によって新たな息吹を獲得

しつつあった。平和運動家や労働組合員だけでなく，宗教家も科学者も教員も学生も画家も音楽家も詩人も舞踊家もスポーツマンも主婦も，さまざまな平和活動に参加する姿が見られた。

　原水爆禁止運動団体の間には1960年代の運動分裂の経緯に起因する深刻な対立が残っていたが，原水爆禁止世界大会は統一裏に開催され，1982年に開かれるSSD Ⅱに向けて新たな国民署名運動と代表派遣運動が活発に取り組まれた。警戒したアメリカ政府当局は日本代表団の入国に難癖をつけたが，1000人を越える代表団がニューヨークに，それを果たせなかった代表たちは西ドイツの首都ボンなどヨーロッパに派遣された。SSD Ⅱそのものはアメリカの巻き返しもあって期待されたような成果を生み出せなかったが，ニューヨークの100万人デモ，ボンの50万人集会など，反核・平和運動の世界的高揚は市民たちにも大きな励ましを与えた。

　こうした取り組みによって生じた最も大きな変化は，それまで平和運動に参加していなかった「普通の市民たち」が全国津々浦々で非核・平和自治体宣言運動などに公然と取り組む姿が見られるようになったことである。原水爆禁止世界大会の統一開催は1987年に幕を閉じ，その後はそれぞれの団体がそれぞれの組織原則に応じた固有の活動を展開しながら，互いに合意できるテーマについては共同するというスタイルが定着しつつある。世界的には1995年に専門家や退役軍人を含む「アボリション2000」が核兵器廃絶の国際的平和戦略を進め，カナダの軍縮大使だったダグラス・ローチ氏らを中心とする「中堅国家構想」（MPI）も創設された。

　やがて，自治体や国家も平和の活動にイニシアチブを発揮するようになってきた。非核宣言自治体協議会や平和市長会議は，内外の自治体に核兵器廃絶の重要性を訴え，広島・長崎両市の市長は国際司法裁判所での証言活動やハーグ市民平和会議などでも重要な役割を果たし，両市が主催する平和祈念式典での平和宣言も次第に注目を集めるようになった。

　国家のレベルでも，核兵器廃絶を要求する新アジェンダ連合（スウェーデン，アイルランド，ブラジル，メキシコ，ニュージーランド，エジプト，南アフリカ）も発足し，国際政治の舞台で核兵器廃絶のイニシアチブを発揮している。

す力が発揮されたこと。そのイニシアチブは，第五福竜丸乗組員に対する支援運動や，今日多くの被爆者が起こしている原爆症認定訴訟支援運動や，海外の核被害者の実態調査や医療支援運動などにおいても引き続き発揮されていること。

(6) 初等・中等教育のための多くの教材が生み出され，映画・詩歌・童話・絵画・漫画・音楽・文学作品などの反核文化活動が活発に取り組まれ，草の根のレベルで講演会・学習会・映画会・被爆地ツアーなど多彩な取り組

みが繰り返し組織されてきたこと。
(7) 日本の初等・中等・高等教育の教員たちが自ら平和学習や平和研究の機会を組織し，平和教育のあり方を工夫し，経験と情報を交流し，それらを実践に活かすことを通じて，次世代の人々に「非核の価値」を伝える努力を積み上げてきたこと。その過程で，社会科見学や修学旅行の機会に広島平和記念資料館や長崎原爆資料館などの平和博物館を活用し，その改善や充実にも貢献してきたこと。
(8) 国際的には，新アジェンダ連合や中堅国家構想などの国家レベルでも，平和市長会議など自治体首長レベルでも，核兵器廃絶を志向する公的な行為主体の活動を下支えし，激励する役割を果たしてきたこと。その結果，世界各地に非核地帯を生み出す力となり，国連でも圧倒的多数の加盟国が核兵器廃絶に賛成する状況を作ることに貢献してきたこと。
(9) 日本と世界の法曹関係者や市民の共同によって世界法廷運動が組織され，「核兵器の違法性」に関する国際司法裁判所の判断をバックアップする世論形成がなされてきたこと[15]。
(10) 国連軍縮特別総会（第1回：1978年，第2回：1982年，第3回：1988年）に向けた国民的な署名活動や代表派遣活動に全国津々浦々で取り組むこと通じて多くの市民が反核・平和運動に参加する機会を創出し，それによって非核自治体宣言運動など地域レベルでの反核運動を担う主体を形成したこと。加えて，NGOレベルでの国内外での交流を通じて，相互理解を進展させてきたこと。
(11) 世界各地の核兵器関連被害の実態調査の組織や原水爆禁止世界大会への招待などを通じて，核物質の生産から核兵器の製造・実験・使用にいたるすべての過程でのヒバクシャが経験を交流し，情報を交換し合いながら連帯する機会が創出されてきたこと。

[Ⅱ] 今なお成し遂げていないもの

世界の反核世論を反映して，部分的核実験禁止条約や戦略兵器削減条約や中距離核戦力全廃条約などが作られてきたが，いずれも「部分措置」であって，

核兵器全面禁止・廃絶条約のような「全面措置」にはいたっていない。南極条約や宇宙条約などに加えて、非核地帯も徐々に拡大し、これまでに「トラテロルコ条約」（ラテンアメリカ及びカリブ核兵器禁止条約、署名1967年、発効1968年）、「ラロトンガ条約」（南太平洋非核地帯条約、署名1985年、発効1986年）、「バンコク条約」（東南アジア非核兵器地帯条約、署名1995年、発効1997年）、「ペリンダバ条約（アフリカ非核兵器地帯条約、署名1996年、未発効）」、「中央アジア非核兵器地帯条約（署名2006年9月、未発効）」などがつくられたものの、海中の戦略ミサイル潜水艦の航行や上空の核ミサイルの通過までも禁止できてはおらず、ある意味でこれらも「部分措置」である。「核兵器使用禁止」や「核実験全面禁止条約」など、有効な部分措置は今後とも追求していくことには意義があるが、今後は以下のような諸措置がさらに必要となろう。

すなわち、①核兵器に依存する国家安全保障という考え方の背景にある「核抑止力理論」の虚構性を徹底的に批判し、核保有国や（日本を含む）同盟国の国民の政治意識を「核兵器に依存しない安全保障政策」に向かわせること、②核兵器全面禁止・廃絶条約を締結させ、核兵器の研究・開発・生産・実験・配備・使用の一切を禁止すること、③すべての加盟国がこれを遵守していることを監視する国際機関を設置すること、④その国際機関が任務を確実に果たしていることを世界の反核世論が厳しく監視すること、である。

これまでの人々の膨大な努力を、「反核・平和運動によっても核兵器は廃絶されていない」と総括するのではなく、上に述べたような成果を確認しつつ、未達成の課題の完遂に向けて、国際機関に、国家に、人々に旺盛に訴えかけていくことが重要である。この場合にも、われわれ一人ひとりは「微力」ではあっても「無力」ではないこと、また、世界は変わりうるものであり、変革の主体はわれわれ一人ひとりに他ならないことを認識することが重要であろう。

◇沖縄返還・基地撤去運動

1952年のサンフランシスコ平和条約以降も、アメリカは共産主義勢力に対抗するため、沖縄を含む南西諸島や小笠原諸島をアメリカの支配下においた。加えて、同時に締結した日米安全保障条約第6条で軍事基地の設置も可能にし

た。

　ベトナム戦争が起こると沖縄の基地から米軍機が飛び立ち，山地では海兵隊や特殊部隊の訓練が行われ，兵站基地としても沖縄は重要な役割を果たした。

　伊江島では核兵器の投下訓練も行われた。やがて，米軍機の墜落や米軍兵士の無法行為が問題になった。

　1965年，沖縄を訪れた佐藤栄作首相は「沖縄の祖国復帰が実現しない限り，戦争は終わっていない」と述べた。

　1968年2月，アンガー弁務官が「68年11月に主席公選を実施する」と発表，本土復帰運動を進める屋良朝苗氏と日本政府に同調する西銘順治氏が対抗した。屋良氏は「沖縄が平和な島になるには，平和憲法をもつ日本に復帰するしかない」と考え，「サンフランシスコ平和条約第3条の廃止，核基地の撤去，日米安全保障条約反対，即時・無条件・全面返還」を掲げて当選した。政府も「沖縄返還」を避けて通れなくなり，1969年のニクソン・佐藤会談は「沖縄の施政権を1972年までに日本に返還する」ことを声明した。首相は「核抜き・本土並み返還」を言明したが，1971年6月に調印された沖縄返還協定には「核兵器の撤去」については何の取り決めもなく，軍事基地も「本土並み」とは程遠い見通しだった。

　沖縄返還にあたって佐藤首相は「核兵器は作らず，持たず，持ち込ませず」という非核3原則を打ち出し，1974年，その功績でノーベル平和賞を受賞したが，やがて核兵器の持ち込みについて日米間に「密約」があることが明らかにされた。[19]

　1972年5月15日，沖縄の施政権はアメリカから日本に返還されたが，「基地の島・沖縄」という性格は変わらず，「本土並み返還」とは程遠いのが実態であった。

　全国130カ所以上の米軍基地の総面積は約10億m^2だが，沖縄の米軍基地は2億4,000万m^2弱で，23.4％を占める。国内の多くの基地は自衛隊との共用だが，米軍専用の基地に限ると，沖縄の基地は全国の約75％を占める。米軍基地は沖縄の面積の約10.4％を占め，人口や産業が集中する沖縄本島では約19％に達する。嘉手納町は総面積の約83％が基地で，残りの2.6km^2に

14,000人の町民が生活している。北谷町でも，軍用地が53.5％を占める。

「基地の中の沖縄」では，米兵による犯罪が後を絶たない。1975年4月19日，2人の女子中学生が性的な暴行を受ける事件があったが，米軍は「日米地位協定」を盾に，容疑者の身柄引き渡しを拒否した。[20] 沖縄返還以来，アメリカの軍人・軍属による犯罪は5,000件を越え，毎年数十件の事件が起きている。

事故や基地公害も後を絶たない。1967年には嘉手納基地から大量の廃油がもれ，「井戸水が燃え」た。翌68年にはB52が核貯蔵庫近くに墜落し，爆発炎上した。軍用機の騒音は地下鉄の車内をこえる80デシベルに達し，学校では授業が中断し，住民の安眠が妨げられた。1981年には「第一次嘉手納基地騒音訴訟」が提起され，17年後の高裁判決は住民867人に13億7300万円を支払うよう国に命じた。さらに，2000年には，約5,500人の住民が夜間と早朝の飛行差し止めと総額160億円の損害賠償を求めて「第二次嘉手納基地騒音訴訟」を起こした。騒音被害は普天間飛行場周辺の住民にとっても深刻で，2002年，住民404人が日本政府と基地司令官を相手に訴訟を起こしたが，司令官は訴状の受け取りを拒否，裁判にも出席しなかったうえ，一審・二審とも住民の訴えは門前払いにされた。

西銘順治知事は，1987年の「海邦国体」に昭和天皇を招待し，「沖縄の戦後」を終わらせたいと考えた。病気を理由に訪沖を中止した天皇は，代理出席の皇太子を通じて「沖縄戦の犠牲と戦後の苦労への深い悲しみと傷み」を伝えたが，世論調査でも，「天皇の訪沖で戦後が終わる」とする県民は11％に過ぎなかった。[21]

1995年9月，海兵隊員3名が女子小学生を拉致，性的暴行を加えた。90,000人以上の県民が抗議の声を上げ，「被害者への謝罪と賠償」だけでなく，「基地の整理縮小・撤去」「日米地位協定の抜本的見直し」を求めた。また，地主たちが米軍の土地使用を認める書類への署名を拒否したため，政府は大田昌秀県知事に「代理署名」を求めたが，知事はこれを拒否，政府は，首相の代理署名で土地使用を許可できるように，駐留軍用地特措法を改正し，地元の民意なしに米軍用地を提供することができるようになった。事件から2年後，那覇地裁は，海兵隊員3人に懲役6年半〜7年の実刑を言い渡したが，帰国後に

犯人の1人がジョージア州で女子大生に暴行を加えて殺害し、自殺した。

2000年には814億円の巨費を投じて沖縄サミットが開かれたが、基地問題の進展を求める27,000人の人々が嘉手納基地を「人間の鎖」で包囲した。しかし、会期中「平和の礎」で演説したクリントン大統領は、米軍基地の役割を強調する一方、「基地の整理・縮小」に取り組む意向を示唆するにとどまった。

米軍基地の撤去・縮小・移転の要求は高まり、日米政府は、2006年5月、「在日米軍再編最終報告」の中で「海兵隊8,000人と家族9,000人をグアムに移転する」ことを表明、1兆2,000億円の経費の60％を日本が負担する約束を交わした。1978年以来の「思いやり予算」が2006年までに2兆3,000億円にのぼっていることと、世界に類例のない軍事基地供与の実態ともあいまって、国民を犠牲にする日本政府の過大な対米軍事負担には根強い批判がある。

このように、沖縄は戦後一貫して日米軍事同盟の矛盾の噴出口であり続け、脱基地をめざす沖縄県民の運動は日米関係のあり方を問い、動かす鋭い鞭の性格をもっている。

◇平和運動の国際化・多様化

1980年代以降、日本の平和運動は急速に国際化し、取り上げる課題も核兵器廃絶だけでなく、地球環境問題や平和博物館建設要求運動などにその範囲を拡大していった。平和研究の分野でも、平和が「戦争の対置概念」から「暴力の対置概念」に拡大される風潮が広まり、飢餓・貧困・差別・人権抑圧・社会的不公正・環境破壊・教育や医療の遅れといった「戦争ではないが、平和でもない状態」を克服する課題が広く取り上げられるようになった。

伝統的な平和運動、たとえば、原水爆禁止運動の面でも国際的な交流と連帯が進められ、日本で開催される原水爆禁止世界大会にも20～30カ国の海外代表が参加、やがては、新アジェンダ連合やマレーシアなどの政府代表も参加するにいたった。3次にわたった国連軍縮特別総会にも従来の平和活動家や被爆者に加えて、多数の労働組合員や生活協同組合員も参加し、草の根レベルでの国際交流を深めた。核被害者も日本の原爆被爆者だけでなく、マーシャル諸島・ロシア・アメリカなどの核実験被害者も含めて「グローバル・ヒバクシ

ャ」として手を結んだ。国際司法裁判所を動かした世界法廷運動の取り組みは，すでに紹介した通りである。

　また，1983年に創設された「ピースボート」は，地球周遊の船旅をしながら平和・民主主義・人権・地球環境問題・HIV感染症など，広義の平和に関する諸問題をテーマに活発な国際交流を進めている。90年代には日本青年団協議会が植林訪中団の派遣事業を始めるなどの動きもあった。医療分野でも，1984年に中村哲医師を中心に結成されたペシャワール会が，パキスタン北西辺境州からアフガニスタンで医療支援に取り組むとともに，水源確保事業や農業計画を含む「緑の大地計画」を展開している。

　1990年代以降，先進国主導のグローバリゼーションに対抗する発展地上国の人々の国際連帯活動も徐々に活発化していった。多数のNGOが参加した国連地球環境リオ・サミット（1992年）や地球温暖化防止京都会議（1997年），貧困・教育・健康・女性に対する暴力・経済・人権などの分野の戦略目標と行動を示した北京女性会議（1995年），70,000人のNGOがシアトルに結集して意思決定を阻止した世界貿易機関（WTO）第3回閣僚会議（1999年），広範なNGOの呼びかけで100カ国以上から約1万人が参加して開かれたハーグ平和市民会議（1999年），軍隊慰安婦をめぐる戦争犯罪行為を民衆が裁いた「女性国際戦犯法廷」（2000年），先進国主導のグローバリゼーションとは異なる経済的発展や世界の進歩を求めたポルトアレグレの世界社会フォーラム（2001年），そして，イラク戦争の開戦に反対して世界中で1000万人以上が立ち上がった反戦デモ（2003年），武力紛争の予防や平和構築のためのNGOの共同プロジェクトとして行動提言に取り組んでいる「武力紛争予防のためのグローバル・パートナーシップ（GPPAC）」の活動（2005年）などの重要な動きが見られた。

　世界の人々の行動は，いま，グローバル化した国家的なスーパーパワーに対抗して，意思決定に異を唱え，その変更を迫るもう1つの非国家的な「スーパーパワー」として成長する道筋を展望し，さまざまな試行錯誤に取り組みながら道を切り拓きつつある途上にあるといえよう。

I 歴史から日本を診る

5 おわりに

　本章では，日本の平和運動を，①憲法擁護運動，②反核運動，③沖縄返還・基地撤去運動の3つの分野について跡づけた。その際，第二次世界大戦後の日本社会の変遷を概括し，これらの運動の背景に，日米同盟関係を主軸とする時代の政治状況がどう関係したのかを理解するための一助とした。巻末には「第二次世界大戦後の略年表」も掲げてあるので，時代の特徴を考察するための参考にされたい。もちろん，平和運動は，これら3分野に限られるものではなく，平和研究や平和教育分野における運動，平和創造のための文化運動をはじめ多様に展開されてきたが，紙幅の関係で総花的に取り上げることはしなかった。運動の紹介にあたっては，市民たちの平和的イニシアチブが困難の克服や平和創造のために果たしてきた積極的な役割に力点をおき，最後には，国境を越えたNGOの共同活動の芽吹きについて紹介し，今後の平和運動の可能性を示唆した。

　もちろん，平和運動の担い手たちにはそれぞれの文化的背景や歴史的事情もあり，文字どおり「平和創造のスーパーパワー」と呼ばれるにふさわしい組織的力量を確固として樹立するには，幾多の困難があることは当然である。しかし，今，世界の市民たちは，核超大国アメリカに主導される抑圧的グローバリゼーションに異を唱える声をますます糾合し，無視しえない力として成長しつつある。

　直接的・構造的・文化的暴力のない状態として規定される「平和」は，それがいったん達成されれば自動的に保たれるといった「スタティックな平和観」ではなく，「平和創造の主体」の飽くなき努力によって繰り返し創造され，日常的に豊潤化される過程としてとらえる「ダイナミックな平和観」が必要である。平和を突き崩すもろもろの原因の前に打ちひしがれるのではなく，市民が新たな平和創造の主体として手を結び，直接的・構造的・文化的暴力を克服する努力を束ねることこそが重要であり，国境を変えたNGOの共同行動の萌芽と発展は，われわれがめざすべき方向を示唆しているように思われる。

〈注〉
1） 1964年8月2日，アメリカ軍がトンキン湾に乗り入れた駆逐艦USSマドックスに対し，北ベトナム側が魚雷攻撃を加えた。8月4日，北ベトナムが再び魚雷攻撃を行ったとして，アメリカは翌8月5日より北ベトナム軍の魚雷艇基地に大規模な攻撃を加えた。8月7日には，上下両院で「トンキン湾決議」を可決し，ジョンソン大統領に戦時大権を付与，ベトナム戦争への本格的介入に踏み切った。ベトナム戦争は58,000人以上のアメリカ兵と100万人以上のベトナム人の命を奪う悲惨な結果を招いたが，1971年6月，ニューヨーク・タイムズ紙の記者が政府の機密文書「ペンタゴン・ペーパーズ」を入手，トンキン湾事件はベトナム戦争に本格的に介入するためのアメリカの自作自演だったことを暴露した。また，1995年にはトンキン湾事件当時の国防長官だったロバート・マクナマラもアメリカに夜謀略を告白した。

2） 2003年3月20日，アメリカは，「イラクの大量破壊兵器保有の可能性が世界の安全保障環境を脅かしている」として，イラクへの武力攻撃を開始した。しかし，大量破壊兵器の保有に関しては否定的な見解も少なくなく，フランスやドイツは開戦には安保理決議が必要と主張したが，アメリカはその必要を認めず，開戦に踏み切った。2004年10月，アメリカは勝利宣言を行ったが，アメリカの調査団は「イラクに大量破壊兵器は存在しない」との最終報告を提出し，もともと根拠薄弱なものだったことを明らかにし，戦争の正当性を根底から揺るがせた。イラク戦争は3,000人以上のアメリカ兵，15万人を越えるイラク人の命を奪った。

3） 日本で「15年戦争」と呼ばれている戦争は，1931年9月18日の柳条湖事件を契機とする満州事変に始まり，1937年7月7日の盧溝橋事件による日中戦争の全面化を経て，1941年12月8日のマレー半島上陸作戦と真珠湾攻撃によって米英両国との戦争にいたり，1945年8月14日の終戦詔書（国民には8月15日の「玉音放送」で伝えられた）の19日後，東京湾のミズーリ号上での無条件降伏文書への調印によって終結した。発端となった満州事変は，日本の陸軍部隊である関東軍が，南満州鉄道（満鉄）の線路上に自ら爆薬を仕掛けて爆発させ，これを中国軍の仕業と主張して中国軍に攻撃を加えた謀略事件である。

4） 日本国憲法は前文と第9条で「平和主義」の原則を掲げており，「主権在民」「基本的人権の尊重」とともに日本国憲法の三大原則の1つとなっている。

5） 原子力基本法第2条は，「日本の原子力開発利用の基本方針」を「平和の目的に限り，安全の確保を旨として，民主的な運営の下に，自主的にこれを行うものとし，その成果を公開し，進んで国際協力に資するものとする」と定めている（民主・自主・公開の原子力平和利用3原則）。最近，北朝鮮の核実験（2006年10月9日）に関連して，政府与党関係者から「核兵器保有について検討ぐらいしてもいいのではないか」との見解が表明され，議論を呼んでいる。

6） 1967年12月11日の衆議院予算委員会の「アメリカからの小笠原諸島返還後の核兵器持ち込みの可能性」に関する質疑で，佐藤栄作首相が「核兵器を持たず，作らず，持ち込ませず」と答弁し，翌年の施政方針演説でもこの原則を表明した。その後，沖縄返還

Ⅰ 歴史から日本を診る

に際してもこの原則が適用され，1971年11月24日の国会で「沖縄返還協定」の付帯決議のかたちで，「非核兵器ならびに沖縄米軍基地縮小に関する決議」が採択された。しかし，核兵器の持ち込みについてのアメリカとの密約の存在や，「持ち込ませず」の原則が度々破られてきたことが指摘されている。

7) 第3条で「沖縄や小笠原をアメリカの信託統治下に置くこと」を決めた。

8) 1954年3月1日にアメリカが中部太平洋のビキニ環礁で行った水爆実験「ブラボー」は，その威力が15メガトン（TNT火薬1500万トン相当）であり，広島原爆（16キロトン）の約1000倍近かった。第二次世界大戦で使われた全砲爆弾の威力の合計は広島・長崎原爆を含めても3メガトンだったから，ビキニ水爆は第二次世界大戦5回分に相当した。なお，1961年10月30日にはソ連がロシア領ノヴァヤゼムリャ上空で50メガトンの水爆「ツアーリ・ボンバ」を実験している。

9) 例えば日米両政府が沖縄の「核抜き本土並み」返還に合意した1969年の日米首脳会談で，ニクソン大統領と佐藤栄作首相は「非常時の核再持ち込み」について「密約」を交わしている。当時日本側の密使を務めた若泉敬氏が1994年に著書『他策ナカリシヲ信ゼムト欲ス』（文芸春秋刊）で暴露したものだが，関係文書は現在米国家安全保障局（NSA）に保管されている。

10) 日本が在日米軍のために負担する経費のうち，日米安全保障条約や日米地位協定の根拠もなく，特別協定で決められている予算のこと。1978年に金丸信防衛庁長官が「思いやりの立場で対処すべきだ」と答弁したことに由来。2006年までの総額は約13兆円。

11) 1985年ニューヨークのプラザホテルで開催されたG5（先進5カ国蔵相・中央銀行総裁会議）の為替レートに関する合意で，ドル安を誘導する政策的合意。

12) 日本国憲法前文には，「政府の行為によつて再び戦争の惨禍が起こることのないやうにすることを決意」「日本国民は，恒久の平和を念願し，人間相互の関係を支配する崇高な理想を深く自覚するのであつて，平和を愛する諸国民の公正と信義に信頼して，われらの安全と生存を保持しようと決意した。われらは，平和を維持し，専制と隷従，圧迫と偏狭を地上から永遠に除去しようと努めてゐる国際社会において，名誉ある地位を占めたいと思ふ。われらは，全世界の国民が，ひとしく恐怖と欠乏から免かれ，平和のうちに生存する権利を有することを確認する」とある。また，第2章（戦争の放棄）は第9条のみから成る章で，「1．日本国民は，正義と秩序を基調とする国際平和を誠実に希求し，国権の発動たる戦争と，武力による威嚇又は武力の行使は，国際紛争を解決する手段としては，永久にこれを放棄する。2．前項の目的を達するため，陸海空軍その他の戦力は，これを保持しない。国の交戦権は，これを認めない」と定めている。

13) 九条の会は数多くの講師団を組織して派遣するとともに，メールマガジンを発行し，ホームページ上でも賛同者のメッセージや各地の「九条の会」の活動などを紹介している。

14) この水爆は，最初の核分裂反応（fission）で発生する熱と圧力で核融合反応（fusion）を起こさせ，その過程で発生する中性子線でもう一度核分裂反応（fission）を誘発するタイプの核兵器であるため，F-F-F水爆または3F水爆と呼ばれる。アメリカが行った

第 2 章　戦後日本のあゆみと平和運動の役割

　　　史上最大の核実験。
15）　世界法廷運動は「核兵器に反対する国際法律家協会（IALANA）」が国際司法裁判所（世界法廷）に「核兵器の使用及び使用の威嚇は国際法違反である」という勧告的意見を出させることを目的として 1992 年に始めた運動。
16）　南極条約（1959 年）：南極地域の軍事利用を禁止し，核爆発や放射性廃棄物の処分などを禁止している。
17）　宇宙条約（1967 年）：月その他の天体を含む宇宙空間の探査及び利用における国家活動を律する原則に関する条約。宇宙空間の探査・利用の自由を定めたほか，領有の禁止，宇宙平和利用の原則を規定している。
18）　非核地帯については外務省のサイト（http://www.mofa.go.jp/mofaj/gaiko/kaku/n2zone/sakusei.html）などに整理されている。現在，東北アジア非核地帯構想が日本の平和運動においても盛んに議論されている。
19）　ノルウェーのノーベル平和賞委員会は 2001 年に発刊した『ノーベル平和賞　平和への百年』で，佐藤首相の裏表のある態度を批判，著者の 1 人は「佐藤氏を受賞者に選定したのはノーベル賞委員会が犯した最大のミス」とも語った。
20）　日米地位協定の正式名称は「日本国とアメリカ合衆国との間の相互協力及び安全保障条約第六条に基づく施設及び区域並びに日本国における合衆国軍隊の地位に関する協定」。基地内の犯罪や米軍関係者間の犯罪は米側が優先的な裁判権をもち，日本で裁判を受けるべき容疑者の場合も，身柄が引き渡されるのは起訴後であるため，起訴までの間に十分な捜査ができない。また，米軍が日本に施設を返還する場合，その土地を元通りに回復する義務を負わないとされているため，PCB などによる土壌の汚染の除去作業も日本政府が行わなければならない。
21）　朝日新聞社が沖縄タイムス社の協力で 1987 年 9 月 2・3 日に行った世論調査では，天皇の訪沖には賛成 57 ％，反対 11 ％だったが，「天皇訪沖で戦後が終わる」とする者は 11 ％で，「終わらない」の 48 ％と大幅に上回った。
22）　沖縄の「平和の心」を発信するため沖縄戦終結 50 年の 1995 年に摩文仁丘に建立された施設。同心円状に設えられた石碑には国籍や軍人・非軍人を問わず沖縄戦のすべての犠牲者の名前が刻まれたが，強制連行された朝鮮人慰安婦の遺族などは刻銘を拒否した人もいた。
23）　核兵器廃絶のために共同行動をとるスウェーデン・アイルランド・ブラジル・メキシコ・ニュージーランド・エジプト・南アフリカの 7 カ国の連合。「アジェンダ」は「課題」の意味。1998 年 6 月，これら 7 カ国とスロベニア外相がストックホルムで「核兵器のない世界へ──新たな課題（新アジェンダ）の必要性」なる共同宣言を発表したのが発端だが，スロベニアは後にアメリカの圧力で脱落した。その後新アジェンダ連合は「速やかな核兵器廃絶の誓約を求める決議案」を国連に提出，2000 年の核不拡散条約（NPT）再検討会議でも，核保有国に「核兵器廃絶の明確な約束（unequivocal commitment）」をさせる上で重要な役割を果たした。

I 歴史から日本を診る

〈参考文献〉
水島朝穂『改憲論を診る』(法律文化社, 2005年)
浦田賢治編『立憲主義・民主主義・平和主義』(三省堂, 2001年)
渡辺治『憲法「改正」——軍事大国化・構造改革から改憲へ』(旬報社, 2005年)
井上ひさし・梅原猛・大江健三郎・奥平康弘・小田実・加藤周一・澤地久枝・鶴見俊輔・三木睦子『憲法九条, 未来をひらく』(岩波書店, 2005年)
原水爆禁止日本協議会編『ドキュメント　核兵器のない世界へ——被爆60年と原水爆禁止運動1945〜2005』(原水爆禁止日本協議会, 2005年)
芹田健太郎『日本の領土』(中公叢書, 2002年)
明石康ほか『日本の領土問題』(自由国民社, 2002年)
吉見義明編・解説『従軍慰安婦資料集』(大月書店, 1992年)
秦郁彦『慰安婦と戦場の性』(新潮選書, 1999年)
新崎盛暉『未完の沖縄闘争 (沖縄同時代史　別巻　1962〜1972)』(凱風社, 2005年)
安齋育郎『語り伝える沖縄』全5巻 (新日本出版社, 2006〜2007年)

第3章
歴史問題の現在と解決の道

1 はじめに

　現代社会のありようの一部は，過去に規定されている。とりわけ戦争を経験した当事国間の国民意識には，その戦争が悲惨なものであればあるほど，被害と加害をめぐる事実関係やそれについての評価，さらには責任のとり方をめぐって，幾十年，時には，幾百年にもわたる対立感情を引きずることになる。1592年と1597年の豊臣秀吉の朝鮮出兵（文禄の役と慶長の乱）はいまだに韓国の人々の間で語り継がれ，中秋の名月の頃に「カンカンスーオルレ」という歌をうたいながら輪を作って踊る行事が残っている。「加害者は水に流す，被害者は石に刻む」という言葉があるが，まさに日本と韓国・中国との間にはそのような関係が成立しているかのごとくである。朝鮮半島や中国大陸の被害者たちは繰り返し十五年戦争期の日本の「蛮行」による被害を想起して「謝罪」や「反省」を要求し，それに対して現代の日本人は，自分たちには直接関係のない（と感じている）歴史的事件に対する際限のない「謝罪」や「反省」に嫌気が差し，ある種の反感や嫌悪感さえ覚え，対立感情が再生産されていくという悪循環が続いている。

　本章では，日本が引きずっている主要な歴史的な諸問題（歴史教科書問題，慰安婦問題，靖国神社問題，領土問題，その他）の事実経過を整理し，その本質について考察する。そして，そもそも「対立」とは何なのかについて，「科学的命題」と「価値的命題」という二分的理解を基礎に概念的な整理を試み，対立を

Ⅰ　歴史から日本を診る

克服するための基本的な方向性を，日本が直面している歴史問題に即して考察する。

2　歴史問題の現在

　歴史問題という場合，一般に1931（昭和6）年9月18日の満州事変に端を発し，1945（昭和20）年9月2日の日本の全面降伏文書への署名によって幕を閉じたいわゆる「15年戦争」についての戦争責任・謝罪・補償などをめぐる問題を意味するが，領土問題のように，より古い起源をもつ問題も含意されている。

　十五年戦争については，戦後，天皇・首相・官房長官・外務大臣などが少なからぬ機会に謝罪の意思を表明してきたが，韓国・北朝鮮・中国などのアジア諸国を含め，国際社会にはなお「不十分」とする見方が残っている。

　これまでの政府関係者らの謝罪発言には，図表3―1のようなものがある。

　図表3―1に見るように，天皇・首相・官房長官・外務大臣などが，戦争が終わってから半世紀以上経っても「反省と謝罪の意」を表明しているが，前述のとおり，韓国・中国などのアジア近隣諸国からは，なお十分とはみなされていない面がある。なぜだろうか？

　近隣諸国が求める「公式謝罪」とは，①日本のアジア・太平洋諸国に対する戦争を「侵略戦争」と認めること，②（慰安婦問題などを含めて）侵略戦争中の行為についての「日本の責任」を認めること，③それについて（「遺憾の意」や「反省の気持ち」ではなく）明確に「謝罪」すること，④そのような「歴史認識」を確固として認め，（歴史教科書の検定や閣僚の靖国神社参拝を含めて）それに疑念を抱かせるような行為を行わないこと，などの条件を満たすことであるように思われる。

　①の「侵略戦争」観は，戦後48年目の記者会見において表明された細川護熙首相の見解が最初とされる。1982年に鈴木善幸首相が，「侵略」という批判があることは認識する必要があると述べていたが，公式に日本が過去の戦争を「侵略戦争」として認識していることを表明したものではなかった。

②の「日本の責任」については,「日本が戦争を通じて中国国民に重大な損害を与えたことについて責任を痛感し,深く反省する」ことを表明した1972年の「日中共同声明」が初めてとされる。

③の「謝罪」については,1984年の天皇の「誠に遺憾」発言以来,「深い遺憾」(1984年＝中曽根康弘首相),「痛惜の念」(1990年＝天皇)などの表現を経て,1990年に海部俊樹首相が「率直にお詫び」と述べたのをはじめ,宮澤喜一首相,加藤紘一官房長官,河野洋平官房長官,細川護熙首相らが「お詫び」を表明,戦後50年目にあたる1995年のいわゆる「村山談話」において,「心からのお詫びの気持ちを表明する」という表現で内閣としての公式謝罪がなされた。この「心からのお詫び」はその後も橋本龍太郎首相,小渕恵三首相,河野洋平外務大臣,田中真紀子外務大臣,福田康夫官房長官,小泉純一郎首相らによって繰り返し表明されてきた(図表3—1参照)。

村山談話(1995年),日韓共同宣言(1998年),日朝平壌宣言(2002年)などは,これら3つの要素を含むものと考えられているが,こうした度重なる表明にもかかわらず,近隣諸国の理解が十分に成熟していないように見受けられる。

政府によって発表された見解を近隣諸国が真実のものとして信じ得るためには,その見解が日本の政治指導者たちに共有され,実態としても,政府や与党関係者が政府見解と矛盾するような言動を厳に慎むことが不可欠だが,これまでにも歴史教科書の検定実態や軍隊慰安婦に関する政府・与党関係者の不穏当な発言など,政府見解の真実性を疑わせるような現象が,近隣諸国に今なお疑念を抱かせているのである。以下,5点について検討しよう。

◇**歴史教科書問題**

たとえば1982年に明るみに出た歴史教科書検定の問題を概観しよう。

この年明らかになったことは,文部省(現・文部科学省)の教科書検定で「侵略」を「進出」に書き換える改善意見(必ず直さなければならない「A意見」ではなく,必ずしも直さなくていい,強制力の弱い「B意見」)が付され,実際,帝国書院の教科書が「東南アジアへ侵略」を「東南アジアへ進出」,「侵略」を「軍事行動」に直すなどの変更を行っていたこと,そうした事態の背景には,文部省

Ⅰ　歴史から日本を診る

図表3—1　政府関係者らの謝罪発言

西　暦	立　場	発言者	主要内容
1972年	首相	田中角栄	過去において日本が戦争を通じて中国国民に重大な損害を与えたことについて責任を痛感し，深く反省。(日中共同声明)
1982年	首相	鈴木善幸	過去の戦争を通じ，重大な損害を与えた責任を深く痛感。「侵略」という批判があることは認識する必要。
1982年	官房長官	宮澤喜一	過去において，わが国の行為が韓国・中国を含むアジアの国々の国民に多大の苦痛と損害を与えたことを深く自覚し，二度と繰り返してはならないとの反省と決意の上に立って平和国家としての道を歩んできた。(教科書の記述については) 批判に十分耳を傾け，政府の責任で是正。今後，教科書検定基準を定め，配慮。今後とも近隣諸国との相互理解の促進と友好協力の発展に努力し，世界とアジアの平和と安定に寄与。
1984年	天皇		今世紀の一時期において (日韓) 両国の間に不幸な過去が存したことは誠に遺憾。繰り返されてはならない。
1984年	首相	中曽根康弘	多大な困難をもたらしたことに深い遺憾の念。
1990年	外務大臣	中山太郎	政府の意思でサハリンに強制移住させられ就労させられた方々が，戦争の終結とともに祖国に帰れず，現地に留まって暮らさざるをえなかったという悲劇に対しては，心から済まなかったという気持ち。
1990年	天皇		わが国よってもたらされた不幸な時期に (韓国の) 人々が味わわれた苦しみを思い，痛惜の念。
1990年	首相	海部俊樹	過去の一時期，朝鮮半島の方々がわが国の行為により耐えがたい苦しみと悲しみを体験されたことを謙虚に反省，率直にお詫びの気持ち。
1992年	首相	宮澤喜一	過去の一時期，(韓国) 国民がわが国の行為によって耐え難い苦しみと悲しみを体験された事実を想起し，反省する気持ちを忘れず，総理として反省とお詫び。
1992年	首相	宮澤喜一	(韓国との) 数千年にわたる交流の中で，歴史上の一時期にわが国が加害者であり，貴国が被害者であった事実がある。朝鮮半島の方々が耐え難い苦しみと悲しみを体験されたことに改めて心からの反省とお詫びを表明。従軍慰安婦問題は実に心痛むことであり，申し訳なく思う。
1992年	官房長官	加藤紘一	従軍慰安婦として筆舌に尽くし難い辛苦をなめられた全ての方々に衷心よりお詫びと反省。過ちを繰り返してはならないという深い反省と決意で平和国家を堅持。
1993年	官房長官	河野洋平	(従軍慰安婦問題は) 当時の軍の関与の下に多数の女性の名誉と尊厳を深く傷つけた問題である。この機会に，改めて，その出身地のいかんを問わず，いわゆる従軍慰安婦として数多くの苦痛を経験され，心身に癒し難い傷を負われた全ての方々に心からのお詫びと反省の気持ちを申し上げる。(河野談話)

第3章　歴史問題の現在と解決の道

1993年	首相	細川護熙	先の戦争は侵略戦争であり，誤った戦争。
1993年	首相	細川護熙	（日本の繁栄と平和は）大戦での尊い犠牲の上に築かれたもので，先輩世代の功績のたまもの。過去の歴史への反省と新たな決意を明確にし，過去の侵略行為や植民地支配が与えた耐え難い苦しみと悲しみに深い反省とお詫びの気持ち。
1993年	首相	細川護熙	私が侵略戦争，侵略行為という言葉を用いたのは，過去のわが国の行為が多くの人々に耐え難い苦しみと悲しみをもたらした（という表現と）同じ認識。改めて深い反省とお詫びの気持ちを表明したもの。
1994年	首相	村山富市	わが国が過去の一時期に行った行為は，国民の多くの犠牲をもたらしたばかりでなく，アジアの近隣諸国等の人々に，今なお癒し難い傷痕を残している。わが国の侵略行為や植民地支配が多くの人々に耐え難い苦しみと悲しみをもたらしたことに深い反省の気持ちに立って，不戦の決意の下，世界平和の創造に力を尽くす。わが国はアジアの近隣諸国等との関係の歴史を直視しなければならない。手を携えて未来を拓くには，互いの痛みを克服して構築される相互理解と相互信頼という不動の土台が不可欠。従軍慰安婦問題は女性の名誉と尊厳を深く傷つけた問題であり，心からの深い反省とお詫びの気持ちを表明。わが国としては過去の歴史を直視し，正しくこれを後世に伝えるとともに，相互理解の一層の増進に努めることが，お詫びと反省の気持ちを表すことになる。
1995年	首相	村山富市	従軍慰安婦の問題は女性の名誉と尊厳を深く傷つけたもので，到底許されない。心身に癒し難い傷を負われたすべての方々に深くお詫び。
1995年	衆議院決議		世界の近代史における数々の植民地支配や侵略行為に想いをいたし，わが国が過去に行ったこうした行為や他国民，とくにアジア諸国民に与えた苦痛を認識し，深い反省の念を表明。（戦後50年衆議院決議）
1995年	首相	村山富市	わが国は遠くない過去の一時期国策を誤り，戦争への道を歩んで国民を存亡の危機に陥れ，植民地支配と侵略によって多くの国々，とりわけアジア諸国の人々に対して多大の損害と苦痛を与えた。未来に過ちを無からしめんとするが故に，疑うべくもないこの歴史の事実を謙虚に受け止め，ここに改めて痛切な反省の意を表し，心からのお詫びの気持ちを表明する。歴史がもたらした内外全ての犠牲者に深い哀悼の念を捧げる。敗戦の日から50周年を迎えた今日，わが国は深い反省に立ち，独善的なナショナリズムを排し，責任ある国際社会の一員として国際協調を促進し，それを通じて平和の理念と民主主義とを推し進めていかなければならない。同時にわが国は，唯一の被爆国としての体験をふまえて，核兵器の究極の廃絶を目指し，核不拡散体制の強化など，国際的な軍縮を積極的に推進していくことが肝要である。これこそ過去に対する償いとなり，犠牲となら

Ⅰ　歴史から日本を診る

			れた方々の御霊を鎮めるゆえんとなると信じる。（村山談話）
1996年	首相	橋本龍太郎	たとえば創始改名はまったく学校教育で知ることがなかったし，そうしたことが多くの国の方々の心を傷つけたことは想像に余りある。従軍慰安婦の問題ほど女性の名誉と尊厳を傷つけた問題はない。心からお詫びと反省の言葉を申し上げたい。
1996年	天皇		一時期，わが国が朝鮮半島の人々に大きな苦しみをもたらした時代があった。そのことに対する深い悲しみは常に私の記憶に留められている。
1997年	首相	橋本龍太郎	わが国が歴史の教訓を学び，前事を忘れず，後事の戒めとするという視点が広く国民の中に定着していると確信する。私も一昨年の「村山談話」と同じ考えをもっている。一部に中国側の感情を刺激しかねない発言があっても，日本が軍事大国にならず，平和国家としての道を歩み続ける決意であることは日本人にとっては自明だ。しかし，アジア諸国に不信が生まれない努力を続ける必要がある。
1997年	首相	橋本龍太郎	日本政府は敗戦50年の1995年，内閣総理大臣談話のかたちで，過去の日本の行為が中国を含む多くの人々に対し，耐え難い悲しみと苦しみを与えたことを深く反省し，お詫びしつつ平和のために力を尽くす決意をした。これが日本政府の正式の態度だ。
1998年	首相	橋本龍太郎	従軍慰安婦問題について道義的な責任を痛感しており，国民的な償いの気持ちを表すための事業を行っている「女性のためのアジア平和国民基金」と協力しつつ，誠実に対応している。従軍慰安婦問題は当時の軍の関与の下に多数の女性の名誉と尊厳を深く傷つけた問題と認識し，心からお詫びと反省の気持ちを抱いている。われわれは過去の重みからも未来への責任からも逃れる訳にはいかない。歴史を直視し，正しく後世に伝えながら友好増進に全力を傾けたい。
1998年	首相	小渕恵三	わが国が過去の一時期韓国国民に対し植民地支配により多大の損害と苦痛を与えたという歴史的事実を謙虚に受け止め，痛切に反省し心からお詫びする。（日韓共同宣言）
1998年	首相	小渕恵三	過去を直視し歴史を正しく認識することが日中友好を発展させる重要な基礎である。日中共同声明（1972年）と村山談話（1995年）を遵守し，過去の一時期の中国への侵略によって多大な災難と損害を与えた責任を痛感し，深い反省を表明する。
2000年	外務大臣	河野洋平	歴史認識については「村山談話」でわが国の考え方ははっきりしている。これはその後の歴代内閣にも引き継がれ，多くの日本人の常識であり，共通認識である。
2001年	官房長官	福田康夫	政府の歴史に関する基本認識は「村山談話」にあるとおり，遠くない過去の一時期，植民地支配と侵略によって多くの国々，とりわけアジア諸国の人々に多大の損害と苦痛

第3章　歴史問題の現在と解決の道

2001年	外務大臣	田中眞紀子	を与えた事実を謙虚に受け止め，痛切な反省と心からのお詫びの気持ちを表明する。こうした認識は現内閣においても何ら変わりない。 日本は先の大戦において多くの国の人々に対して多大な損害と苦痛を与えたことを決して忘れていない。多くの人々が貴重な命を失ったり，傷を負った。元戦争捕虜を含む多くの人々に癒し難い傷跡を残している。こうした歴史の事実を謙虚に受け止め，「村山談話の痛切な反省の意および心からのお詫びの気持ちを再確認する。
2001年	首相	小泉純一郎	植民地支配により韓国国民に多大な損害と苦痛を与えたことに心からの反省とお詫びの気持ちをもった。
2001年	首相	小泉純一郎	従軍慰安婦問題は当時の軍の関与の下に多数の女性の名誉と尊厳を深く傷つけた問題である。苦痛を体験し，心身にわたり癒し難い傷を負われたすべての方々に心からお詫びと反省の気持ちを申し上げる。われわれは過去の重みからも未来への責任からも逃げる訳にはいかない。道義的責任を痛感しつつお詫びと反省の気持ちをふまえ，歴史を直視し正しく後世に伝えるとともに，いわれなく暴力など女性の名誉と尊厳に関わる諸問題にも積極的に取り組まねばならない。
2002年	首相	小泉純一郎	過去の植民地支配によって朝鮮の人々に多大の損害と苦痛を与えたという歴史の事実を謙虚に受け止め，痛切な反省と心からのお詫びを気持ちを表明。（日朝平壌宣言）
2003年	首相	小泉純一郎	先の大戦においてわが国は多くの国々，とりわけアジア諸国の人々に対して多大の損害と苦痛を与えた。国民を代表して深い反省の念を新たにし，犠牲となった方々に謹んで哀悼の意を表する。
2005年	首相	小泉純一郎	かつて植民地支配と侵略によって多くの国々，とりわけアジア諸国の人々に対して多大の損害と苦痛を与えた。こうした歴史の事実を謙虚に受け止め，痛切なる反省と心からのお詫びの気持ちを常に心に刻みつつ，わが国は第二次世界大戦後一貫して経済大国になっても軍事大国にはならず，いかなる問題も武力によらず平和的に解決するとの立場を堅持している。
2005年	首相	小泉純一郎	かつて植民地支配と侵略によって多くの国々，とりわけアジア諸国の人々に対して多大の損害と苦痛を与えた。こうした歴史の事実を謙虚に受け止め，痛切なる反省と心からのお詫びの気持ちを表明するとともに，内外のすべての犠牲者に謹んで哀悼の意を表する。戦後の歴史はまさに戦争への反省を行動で表した平和の60年であり，一衣帯水の間にある中国・韓国をはじめとするアジア諸国とは，ともに手を携えて地域の平和を維持し，発展をめざすことが必要だと考える。過去を直視し，歴史を正しく認識し，アジア諸国との相互理解と信頼に基づいた未来志向の協力関係を構築していきたい。

（筆者作成）

が長年にわたって「侵略」という表現に（強制的ではないにせよ）改善意見を付してきた経緯があることなどである。当初は，ある教科書の「華北へ侵略」の表現が「華北に進出」に書き直させられたとの誤報もあって混乱したが，事態の本質は，日本の文部行政の中枢が，過去の戦争を「侵略」と表現することを受け入れないような体質を温存していることが明らかにされた点であろう。この事態に際して，日本政府は「歴史教科書に関する内閣官房長官談話」を発して収拾をはかり，文部省は教科書検定基準に，「近隣のアジア諸国との間の近現代の歴史的事象の扱いに国際理解と国際協調の見地から必要な配慮がされていること」という「近隣諸国条項」を追加する措置をとった。しかし，近隣諸国に対する政治的影響は決して小さくなく，たとえば韓国では，日本の暴力的植民地支配を赤裸々に描く「韓国独立記念館」が全国民的な募金で建設される契機となり，ややもすれば反日的な民族教育に利用されかねない社会教育施設を生み出す結果を招いた。

◇慰安婦問題

次に，いわゆる「従軍慰安婦」問題をみると，1993年の「河野談話」の後も，たとえば石原信雄内閣官房副長官が，「強制連行を示す証拠はなかったが，韓国側の強い要請を受け，両国関係に配慮して善意で強制性を認めたもの」という趣旨のコメントを加えるなど，「河野談話」の意味を減殺する言動がなされた。また，バウネット・ジャパンが2000年に開催した「日本軍性奴隷制を裁く女性国際戦犯法廷」に関するNHKの特集番組についても，政治家の介入が問題視された。取材協力した市民団体が「無断で番組内容を改変された」として損害賠償を求めた訴訟において，2007年1月29日，東京高裁は「NHK幹部らは国会議員の発言を必要以上に重く受け止め，当たり障りのない内容にした」と認定，政治家が番組作りに影響力を行使した事実を示唆した。その背景には，NHKが右翼団体からの抗議や，NHK予算の国会承認に先立って接触した国会議員の「公正・中立な番組編成を求める発言」に過敏に反応したという事情もあり，上田清司埼玉県知事が2006年6月，「古今東西，慰安婦はいても従軍慰安婦はなかった」として埼玉県平和資料館の展示の修正を求めた事

件などともあいまって，慰安婦問題は今日なおくすぶり続けている。2006年に発足した安倍晋三内閣も，2007年3月，改めて「官憲による強制的連行」という意味での「狭義の強制性」を否定する見解を表明し，論議を呼んだ。

◇靖国神社参拝

さらに，閣僚による靖国神社参拝問題も，韓国や中国の人々の感情を刺激している。

靖国神社は1869年に東京招魂社として建立され，1879年に靖国神社と改称された「国家神道の象徴」である。天皇と国家に命を捧げた戦没者を「軍神」として奉る，陸軍省・海軍省の共同管理下におかれた軍事的な宗教施設だった。「靖国の桜となりて薫る日の誇を胸に秘めて飛び立つ」（1945年5月4日に沖縄に出撃した特攻隊員・若杉正喜伍長）にみられるように，戦争遂行の精神的拠り所としての役割を担った（欧米ではその性格上"War Shrine"と呼ばれることもある）。極東国際軍事裁判でA級戦犯とされた戦争指導者も祀られており，政府関係者の靖国神社公式参拝は，個人の信教の自由の枠組みを越え，過去の侵略戦争に対する公的態度の試金石として，諸外国から注目されてきた。1885年に内閣制度が創設されて以来，2006年までの121年間に就任した57人の首相のうち，戦前に靖国神社に参拝した首相はなく，戦後の首相28人の半数にあたる14人が，延べ67回にわたって参拝している（8月15日の「終戦記念日」に参拝したのは中曽根康弘氏や小泉純一郎氏など5人のみ）。靖国神社への政府関係者の公式参拝に対して近隣諸国が批判的なスタンスをとる背景には，①靖国神社が侵略戦争政策推進の精神的支柱だったこと，②「戦争犠牲者を慰霊する場」ではなく，「国のために戦死した軍人を英雄（英霊）として祀る場」であること，③「靖国神社に祀られている神さま方（御祭神）は，すべて天皇陛下の大御心のように，永遠の平和を心から願いながら，日本を守るためにその尊い生命を国にささげられたのです」（靖国神社ホームページ）に表されている，「侵略戦争観」とは相容れない「自衛戦争観」の象徴であること，などの事情があろう。また，靖国神社付属の軍事史資料館「遊就館」が，「愛する祖国・郷土・家族のために国難に立ち向かわれた英霊の御心に触れることができ」る施設と称し

て，日本の戦争を「自存自衛」，「アジア解放」のための「正しい戦争」とみる「靖国史観」を展開していると諸外国に受け取られていることも，反発の原因になっている。

◇領土問題

加えて，日本が抱えている領土問題をめぐって起こる緊張関係も，相互理解の進展を妨げる原因となっている。日本はロシアとの間に「北方領土（歯舞，色丹，国後，択捉の4島）」問題を，韓国との間に「竹島（独島）」問題を，中国・台湾との間に「尖閣諸島」問題を抱えている。これらはそれぞれ固有の歴史的経緯を有する複雑な問題であるが，近年，それぞれの地域が，軍事・漁業・資源などの面で新しい価値を獲得するに及んで，国益の衝突の様相が新局面を迎えつつある。

こうした状況下で，最近，日本と隣国との関係が損なわれる事態が発生している。

たとえば，2005年3月16日，島根県議会が「竹島の日本編入100周年」を記念して，2月22日を「竹島の日」とする条例を制定したが，韓国社会の反発は予想以上に強かった。慶尚南道馬山市は「竹島の日」に対抗して，6月19日を「対馬島の日」とする条例を制定した（6月19日は，1419年に李氏朝鮮が倭寇征伐のために対馬に出兵させた日。韓国政府は馬山市に条例撤回を求めている）。韓国政府はそれまで規制していた独島観光を解禁し，3月28日には初めての観光客が独島に上陸した。日韓関係悪化のため両国とも観光客が減少した。2005年，慶尚北道は，10月を「独島の月」とし，日本との交流を制限する条例を制定した。2007年2月24日に島根県で開かれた「竹島の日」記念式典について，外交通商省が「条例を即時に撤廃し，独島に対する不当な領有権主張をやめるよう，強く求め」る声明を発表した。条例制定後わずか1カ月の間に少なくとも26自治体の日韓交流イベントが中止となった。

中国・台湾との間には尖閣諸島問題がくすぶっている（中国では釣魚島，台湾では釣魚台列嶼と呼ばれる）。日本政府は，1895年1月14日に閣議決定で日本の領土に編入したものと主張し，1951年のサンフランシスコ講和条約第2条で

日本が放棄した領土にも含まれず，同条約第3条に基づいて南西諸島の一部としてアメリカの施政下におかれたうえで，1971年6月17日の「沖縄返還協定」により日本に返還されたものとの立場をとっている。しかし，まさにその1971年6月に台湾が，そして12月に中国が相次いで領有権を主張するにいたり，にわかに日中台3者間の領土問題に発展した。中国側の主張は，尖閣諸島が中国の大陸棚に接続している事実，および，日本が認識する以前から尖閣諸島を航海の目印にしていた古文書の存在を根拠としているが，アメリカの施政権時代にも中国の抗議はなかった。むしろ，1969年と1970年に行われた国連の海洋調査において，イラクやクウェート並みの「推定1095億バレル」という膨大な石油埋蔵量が示唆されたことが，中国が領有権を主張する最大の理由となっているとみられ，中国海軍の艦船による海洋調査行動などもあって，緊張が続いている。

現在なお世界の約40カ所で領土問題が，約50カ所で独立問題が起こっている。領土問題は国家主権に直結する問題であり，その解決は複雑かつ困難であるが，主権の移譲や共有といった新たな概念の提起もなされている今日，平和的な解決のための理論と方法が旺盛に試みられることが期待される。

領有権をめぐる問題は，教科書・慰安婦・靖国などの歴史問題などとは性質を異にする問題ではあるが，相互に関連し合いながら，関係諸国の国民どうしの相互理解や反発心の形成にかかわりあっている。

◇その他の問題

以上のほかにも，特異な問題として，北朝鮮との間の拉致問題をめぐる対立がある。1977年以降，多数の日本人が北朝鮮の工作員によって拉致されたとされる事件で，1980年代から国会で取り上げられていたが，2002年9月17日の日朝首脳会談の席上，金正日国防委員長が拉致の事実を認めて謝罪してから国民的関心事になった。在日本朝鮮人総聯合会（朝鮮総連）やその支援者は，「日本人拉致問題は捏造」と言い続けてきたが，事実を前に認識を改めざるをえなくなった。日本政府は17人を拉致被害者として認定，このうち13人については北朝鮮側も公式に認めたうえで，「死亡者8人を除く生存者5人を返し

たので，問題はすでに解決済み」と主張している。

こうしたなかで2006年10月9日，北朝鮮が核実験を行ったことを発表し，北東アジアの安全保障の問題に新たな不安定要因を作り出した。その背景には，アメリカの金融制裁を受けて窮地に陥っている北朝鮮が，アメリカを直接交渉の場に引き出す政治的ねらいがあったが，現在，北朝鮮の核問題を討議する6カ国協議（日本・韓国・北朝鮮・中国・ロシア・アメリカ）が断続的に開かれ，平和的解決の努力が続けられている。日本政府はかつてない規模の経済制裁措置を続けながら，拉致問題を話し合う作業部会の設置などを追求し，解決を模索しつつある。

この問題は一方では歴史問題にも関連しており，北朝鮮側は，植民地支配時代の日本人による朝鮮人強制連行の事実をあげ，「過去の謝罪と賠償が先決問題」とも主張している。

また，北朝鮮による拉致・ミサイル発射・核実験などが日本国民に「危険な隣国の存在」を印象づけ，改憲問題や核武装問題にも影を落としつつある。

3 「対立」の本質を考える

対立が生じた場合，その性格を理解することは，対立を克服するための基本である。本節では，対立の本質について整理を試みよう。

◇2種類の命題

われわれは生きるうえで2種類の命題に出会う。命題とは，論理学で使われる概念で，われわれの判断を言葉や記号や数式で表現したものをいう。「私は平和学を学んでいる」や「3 + 5 = 8」は，いずれも命題である。

第1の種類の命題は科学的命題（客観的命題）と呼ばれ，命題の真偽（正しいか，正しくないか）を事実や論理に照らして決めることができる種類の命題である。たとえば，「3 + 5 = 9」は科学的命題である。この命題が「偽」（間違っていること）であることは自然数の定義とペアノの公理系から論理的に証明できる。「1945年12月8日，日本はパールハーバーのアメリカ太平洋艦隊を攻撃

した」も科学的命題であり，日本では「真」，アメリカでは（日付変更線の関係で攻撃日は1941年12月7日だったから）「偽」である。しかし，いずれにしても，これらの命題の真偽は判定者の価値観（好み）によって左右されない。その意味で，真であるにせよ偽であるにせよ，一義的に判定が可能である。

　第2の種類の命題は価値的命題（主観的命題）と呼ばれ，命題の真偽が判定者の価値観に依存するために，一義的に判定できないような種類の命題である。たとえば，「ワーグナーの音楽は素晴らしい」は価値的命題であり，近代音楽方程式を解けば一義的な答えが導かれるような命題ではなく，いかなる音楽に価値を認めるかは判定者の音楽的な好み（価値観）に依存する[1]。したがって，このような価値的命題については，一義的な真偽の判定を下すことはできない。「核兵器は廃絶されるべきだ」という命題も，核兵器に存在価値を認めるか否かについての価値判断によって真偽の判定が異なる。筆者は「真」と答えるが，核保有国の為政者は「偽」と答えるに相違ない。また，「すべての人間は生きる権利をもつ」という命題は人間の生存にとって非常に重要な命題だが，これも価値観に依存する。筆者は「真」と答えるが，「生きる価値のある人間」と「生きる価値のない人間」を分けたアドルフ・ヒトラーは「偽」と答えることになる。

◇**対立の本質**

　したがって，対立が生じた場合には，その対立が「科学的命題」に関する対立なのか，「価値的命題」に関する対立なのかを見極めることが本質的に重要である。

　［Ⅰ］科学的命題についての対立

　科学的命題の真偽をめぐる対立の場合には，3つの問題がある。

　第1には，命題を記述している言葉や記号についての理解が共通かどうかを確認することである。たとえば同じ「平和」という言葉を用いていながら，「同床異夢」のように双方が異なる理解をしていれば，議論が噛み合わず，対立が生じうる。したがって，命題を記述するために用いる概念や，それを表す

用語や記号の定義の共通性を確認することは，このような議論にあたって最も基本的なことである。たとえば，「世界には平和博物館が110館余りある」という命題の真偽は，明らかに「平和博物館」の定義に依存する。「平和」を「戦争のない状態」に限り，「平和博物館」を 1998 年に発行された "Peace Museums Worldwide" に収録されている施設に限れば，この命題は「真」であろうが，「平和」をより広く「暴力のない状態」と規定し，戦争や核兵器のような「直接的暴力のない状態」だけではなく，飢餓・貧困・差別・人権抑圧・社会的不公正・環境破壊・教育や医療の遅れなどのような「構造的暴力のない状態」，さらには，直接的暴力や構造的暴力を正当化したり，助長したりする「文化的暴力のない状態」にまで拡大すれば，関連する「平和博物館」の数は激増するに相違ない。したがって，「世界に平和博物館がいくつあるか」を論じる場合には，その前提として「平和博物館」の定義についての合意形成がなされていなければならない。

第2には，対立の原因が事実認識に関する対立である場合には，命題の真偽を判定するのに必要な事実関係を確定することが必要になる。対立する両者が命題の真偽を判断するために必要とされる正確な知識を欠いている場合には，その時点で議論を中止し，事実関係を客観的に確認する手立てをとらなければならない。双方が正確な事実関係を知らないままに推定や憶測によって議論を継続することは，かえって感情的対立を増長し，拡大するおそれがある。

第3に，命題の性質によっては，科学的命題でありながらその真偽の判定ができないケースがあることを認識する必要があることである。すなわち，①過去の事象に関する命題で，情報が十分残されていない場合，②現在の事象に関する命題であるが，情報が不完全な場合，③将来の事象に関する命題で，情報が不確定である場合などは，科学的命題であっても真偽の判定ができない。このような命題については，議論の時点では真偽の確定ができない種類の科学的命題であることを双方が理解し，対立をやめることが重要である。

[Ⅱ] 価値的命題についての対立

一方，価値的命題の真偽をめぐる対立の場合には，客観的に真偽を確定でき

ない問題であることを双方が理解することが何よりも必要である。そして、対立を克服するには、①対立する自己と他者を相対化すること、②価値観の相違を克服すること、の2つの道がある。

①は価値観の対立をそのまま残しながら、いわば「対立していて構わないもの」として理解し合う方法である。「トマトが好きな人」と「トマトが嫌いな人」の間には好みの違いがあるが、問題によってはそれぞれの好みの問題として認め合うことが可能である。フランス象徴派の詩人ジャン・アルチュール・ランボーは「私は一個の他者である」と表現したが、自己と他者を同じ目の高さでとらえる人間観である。この「価値観の相対化」という方法は、一般に「価値相対主義」と呼ばれ、多文化共生主義の基礎となる考え方であるが、最も根本的な困難は、「価値相対主義は、価値絶対主義を相対化することができない」という問題である。「価値観の違う人間は殺してもよい」ということを絶対的価値観としている人間を価値相対主義の立場から認めれば、殺人を認めることになりかねない。したがって、いかなる価値観をもつにしても「人間が生きる権利」を普遍的価値として認め合う「基本的人権観」を普及することは、価値相対主義の立場からも本質的に重要な課題になる。

②はより本質的な意味においての対立解消法である。すなわち、価値観の違いが明らかになった場合でもそれを不変のものとは考えず、相手あるいは自分がなぜそのような価値観をもつにいたったのかを問い直し、価値観そのものの変更の可能性を追求する方法である。価値観の形成が「間違った事実認識」に基づいて行われた場合、「正しい事実認識」に導かれれば価値観が変更される可能性がある。つまり、科学的命題の真偽について誤った判定に陥ったために特異な価値観をもつにいたった場合には、価値観の形成過程にまで立ち返ることによってその変更が可能になる場合がある。したがって、表面上は「価値的命題」の真偽にかかわる価値観の対立の様相を呈している場合でも、いずれかの側が価値観を変更して他方の価値観に同調すれば、対立は解消することになる。

[Ⅲ] 科学と価値, 科学者と価値観の関係

　科学は, 歴史学を含めて, 科学的命題を扱う知の体系である。科学的真理そのものは価値中立的だが, 科学的知識の体系や歴史研究者を含む科学者は, 必ずしも価値中立的ではない。国家や研究資金を提供する財団や企業などの価値観の影響を受けるからである。

　一般に, 国家の政策の背景にある価値観に合致した科学研究は優遇され, 国家的価値観を否定ないし批判する科学研究は冷遇される傾向にある。その結果, その国の支配的な科学的知識の体系も国家的価値観に従属したものになりがちであり, 国家的価値観を擁護する研究者が優遇され, 社会的影響力を拡大する傾向がある。

　したがって, 科学的真理が価値中立的であるからといって, その国の支配的な研究者や, その国の科学的知識の体系が価値中立的であるとは限らず, 国家的価値観に従属した偏りをもっている可能性があることに注意しなければならない。

4　日本の歴史問題をめぐる対立の克服への道

　前節の整理をふまえて, 第1節で取り扱った現在に残る日本の歴史問題を考察してみよう。

◇科学的命題にかかわる諸問題

　歴史的事実に関する命題は, 本来, 科学の命題である。したがって, 教科書問題・慰安婦問題・領土問題・拉致問題などには, いずれも事実関係を解明するという面で「科学的命題の真偽」にかかわる問題が数多く含まれるので, それぞれの問題ごとに, 歴史研究者を含む専門家集団による共同討議の場が設けられなければならない。

　前節で述べたとおり, 歴史科学は本来価値中立的であるとはいえ, 対立する当事国を代表する専門家はそれぞれの国家が「国益」と考える価値を擁護する立場に束縛されがちなので, こうした専門家集団による共同討議の場を設置す

る場合には，対立する当事国の専門家に加えて，利害関係をもたない第3国の専門家の参加を求めることが不可欠である。

　また，前節で整理したように，科学的命題でありながら事実関係が確定できないために一義的な結論を導くことができないような命題も存在するので，その場合には，双方がそのような命題の性質を理解し合い，結論を導く条件ができるまでは一方的に結論を押しつけることなく，また，政策次元でも自らの見解のみに依拠して一方的な外交行動をとることを自制しなければならない。対立する2国間のみの討議機関の場合は，「見解の違い」を理由に決裂する危険をはらみがちであるが，この点でも，当事国以外の専門家集団が緩衝的役割を果たしつつ，学問的に公正な討議を保証するために固有の役割を果たすことが期待される。

　こうした協議の場の討議内容の外部への公表は，合意に基づいてなされるべきであり，無限定な情報の漏洩は避けられなければならない。また，論議の内容に政府が干渉することは許されず，学問的な論議に圧力をかけるような世論操作や政治的プロパガンダもなされるべきではない。協議が暫定的結論に達した時点でその内容が公表され，当事国および国際社会でのヒアリングに付された後，修正のための協議が行われる。こうしたプロセスを数次にわたって積み重ね，合意に基づく結論を導く。すべての論点について合意形成ができない場合には，引き続き協議すべき争点を残しつつ，合意点に基づいて可能な外交的，内政的政策を実施し，到達点を確認しつつ，合意内容の拡大・深化を促進する政治環境の醸成に向けて努力することが期待される。

　共通の歴史認識を培うために教科書編集事業に共同で取り組むことは，とりわけ重要な意味を有する。すでにフランスとドイツが共通の歴史教科書による教育実践に取り組みつつあり，バルカン諸国では，共通の歴史教科書副教材を作成するプロジェクトがある。1972年には当時の西ドイツとポーランドの間で「国際歴史教科書対話」が始まり，政府から独立した「ドイツ・ポーランド共同教科書委員会」がユネスコ国内委員会の手で設置され，検討を重ねてきた。日本・韓国・中国の歴史研究者の間でも，民間レベルで共通の歴史教科書づくりが試みられている。

こうした試みを絶望視する向きもあるが，協議の成果は単一の共通教科書として編纂される形態にとどまらず，①合意形成ができた部分は共通の表現で，それぞれで見方が異なった部分は両論併記の形で編纂する形態や，②協議結果をふまえてそれぞれの国で教科書を作成する形態，さらには，③教科書とは別の副教材として合意形成の努力を反映した資料を作成する形態など，多様な形態が考えられる。こうした問題では，どこが合意されたかと同時に，どの問題で合意形成ができなかったかも重要な意味を有するので，当事国それぞれの見解を紹介することは，それ自身有意義なことに相違ない。「完全な合意形成などできるはずがない」という理由で，このような共通の歴史認識醸成の試みを否定することは，平和創造に逆行する考えというべきであろう。

◇価値的命題にかかわる諸問題

一方，「核抑止政策に国家安全保障上の価値を見出すか否か」といった問題は，価値的命題に関する判断の問題である。国家政策の背景には，必ず，そうした政策をとることを正当化する価値判断がある。しかし，北朝鮮のような特殊な政治形態の国家は別として，国民主権を政治原理とする国々では，国民が核兵器保有を政策として掲げている政権を選び取っているという面がある。したがって，たとえば核兵器廃絶の実現をめざす場合にも，核保有国やその同盟国の政府に直接あるいは国連などを通じて働きかける方法だけでなく，そうした政策を支持している諸国民に非核の価値の重要性を訴えかける方法が追求されてきた。たとえば，①北朝鮮の核実験に抗議し，核保有政策の放棄を要請する行動などは前者に属するが，②世界法廷運動が国際司法裁判所に働きかけ，「核兵器による威嚇やその使用は一般的に国際法違反である」とする勧告的意見を導くことに影響力を行使した行動は前・後者両方に通じ，③広島・長崎の惨禍を原爆写真展や被爆者遊説行動で広く核保有国の市民にアピールする行動などは後者に属する。一般に，①のように直接政府に働きかけて政策の変更（したがって，その背景にある特定の価値観の放棄）を迫る行動には大きな困難をともなうので，市民レベルでは②または③の行動がとられることが多い。

この場合にも，核抑止論の危険性を理論的に解明し，核兵器に依存する安全

保障政策の価値を否定するという方法に加えて，広島・長崎の原爆被害の非人道的実態を総合的に明らかにすることによって，核保有国市民に核政策への支持を放棄させる方法もある。前者は，「核兵器保有は国家安全保障上有効である」という価値的命題そのものを俎上にのせる方法だが，後者は，核兵器使用がもたらす受容し難い悲惨な結果を事実として明らかにすることによって「核兵器は安全に使用できる兵器だ」という科学的命題が「偽」であることを突きつけ，そうした間違った事実認識に基づいて策定されている核兵器政策の変更を迫る方法である。したがって，国家の価値観の変更を迫る場合にも，対政府だけでなく，市民相互間の働きかけがきわめて重要な意味を有する。

5 おわりに

　もとより，長年月にわたって国家間の対立感情の原因となっている歴史問題を解決することは容易ではない。しかし，隣国との平和的関係を築くためには是非とも克服しなければならない基本的な問題でもある。アジア太平洋戦争が終わって60年余が経過するなかで，日本でも戦争を知らない世代が還暦を迎え，戦時中の日本軍の加害行為を「自分たちが直接責任を負う立場にない歴史上の問題」と感じている人々が多数を占める状況が生まれている。しかし，国家の継続性から考えても，過去に国家が犯した戦争犯罪に対する責任は現代に生きる日本国民に引き継がれていると考えることが自然であり，「戦後世代の戦争責任」の問題として厳に存在している。本章で取り上げた歴史的諸問題に関する対立を克服するために，加害国・被害国の戦後世代の国民どうしが平和創造の視点から「未来志向の過去の総括」について合意形成をはかることを期待したい――筆者はそう切望している。

〈注〉
1）ワーグナーは，反ユダヤ主義的な側面をもっており，その思想が，のちのナチスに利用されることとなったため，ワーグナーの作品をイスラエルで演じることはタブーとさ

I　歴史から日本を診る

れている。このように，音楽をはじめとする様々な「芸術」が，特に戦争の場合に政治と深く結びつくことがある。

〈参考文献〉
歴史科学協議会編『日本現代史——体制変革のダイナミズム』（青木書店，2000年）
山田敬男編著『日本近現代史を問う』（学習の友社，2000年）
日中韓3国共通歴史教材委員会編著『未来をひらく歴史——東アジア3国の近現代史（第2版）』（高文研，2006年）
子どもと教科書全国ネット21編『教科書攻撃のウソを斬る——「新しい歴史教科書をつくる会」がねらうもの』（青木書店，2000年）
藤岡信勝・自由主義史観研究会編『教科書が教えない歴史』（扶桑社，1999年）
安斎育郎『科学と非科学の間』（筑摩書房，2002年）
池尾靖志編著『戦争の記憶と和解』（晃洋書房，2006年）

II
政府の政策を斬る

　平和学では、権力の濫用が「暴力」とならないために、常に権力行使のありようを監視する必要があると考えている。そこで、第II部では、現在の日本政府の諸政策を多面的に取りあげ、「平和学」的に批判したり、オルタナティブ（代替案）を提示したりするためには、どのような知識が求められ、具体的に何をすればよいのかを取り扱う。

　なお、それぞれの章は、執筆者個人の立場で書かれたものであり、執筆者の属する組織の意見を代表するものではない。また、議論の材料を「生のままで」提供するという観点から、執筆者の見解に編者が意見をつけたり、整合性を図ることはしていないので、ぜひ、読者自身が「批判者」となって、また、読者自身が「平和」を考えるきっかけとして、読み進めていただきたい。

第4章
日本の軍縮・不拡散政策

1 はじめに

　平和学において，「戦争のない世界」（これを「消極的平和」という）を実現しようとする場合には，核不拡散条約（NPT）や対人地雷禁止条約など，軍縮・不拡散に関する条約そのものに着目し，軍縮・不拡散をめざそうとすることが多かった。しかし今日では，条約に拠らない，輸出管理を通じた不拡散への取り組みの重要性が，とくに先進国の間で高まっている（こうした国家間の協調体制の枠組みのことを国際レジームという）。

　輸出管理とは，特定の物資，技術の輸出を規制する政策のことであり，先進国は，この輸出管理の手法を用いて，大量破壊兵器（WMD）の取得や開発を目論む国家やテロ集団の手に，兵器そのものだけでなく，その開発や生産に用いられる可能性のある物資や技術が流出しないように努めている。

　輸出管理はこれまで，貿易にかかわる実務の問題として認識されることが多かったが，輸出管理が不拡散政策の重要な一部をなしている以上，平和学の見地から，その意義などを考察する必要があろう。そこで本章では，日本の軍縮・不拡散政策の検証を，WMD の輸出管理政策を中心に行うこととする。

　まず，日本政府の軍縮・不拡散に対するスタンスを確認し，次に WMD の軍縮・不拡散に対する国際社会と日本の取り組みを概観する。その後，日本国内の取り組みのケース・スタディーとして「キャッチ・オール規制」を，国外の取り組みとして「拡散に対する安全保障構想（PSI）」を取り上げ，日本の

WMD の輸出管理政策を検討する。

2 軍縮・不拡散に対する日本のスタンス

◇軍縮・不拡散の定義と意義

「軍縮」とは、「軍備ないし兵器の縮小、削減、また広くはその廃絶を目指す」アプローチを意味する。これに対して「不拡散」は、「兵器一般、特に核・生物・化学兵器といった大量破壊兵器やその運搬手段（ミサイル等）、その関連物資や技術などの拡散を防止・抑制し、阻止することを目的とする」アプローチである（外務省軍縮不拡散・科学部〔以下、外務省と略記〕2006：6）。

では、軍縮・不拡散を試みる意義とは何であろうか。日本政府は、次の3つの点において、軍縮・不拡散の意義を見出している（以下、外務省 2006a：6 - 7）。

第1に、安全保障の観点である。敵対する国同士による軍備競争は、「不信感や脅威意識を高める」ため、国際の平和と安定を損なう危険性があり、軍縮・不拡散に取り組む必要がある。第2に、経済の観点である。軍備競争は、「莫大な軍事支出」をともなうため、「政府の財政を圧迫する」だけでなく「資源の浪費」ともなりうる。また、「経済開発や福祉などに優先的に国家予算を振り向ける」ためにも、軍縮・不拡散を推進していく必要がある。第3に、人道主義の観点である。「戦争は、人々の生命や財産を脅かし、その生活と文化を破壊し、数々の悲劇をもたらす」。軍備競争の制限・除去を目的とする軍縮・不拡散は、戦争が起きる蓋然性を低くする効果をもつため、人道主義にも合致するものと考えられる。

◇軍縮・不拡散のスタンス

軍縮・不拡散に対する日本のスタンスとはどのようなものであろうか。日本政府は、次の4つのスタンスに基づいて、軍縮・不拡散に取り組んでいる（以下、外務省 2006a：8 -10）。

まず、「平和への願いと唯一の被爆国としての使命」である。日本には、日

本国憲法に謳われている平和主義の理念の下，また，「唯一の被爆国」として，核兵器の廃絶を「世界の人々に強く訴えていく使命がある」。第2に，「日本の安全保障の観点」である。「日本が平和と安全を確保するためには，日本を取り巻く地域での政治・安全保障環境をできるだけ安定させ，万が一にも，各国が互いに無節操な軍備拡張競争に走るような，危険な情勢に至らないようにすること」，加えて，「この地域で，一部の国家やテロリストに大量破壊兵器やその運搬手段等が拡散することを防ぐこと」が重要である。第3に，「人道主義的アプローチ」である。日本は，「兵器の破壊力・殺傷力の向上に伴い戦争の悲惨さが加速度的に増大していく」状況を鑑み，「軍縮・不拡散に取り組む意義が高まっている」と人道主義の観点から考えている。第4のスタンスは「人間の安全保障の観点」である。日本は，「人々や社会の能力強化を図る」という「人間の安全保障」（第5章を参照）を重視して，紛争終結後の「復興と平和の前提となる安全を構築する」ために，対人地雷や小型武器問題の取り組みを行うべきであると考えている。

3 軍縮・不拡散に対する日本の政策

◇世界の軍縮・不拡散体制の概要

　それでは次に，実際に日本政府がどのような軍縮・不拡散政策を展開しているのかを，世界の軍縮・不拡散体制の概要とあわせてみておこう。

　図表4―1からもわかるように，世界における軍縮・不拡散の取り組みは多岐にわたっているが，これらはその活動の根拠に注目することによって，条約などの国際的約束に基づくアプローチ（以下，条約に基づくアプローチと略記）と，一部先進国の合意によって形成される輸出管理レジームに基づくアプローチとに大別することができる。以下では，それぞれのアプローチに基づいた活動の概要と，そこでの日本政府の取り組みを，WMDの分野に焦点を絞って概観する。

Ⅱ　政府の政策を斬る

図表4—1　世界の軍縮・不拡散体制の概要

	名　称	発　足	日本の参加	参加国数	備　考
軍縮・不拡散のための条約等	核不拡散条約（NPT）	1970年発効	1976年批准	189カ国	関連する協定として ◆IAEA保障措置協定（1971年モデル採択） ◆IAEA追加議定書（1997年モデル採択） ◆包括的核実験禁止条約（CTBT） （1996年採択・未発効）
	化学兵器禁止条約（CWC）	1997年発効	1995年批准	181カ国	検証機能あり
	生物兵器禁止条約（BWC）	1975年発効	1982年批准	155カ国	検証機能なし
	弾道ミサイルの拡散に立ち向かうためのハーグ行動規範（HOCC）	2002年採択	2002年	125カ国	法的拘束力のない政治的合意
	特定通常兵器使用禁止制限条約（CCW）	1983年発効	※	※	議定書Ⅰ～Ｖまであり，それぞれに日本の批准年，あるいは締約国が異なる
	対人地雷禁止条約（オタワ条約）	1999年発効	1999年批准	152カ国	
	国連小型武器行動計画（PoA）	2001年採択	2001年	—	法的拘束力のない政治的合意 関連する協定として ◆トレーシングに関する国際文書 （法的拘束力なし）
不拡散のための輸出管理レジーム	ザンガー委員会	1974年設立	1974年	35カ国	原子力専用品
	原子力供給国グループ（NSG）	1978年設立（パート1） 1982年設立（パート2）	1978年 1992年	45カ国	パート1：原子力専用品・技術 パート2：汎用品・技術
	オーストラリア・グループ（AG）	1985年設立	1985年	39カ国	生物・化学兵器関連汎用品・技術
	ミサイル技術管理レジーム（MTCR）	1987年設立	1987年	34カ国	ミサイル本体及び関連汎用品・技術
	ワッセナー・アレンジメント（WA）	1996年設立	1996年	40カ国	通常兵器及び関連汎用品・技術
その他	拡散に対する安全保障構想（PSI）	2003年発足	2003年	75カ国の支持	

出典：外務省（2006a）11頁の図を基に作成。
注1：参加国数は2006年12月時点でのもの。
　2：NPT，CWC，BWC，オタワ条約の参加国数は寄託国数。

［Ⅰ］条約に基づくアプローチ

　条約に基づく軍縮・不拡散の取り組みは，WMDを中心に展開されており，すでに生物兵器と化学兵器については「生物兵器禁止条約（BWC）」，「化学兵器禁止条約（CWC）」が成立し，その開発，生産，保有が世界的に禁止されるなど，大きな成果を収めている。ただし，WMDのなかでも最も早くから軍縮・不拡散の必要性が叫ばれてきた核兵器に関しては，「核不拡散条約（NPT）」が存続しているものの，まだその道程の半ばといった段階である。

　BWCやCWCとNPTとの最大の相違は，前二者が当該兵器の全廃の義務を条約締結国が等しく負うのに対し，後者は米ロ英仏中の5カ国が核兵器の保有を「当分の間」は認められるといった不平等性をもつという点にある。

　核兵器を保有できる「核兵器国」と，一切保有できない「非核兵器国」を峻別するこの不平等性にもかかわらず，今日までに180カ国を超える非核兵器国が同条約を遵守し，支持してきた理由の1つに，核兵器の無秩序な拡散を防ぐNPTの理念が，締約国の安全保障上の利益と合致したことがあげられる。またNPT第6条に，核兵器国が全面的な核軍縮に向けて「誠実に交渉を行うことを約束する」と核軍縮の義務について明記されていることも，非核兵器国が「当分の間」はこの不平等性を受忍することを受け入れる要素となった[1]。

　しかし，「不拡散」を優先する核兵器国と「軍縮」の進展と原子力の平和利用の推進を強く求める一部非核兵器国の対立は，近年激しさを増している。いまだに核兵器廃絶への道筋を明確にしようとしない核兵器国の姿勢に，非核兵器国の一部は強い不満を募らせているのである。

　このなかで日本政府は，「現実的・漸進的アプローチ」を基調とし，核兵器国も受け入れ可能な「現実的」核軍縮の方策を提示している。同時に，NPTにおける非核兵器国としての立場を堅持し，核軍縮，不拡散の徹底のための新たな取り組みにも積極的に臨んでおり，核実験を禁止する「包括的核実験禁止条約（CTBT）」，核兵器の原料となる高濃縮ウランやプルトニウムなどの生産そのものを禁止する「兵器用核分裂性物質生産禁止条約（カットオフ）条約」の早期の成立に，他の非核兵器国とも協調しながら努めている。

Ⅱ　政府の政策を斬る

[Ⅱ] 輸出管理レジームに基づくアプローチ

　条約に基づくアプローチは，これまでに多くの国の参加と支持を獲得することで，より広範な正統性と実効性を確立してきた。しかし，それでもこのアプローチは，条約の枠外の国家の行動を規制することができない，また検証措置の不備を突いた締約国の隠密裏の行動を把握することができない，といった欠点を抱えている。

　そこで，このような欠点を補い，不拡散をより確実にする手段として，輸出管理レジームに基づくアプローチがあわせて展開された。輸出管理レジームとは，「兵器やその関連汎用品の供給能力を持ち，かつ不拡散に同意する国々（主に先進工業国）が集まり組織する，輸出管理についての協調のために，国際条約等に拠らない枠組み」（外務省 2006a：152）であり，拘束力をもたない国家間の紳士協定である。ここに参加する国は，参加国間で合意した輸出管理品目のリストに基づいて国内法規を整備し，当該品目の輸出を厳しく規制することを約束し合う。国際社会が懸念するにもかかわらずWMDを獲得しようとする国は，相対的に工業力が低い途上国に多いため，先進国から兵器やその関連製品，汎用品，そして技術の供給がなければ，その開発に非常に手間取ることとなる。そうして得られた時間的余裕を利用して，国際社会はWMDを開発しようとする国に対して交渉を通じた説得を行うことが可能となる。

　不拡散のための輸出管理レジームは，1974年の「ザンガー委員会」，あるいは1978年に成立した「原子力供給グループ（NSG）」をその嚆矢とする。ザンガー委員会は，NPTが規定する核物質や関連設備の輸出規制の具体的範囲を，NPT参加国の有志が議論して共通の理解を得るための場として設置されたものである。そのため，大枠としては，NPTを補完する性格が強い。他方，NSGは，1974年のインド核実験により，核兵器の拡散が国際社会の現実的な課題として浮上したことに対し，原子力関係の資機材を供給する能力のある先進国がその輸出条件の足並みを揃えるために設立したもので，NPTとは直接関係のないレジームである。

　また，イラクが通常の貿易を通じて入手した一般的な化学剤を化学兵器開発に転用し，あまつさえそれを実戦で使用したことを知った先進国は，1985年

第4章　日本の軍縮・不拡散政策

に各国の化学剤の輸出管理政策の協調をはかる枠組みとして「オーストラリア・グループ（AG）」を形成した。その後，WMDの運搬手段となる弾道ミサイルの拡散の脅威に対して「ミサイル技術管理レジーム（MTCR）」が，そして地域の安定を損なう兵器の過剰な蓄積を抑制するために，通常兵器とその関連技術の輸出管理を対象とした「ワッセナー・アレンジメント（WA）」がそれぞれ設立された。

日本はこのすべての取り組みに参加し，他の先進国との協力の下に厳格な輸出管理政策を展開している。そもそも日本は，世界に紛争の芽を輸出しないとする「武器輸出3原則」を宣言し，自らに厳しい輸出規制を課してきたために，これらのレジームへの参加は，それまでの平和政策とも整合性がある[2]。

また，これまで北朝鮮の弾道ミサイルの試射や核保有の試みに強く反対してきた日本にとって，核兵器とミサイル関連の輸出管理を国際社会と協調して実施することは，自国の安全保障の観点からも重要であると考えられている。

◇ WMD拡散の新たな展開

先進国を中心とした上記のような取り組みにもかかわらず，WMDの拡散はポスト冷戦時代に新たな段階を迎えた。湾岸戦争後に，イラクが汎用品（後述）を用いて隠密裏に核開発を進めていたことが発覚したのをはじめとして，NPT加盟国である北朝鮮の核開発疑惑の発覚といわゆる「核危機」（1993〜94年）[3]，そしてその後の核実験の実施（2006年），同じく加盟国イランによる核開発疑惑の発覚（2002年），またNPT体制の枠外にあるインド・パキスタンの核実験実施（1998年），さらには核の闇市場（「カーン・ネットワーク」）の露見（2004年）など，むしろ冷戦後にこそ，核拡散が国際社会にとってより深刻な問題となった。また，米国を襲った「9.11」事件は，国家をもたないテロ集団によるWMDの使用の可能性に対する国際社会の懸念を一気に高めることとなった。

今日，国際社会が警戒しているのは，自国の国土や国民の犠牲をいとわない国家，政府の統治能力が低い国家，そしてテロリストの手にWMDが渡ることである。なぜなら，これらの主体には「失うもの」がない，あるいは非常に

少ないため,WMDの威嚇・使用に対する抑止効果を期待できないからである。2004年4月の国連安保理決議1540は,そういった国際社会の懸念を改めて明確に表したものといえる。

このような新たな安全保障環境の下,既存のレジームだけでは実効性のある輸出管理が実現できないと考えた先進国は,既存の輸出管理レジームの抜け穴をふさぐ新たな手法として,より広範な輸出管理をめざす「キャッチ・オール規制」と,まったく新しいタイプの取り組みである「拡散に対する安全保障構想」を進展させている。次節以降で,これらの新たな輸出管理手法の特徴と日本政府の取り組みを概説する。

4 輸出管理政策の点検(1)——キャッチ・オール規制

◇リスト規制とキャッチ・オール規制

輸出管理レジームの源流は,1949年に発足した「ココム」(COCOM:対共産圏輸出統制委員会)にまでさかのぼる。ココムは,西側諸国がもつ高度な技術やハイテク製品が,共産圏諸国の軍事力強化に転用されないようにするための輸出管理レジームで,米国とその同盟国が参加していた。西側諸国の安全保障を主眼としたココムは,本章でこれまで論じてきたような不拡散を目的とする輸出管理レジームとは性格をやや異にするが,ココムで採用された,輸出規制の対象製品・技術を参加国が協議してリスト化するという輸出管理の手法(これを「リスト規制」という)は,その後の不拡散型の輸出管理レジームでも引き継がれた。NSGやAG,MTCR,そしてWAのいずれにおいても,このリスト規制が基本となってきた。

リスト規制に転機が訪れたのは,湾岸戦争後に実施されたイラクへの国連査察であった。この査察において,イラクがリスト対象外の汎用品を輸入し,これをWMDの開発に用いていたことが発覚した。これを受けて先進国は,既存の輸出管理の手法ではWMDの拡散を完全に阻止することができないとの認識を共有し,新たな輸出管理手法の構築に乗り出した。

その1つの帰結が,NSGガイドライン・パート2の作成であった(1992年)。

既存の指針（NSG ガイドライン・パート 1，通称「ロンドン・ガイドライン」）が原子力専用品を対象としていたのに対し，パート 2 はイラクの事例を反映して汎用品にまで規制の対象を広げた。しかし，パート 2 もリスト規制であることに変わりなく，日進月歩で技術が進歩する今日においては，リストで WMD 開発に転用されるおそれのあるすべての貨物や技術を捕捉することはきわめて難しい。そこで，リスト規制の弱点を克服するために導入されたのが「キャッチ・オール規制」であった。

　キャッチ・オール規制とは，規制対象リストにない貨物や技術であっても，WMD 等の開発等に転用される可能性のあるものはすべて輸出管理の対象とする規制であり，基本的にはすべての貨物や技術がその対象となる。ここでの「WMD 等」とは核兵器，化学兵器，生物兵器やこれらの運搬手段のことを指し，その「開発等」とは，その開発，製造，使用や貯蔵のことを指す。キャッチ・オール規制は，まず 1991 年に米国で，そして 1995 年に EU で導入された。日本は 1996 年に「補完的輸出規制」（リスト品目よりも若干能力が劣る類似品目（スペック・ダウン品）もあわせて輸出規制の対象とする措置）を導入した後，2002 年よりキャッチ・オール規制を導入している。

◇日本におけるキャッチ・オール規制の運用
　日本版キャッチ・オール規制は，木材や食料品といった WMD 等との関係がきわめて薄い品目を除き，原則的に，リスト規制貨物以外のすべての貨物・技術を対象とする。ただし，WMD 等への転用のおそれの少ない欧米を中心とした先進国 26 カ国を「ホワイト国」と規定し，この地域への輸出はキャッチ・オール規制の適用外とされている。

　さて，上記のような条件において，輸出者の通常の商慣行のなかで把握した情報に基づき，WMD 等への転用の可能性が明らかになった場合（これを「客観要件」と呼ぶ），あるいは経済産業大臣から，輸出される貨物・技術が WMD 等の開発等に使用されるおそれがあるとの通知を受けた場合（これを「インフォーム要件」と呼ぶ）には，リスト規制対象品目でなくても経済産業大臣の輸出許可が必要となる。また客観要件は，輸出される貨物や技術が，契約書の書面や

需要者，またはその代理人からの連絡によって，WMD 等の開発に利用されることが明らかになったケース（「用途要件」）と，需要者が WMD 等の開発等を行っている，または行っていたことが判明したり，経済産業省が WMD 開発等への関与を懸念する特定の国の企業を羅列した「外国ユーザーリスト」に掲載されたりしているケース（「需要者要件」）とに分けられる。2006 年 12 月現在，経済産業省が発表している外国ユーザーリストには，イスラエル，イラン，インド，北朝鮮，シリア，台湾，中国，パキスタン，アフガニスタンの 187 社が列記されており，明らかに WMD 等への転用のおそれがない場合を除いて，これらの企業への輸出はその都度経済産業大臣の許可が必要となる。

ところで，日本のキャッチ・オール規制の特徴の１つに，経済産業省が企業に対して積極的にリスク情報を提供していることがあげられる（浅田編 2002：148）。リスト規制に比べ，ケース・バイ・ケースでの判断を企業に求めるキャッチ・オール規制は，ともすると企業に混乱をもたらしかねない。そのために，企業の輸出に際しての判断がより円滑に行われるよう，そして「うっかりミス」を防ぐように，さまざまな周知や広報活動が展開されている。

◇キャッチ・オール規制の課題

リスト規制の抜け穴をふさぐために導入されたキャッチ・オール規制であるが，そこにはいくつかの課題も残されている。

第１の課題は，キャッチ・オール規制導入国の間での判断基準の不統一である。

各国の判断基準に大きな相違があると，WMD 等の開発等をもくろむ主体は最も基準の緩い国から必要な貨物や技術を輸入しようとするために，全体として輸出管理の効果は低減する。それゆえに，各国の判断基準にあまり大きな差が出ないよう，各国が足並みを揃える必要がある。

第２の課題は，輸出管理への関心が低い国を利用した迂回貿易の可能性である。これはリスト規制についてもいえることであるが，WMD 等に関連する貨物・技術を取得しようとする主体は，輸出管理に対する関心の低い国を中継することで，巧妙に先進国の目をくらますことが可能になる。とくに途上国では

煩瑣な手続きや余計なコストを要する輸出管理政策に消極的であることが多い。

それゆえに先進国は，不拡散の包囲網を拡大するためにも，こういった国々に輸出管理の重要性を説き，必要に応じて援助を行うことも必要となる。この点について，日本政府は，これまで10年以上にわたり東南アジア諸国に対する啓蒙活動（「アウトリーチ活動」）を行っている。こうした地域とのネットワークが，輸出管理の実効性を高めるうえでは重要となる。

第3の課題は，企業の主体的な取り組みである。政府がどれだけ熱心に取り組んでも，実際に輸出を行う主体は企業である。それゆえに，WMD等に関連する商品や技術を扱う企業が，どれだけキャッチ・オールの理念を理解し，これに進んで協力するかが最終的には問われてくる。しかし今日においても，法令に違反した輸出の発覚が後を絶たない。WMD等の開発等に転用可能な製品を扱う企業に対しては，WMD等の不拡散も「企業の社会的責任」の一部であるとする規範意識を高めることが，今後ますます重要となってくるであろう。

◇輸出管理政策に内在する「不平等」

輸出管理によってWMDの拡散をできるだけ抑えようとする先進国の取り組みは，世界の安全保障環境の安定のために重要な意味をもっている。とくに，最初から使用を前提とするテロ集団の手にWMDが渡れば，世界は大きな脅威にさらされる。そういった意味から，WMDに転用可能な技術や製品をもつ企業は，企業の論理を優先するような無秩序な輸出は許されざることを認識すべきだし，また国家もそれをしっかりと監視する必要があろう。

しかし，輸出管理レジームには，「先進国の傲慢さ」という姿が見え隠れするという事実にも同時に注意しておかなければならない。実際に，一部の途上国は，先進国が一方的に規定した「懸念」に基づいて，一般的な汎用品までを輸出規制の対象とすることは途上国の成長の機会を阻害し，経済格差を固定化することにつながると強く反発している。たしかに，たとえばAGが輸出管理の対象とする生物・化学兵器関連の物資は，化学産業や近年めざましい成長をみせるバイオテクノロジー産業の発展のために欠かせないものも少なくない。それゆえに，WMDの不拡散を優先するあまりに輸出管理を厳格にしすぎると，

それは途上国にとっての不利益となるおそれがある。

われわれが求めるのはWMDの無秩序な拡散を防ぐことであって，格差を固定化したり，途上国の成長の機会を奪ったりすることではない。先進国政府はその点を常に注意しつつ，輸出管理レジームが先進国と途上国との格差を固定化する閉鎖的な「先進国クラブ」にならないよう努めなければならない。

また，途上国の不満に配慮するのであれば，やはり不拡散だけでなく核保有国が「軍縮」を同時並行的に行うことが重要であろう。それなくして，WMD等の不拡散ばかりを優先させる姿勢では，輸出管理の正当性が問われることにもなりかねない。日本もその点を明確に意識しつつ，軍縮と不拡散をバランスよく車の両輪として進めていくことが必要である。

いずれにせよ，NPTがもつ不平等性とはまた性格を異にした不平等が，この輸出管理レジームに基づく不拡散体制に内在しているのである。

5　輸出管理政策の点検(2)──拡散に対する安全保障構想（PSI）

前節のWMD等の関連物資に対する輸出管理政策は，日本の国内を対象とした取り組みであったが，それらの政策が失敗し，WMD等の関連物資が飛行機や船舶によって日本の外に出た場合，どのように対処すればよいのだろうか。そこで，日本が積極的に関与しているのが，「拡散に対する安全保障構想（PSI：Proliferation Security Initiative）」という国際的な取り組みである。

◇ PSIとは何か

PSIとは，国際法と各国国内法に従って，WMD・ミサイルおよびそれらの関連物質の違法な移転や輸送を，陸・海・空において阻止することを目的とする取り組みである。この構想は，2003年5月，ジョージ・W・ブッシュ大統領が訪問先のクラコフ市（ポーランド）で提唱したもので，PSI発足時には日本を含む11カ国にすぎなかったが，2006年12月現在，75カ国以上がPSIの取り組みに支持を表明している。

2003年9月，PSI参加国は，パリで開かれた第3回総会において，PSIの目

第4章　日本の軍縮・不拡散政策

的と原則を定めた「阻止原則宣言」を採択した。同宣言では，PSI の対象主体として，①WMD 等の開発や獲得への努力，あるいは，WMD 等の移転（売却・受領など）を通じて，WMD 等の拡散に従事していると PSI 参加国が考える国家または非国家をあげている。また，同宣言は，②阻止活動のオペレーション能力を高めること，③必要に応じては，関連する国内法の見直しや強化するだけでなく，適切な方法によって，関連する国際法や国際的枠組みをも強化することを謳っており，加えて，④既述した PSI の目的を達成するために，PSI 参加国がとるべき措置を列挙している。

PSI の成功例としては，2003年9月の BBC チャイナ号事件があげられる。この事件は，米・伊・独の3カ国が連携して，リビアに向けて航行中の BBC チャイナ号（カリブ海の島国であるアンティグア・バーブーダー船籍）を臨検し，遠心分離機の部品となりうるアルミチューブを押収したというものである。事件後，リビアは核開発を最終的に断念したため，PSI の有効性は示されたといってよい。また，この事件により，「核の闇市場」の存在が明らかとなったため，PSI の重要性はさらに高まったといえよう。

◇ PSI に対する日本の取り組み

日本政府は，「PSI の目的が，わが国の安全保障政策に沿ったものとして」（防衛庁 2006：270），また，「大量破壊兵器等の不拡散に関する日本の取組みに沿ったものとして」（外務省 2006b：163），PSI の取り組みに重要な意義を見出しており，以下の3点において，積極的な関与を示している。

まず，会合における関与である。日本は，PSI 発足時には15カ国（日・米・英・伊・蘭・豪・仏・独・加・ロ・スペイン・ポーランド・ポルトガル・シンガポール・ノルウェー）で構成される「コア・グループ」（2005年廃止）の一員として，現在は20カ国（「コア・グループ」に加えて，トルコ・ギリシャ・デンマーク・ニュージーランド・アルゼンチン）で構成される阻止訓練活動の専門家会合メンバーの一員として，積極的な取り組みを行っている。

第2に，阻止訓練活動の参加および主催である。PSI 参加国は，オペレーション能力を高めるために，これまでに20回以上の合同阻止訓練を実施してお

り，日本はオブザーバーの派遣や艦艇・航空機の派遣を通じて，精力的に訓練活動に参加している。また，2004年10月，相模湾沖および横須賀湾において，海上阻止訓練「チーム・サムライ04」を日本が主催している。この訓練には，オブザーバー派遣国も含めて計22カ国が参加し，海上自衛隊からは艦船・航空機が，また，海上保安庁からは巡視船・航空機が参加した。

第3に，PSIの参加国や協力国の拡大を目的とする「アウトリーチ活動」である。阻止活動には，「参加国・協力国の範囲を拡大し，拡散防止のための網の目を細かくすることが重要である」(外務省 2006b：168)。日本は，とりわけアジア諸国からの支持・協力を得るために，1993年から「アジア輸出管理セミナー」を，また，2003年からは「アジア不拡散協議(ASTOP)」を，それぞれ毎年東京で開催している。

◇ PSIの問題と課題

PSIに対する日本の取り組みについて，法的視点および政治的・経済的視点から点検してみよう。

［Ⅰ］法的視点

日本には，情報収集や容疑船への乗船・立ち入り検査に関するオペレーション能力を強化して，PSIの有効性をさらに高めていくことが求められている。しかし，国内法上，公海上のオペレーションにおける日本の役割には制約があるといえよう。日本は，①日本有事，②日本周辺事態，③海上警備行動の発令において，日本周辺の公海上でWMD等を積載する船舶を臨検・押収することができる。だが，平時においては，自国籍船でない限り，公海上で臨検・押収することはできない。それゆえ，WMD等を積載する第三国船籍船舶への臨検・押収を授権する国連安保理決議の採択が必要となってくるが，たとえそのような決議が採択されたとしても，日本の行動が憲法の範囲内に収まるものなのかどうか，慎重な議論が必要である。

さらに，国際法の観点からしても，公海上でのWMD等を積載する第三国船籍船舶への臨検・押収は，依然として困難であると思われる。国連海洋法条

約第9条は,「旗国主義」を明記しており,公海上の船舶は旗国の排他的管轄権に服する。例外として,同条約の第110条は,①海賊行為,②奴隷取引,③無許可放送,④無国籍船,⑤国旗の濫用の場合,それを「疑うに足りる十分な根拠」があれば,公海において臨検ができるとしている。それゆえ,国連海洋法条約では,公海上でのWMD等を積載する第三国船籍船舶への臨検・押収は認められていない(坂元 2004:56-57)。

　この点に関して,2005年10月,国際海事機構において,海洋航行不法行為防止条約の改正議定書が採択され,公海上でのWMD等の輸送行為は犯罪化された。それゆえ,この犯罪に従事しているとの合理的な疑いのある船舶に対しては,公海上において船籍国の同意なしに臨検・押収することが可能となっている。しかし,同議定書に「署名」した国はきわめて少数であり(発効には12カ国の「批准」が必要),公海上のWMD等を積載する第三国船籍船舶を臨検・押収することは,国際法上,依然として困難な状況にある。

[Ⅱ]政治的・経済的視点

　WMD等の拡散は,1992年1月の安保理議長声明で述べられているように,国際の平和と安定にとって脅威となるため,あらゆる面で防止すべきである。しかし,PSIは,非同盟諸国を中心とする一部の途上国から,技術移転を妨げるのみならず,自由貿易そのものを妨げるため,経済発展の障害となるとの批判がある。

　何より,PSIの活動で対象としている主体は,あくまでWMD等の拡散に従事しているとPSI参加国が考える国家または非国家である。そのため,PSIは,主として先進国の政治的および軍事的判断に基づいて発足した,WMD等の拡散を取り締まるための私的な警察クラブにすぎない。したがって,以下のような2つの問題を内在的に抱えている。第1に,PSI参加国の中には,すでにWMD(とりわけ核兵器)を保有している国々がメンバーとなっているため,それらの国が,自ら保有するWMDを自省することなく,自国以外の国がWMDを保有してはならないと主張することは,PSIの正統性を大きく揺らがす可能性がある。第2に,PSIのメンバーであるWMD保有国に安全保障上

の脅威を現時点で抱いている国,あるいは,将来において脅威を抱く国は,PSIの不平等性を根拠として,WMD保有を正当化する危険性があろう。

したがって,日本政府は,①WMD「不拡散」の取り組みとして,アジア諸国だけでなくグローバルにアウトリーチ活動を展開するとともに,②WMD保有国に対しては,WMDの「軍縮」を促して,PSIの正当性を高めるべきである。

6 軍縮・不拡散の論理と安全保障の論理

◇〈軍縮・不拡散の論理〉と〈安全保障の論理〉という視点

日本は,国際社会との関係において,「唯一の被爆国」ならびに「平和国家」というナショナル・アイデンティティを確立したうえで,「人道主義的アプローチ」と「人間の安全保障の観点」のスタンスに基づいて,軍縮・不拡散の取り組みを推進しようとしている。しかし,国家レベルからみると,「人道主義的アプローチ」と「人間の安全保障の観点」とあわせて,自国の安全保障をいかに確保するのかという問題に直面する。この点について,日本政府が,軍縮・不拡散と安全保障の関係について,次の論理のうちどちらを重視しているのかに注目しながら,考えてみることにしよう。

> ①軍縮・不拡散を行うことによって,安全を確保する〈軍縮・不拡散の論理〉
> ②安全が確保されなければ,軍縮・不拡散を行えない〈安全保障の論理〉

まず,日本政府は,「他国からの侵略や武力による威嚇などから自国を防衛するために,軍備を必要としていることは厳然とした事実である。軍縮への取組も,この事実を踏まえた上で考えていく必要がある」(外務省 2006a:6)と述べており,〈安全保障の論理〉を重視していることがわかる。また,日本政府は,日本の平和と安全を確保するためにも,軍縮・不拡散というアプローチを通じて,「各国が互いに無節操な軍備拡張競争に走るような,危険な情勢に至らないようにすること」(外務省 2006a:9)が重要であると考えており,〈軍

縮・不拡散の論理〉をも重視していることがわかる。したがって，日本政府は，
スタンスのレベルにおいて，〈軍縮・不拡散の論理〉と〈安全保障の論理〉の
両方を重視しているといえよう。

　ところで，日本政府が〈安全保障の論理〉を重視すること自体について，疑
問を呈する主張がある。むろん，〈安全保障の論理〉を重視しすぎては，軍
縮・不拡散が進まない可能性があろう。しかし，〈安全保障の論理〉は，〈軍
縮・不拡散の論理〉と同様に，きわめて重要である。なぜなら，国家は，安全
保障上の懸念があるからこそ，軍備を保有・強化するのであって，安全保障を
考慮しなければ，軍縮・不拡散を推進することはできないからである。また，
軍縮・不拡散を推進する際，安全保障の問題を考慮しなければ，軍縮・不拡散
措置によって低下した自国の安全のレベルを高めようとして，逆説的に国家は
軍備増強を行う危険性があるからである。

　それでは，日本政府は，政策のレベルにおいて，〈軍縮・不拡散の論理〉と
〈安全保障の論理〉のどちらにプライオリティをおいているのであろうか。平
成14年の『我が国の軍縮外交』は，「軍縮・不拡散政策の策定にあたっては，
それがわが国の平和と安全にどの程度貢献するかが，重要な基準となる」（外
務省軍備管理・科学審議官組織 2002：23）と述べており，政策レベルにおいて，
〈安全保障の論理〉を最重要視していることがわかる。だが，最新版である平
成18年の『日本の軍縮不拡散外交』は，何も語っていないため，依然として
〈安全保障の論理〉を最重要視しているのか，明らかではない。

◇核兵器の軍縮・不拡散に関するスタンス

　とはいえ，とくに，核兵器の軍縮・不拡散に対する取り組みについては，
〈安全保障の論理〉を最重要視していると思われる。日本政府は，以下のスタ
ンスに基づいて，核兵器の軍縮・不拡散の取り組みを推進している（外務省
2006a：44）。

　①唯一の被爆国として，また，長期的な観点から日本の安全保障環境を向上させる
　　ために，核廃絶に向けて取り組むべきという要請，および②日本はその安全保障を，

Ⅱ　政府の政策を斬る

核を含む米の抑止力に依存しているなか，日本の安全保障を害してはならないという要請，という2つの基本的要請の上に成り立っている。

　すなわち，日本政府のスタンスは，「唯一の被爆国」として核廃絶をめざす一方，他方で自国の安全を「米国の核抑止力」に依存する，というものである。そして，日本政府の政策レベルにおけるスタンスは，核兵器の軍縮・不拡散措置が「日本の安全」を害さない限りにおいて，「核廃絶に取り組む」としており，「現実的な核軍縮措置を着実に積み重ねていくという現実的・漸進的なアプローチを採用している」（外務省 2006a：44）のである。それゆえ，日本政府は，核兵器の軍縮・不拡散に関していえば，〈安全保障の論理〉を最重要視しているといってよい。言い換えれば，日本政府は，「人道主義的アプローチ」や「人間の安全保障の観点」のスタンスよりも，「日本の安全保障の観点」のスタンスを重視しているのである。

　さらに，ベクトルに焦点を当てるのであれば，核兵器廃絶というベクトルと核兵器依存というベクトルは，完全に正反対の方向にあり，スタンスには矛盾がみられる。この結果，たとえば，国際法の観点からすれば，国際司法裁判所（ICJ）が1996年の勧告的意見（「核兵器による威嚇および使用の合法性」）の73項で述べたように，核兵器の使用を特定的に禁止する慣習法は，形成されつつある法的信念と核抑止の実行に対する依然として強い執着との間で，絶えず緊張関係があるためにその成立が妨げられている[4]。

　ただし，ここで注意すべきことは，安全保障の観点からすれば，核兵器に関する日本のスタンスはまったく矛盾しない，という点である。水本和実の指摘するように，「日本が米国の核抑止力に依存していることと，核廃絶を提唱することは，矛盾と捉えがちであるが，核廃絶とは核抑止力への依存が不必要な国際社会を目指すことと捉えれば，何ら矛盾することはない」（水本 2002：383，傍点は引用者）のである。

　とはいえ，安全保障の観点から矛盾しないものの，「核の傘」の抑止が効を奏するかどうかは，抑止が機能した時に，はじめて抑止が機能したといえるのであって，抑止論は結果論にすぎないだけでなく，観念的（現実を直視せずに，

第 4 章　日本の軍縮・不拡散政策

◆コラム3　核兵器の使用に対する日本政府の見解

　1945 年 8 月 10 日，大日本帝国政府は，広島に落とされた「新型爆弾」（原子爆弾）について，スイス政府を通じて米国政府に抗議文を提出した。同時に，駐スイス行使には，抗議文の趣旨を赤十字国際委員会に説明するよう，訓令を出している。
　抗議文の中で大日本帝国政府は，「交戦者，非交戦者の別なく，また男女老幼を問はず，すべて爆風および輻射熱により無差別に殺傷」した原子爆弾は，1907 年のハーグ陸戦規則の第 22 条（害敵手段の制限）と第 23 条（ホ）号（不必要な苦痛を与えることの禁止）の規定に反するため，国際法上「不法」であると主張した。また，「無差別性惨虐性を有する」原子爆弾を使用したことは，「人類文化に対する新たなる罪悪」であって，「帝國政府はここに自らの名において，かつまた全人類および文明の名において米國政府を糾弾すると共に即時かゝる非人道的兵器の使用を放棄すべきことを厳重に要求」した（『朝日新聞』東京版，昭和 25 年 8 月 11 日）。
　それから半世紀を経た 1995 年 11 月 7 日，平岡敬・広島市長（当時）は，国際司法裁判所（ICJ）での口頭陳述で，「市民を大量無差別に殺傷し，しかも今日に至るまで放射線障害による苦痛を人間に与え続ける」ため，核兵器の使用は国際法上違法であると明確に述べた。これと対照的だったのは，日本政府による陳述内容である。河村武和・外務省軍備管理・科学審議官（当時）は，核兵器の使用は，「その絶大な破壊力，殺傷力の故に，国際法の思想的基盤にある人道主義の精神に明らかに合致しないものである」と陳述したものの，核兵器の使用が国際法上合法であるか否かについては，その見解を明らかにはしなかった。
　しかし，日本政府が，核兵器の使用は必ずしも国際法上違法であるとはいえない，との見解に立っていたことは間違いない。なぜなら，日本政府は，ICJ に意見陳述書を 1994 年 6 月 10 日までに提出しなければならなかったが，その意見陳述書の原案では，「核兵器の使用は，純粋に法的観点から言えば，今日までの諸国の国家慣行や国際法学者の学説等を客観的に判断した場合，今日の実定国際法に違反するとまでは言えないが，その絶大な破壊力，殺傷力の故に，国際法の思想的基盤にある人道主義の精神に明らかに合致しないものであると言える」（下線部分：引用者）と言及していたからである。だが，この下線部分は，被爆者団体や国内外の NGO からだけでなく，自民党を含む多くの政党に所属する議員からも批判が相次いだため，原案から削除されるに至った（NHK 広島 核平和プロジェクト　1997：117）。
　とはいえ，削除されたものの，核兵器の使用が「今日の実定国際法に違反するとまでは言えない」という政府の見解そのものが変更されたわけではない。であるからこそ，日本政府は，ICJ で口頭陳述を行った際，「これからの広島市長および長崎市長の陳述は，証人としての発言であって，日本国政府の立場とは無関係である。とりわけ，事実の叙述以上の発言があるとすれば，それは必ずしも政府の見解を表明するものではない」と付言することを忘れなかったのである。

Ⅱ　政府の政策を斬る

> 核兵器の使用に対する日本政府の見解が，国際法上「不法」というものから，「違反するとまでは言えない」へと変化した背景には，米国が提供する「核の傘」の存在があることは指摘するまでもない。

物事を抽象的・空想的に考えること）であることを見逃してはならない。また，仮に「核の傘」による抑止が理論上機能しうるとしても，実際に機能するかどうかは，別の事柄である。なぜなら，核戦争に「巻き込まれ」たとしても米国が日本の安全を守るという，完全な保証はないからである。

さらに，安全保障の観点から矛盾しないものの，日本の核軍縮・不拡散外交は，「日本の安全」を害さない限りにおいて行われるのであるから，制限されていることは明らかである。また，日本が米国の核抑止力に依存すればするほど，「唯一の被爆国」として核兵器廃絶を提唱する日本の道徳的権威は，著しく低下していくことであろう。何より，被爆者にとって，自らの安全を核兵器に依存することは，皮肉以外の何ものでもない。

最後に，核兵器の軍縮・不拡散に対する日本のスタンスについて，最近浮上している核武装論を取り上げて，少し考えてみたい。なぜなら，核武装論は，日本がもつ「唯一の被爆国」というナショナル・アイデンティティを突き崩す可能性があるからだ。今日の核武装論の背景には，2006年10月の北朝鮮による核実験の影響がある。核武装すべき理由としては，ナショナリズムに基づくものもあるが，ここでは安全保障に基づく理由に注目してみよう。核武装論者は，米国による「核の傘」が常に機能するとは限らないこと，とりわけ非合理的な北朝鮮に対しては機能しないため，日本は自ら核兵器を保有すべきである，と主張している。しかし，北朝鮮が非合理的であるとの理由であれば，たとえ日本が自ら核兵器を保有したとしても，抑止として機能しないということになろう。すなわち，論理破綻しているのである。

7　おわりに

本章は，日本の軍縮・不拡散政策について，WMDの輸出管理政策を中心に

点検を行うものであった。その結果，日本が取り組むキャッチ・オール規制やPSIには，テクニカルな問題を多く抱えていることが明らかとなった。そして，キャッチ・オール規制であれ，PSIであれ，それらの政策が主として先進国を中心とするWMDの輸出管理政策である以上，「先進国クラブ」あるいは「私的な警察クラブ」という性格をもっているため，WMDの「不拡散」のためにもWMDの「軍縮」を促す必要があることを指摘した。

また，そもそもWMDの輸出管理政策は，WMDの拡散を防止するという意味で「予防策」ではあるものの，なぜWMDが拡散するのか，その問題の所在を考慮しなければ，単なるWMDの拡散を防ぐための「対処療法」にすぎない，ということも看過してはならない。キャッチ・オール規制やPSIというアプローチそのものが間違っているのではない。大切なのは，日本がWMDの軍縮・不拡散を進めるにあたって，そのアプローチをどう位置づけ，かつ，どのようにアプローチしていくか，ということなのである。この点につき，日本政府だけでなく，国民全体の関心を促すとともに，国際世論の喚起を促していく必要があろう。

〈注〉
1) NPT第6条は，核軍縮の交渉を誠実に行う義務を課しているが，そこには交渉の完結の義務は含まれていない。なお，ICJは，1996年の勧告的意見において，第6条には核軍縮の交渉を完結し，かつ，核軍縮を実行する義務を含むとの解釈を示している（ただし，勧告的意見に法的拘束力はない）。
2) 武器輸出三原則とは，日本の企業が武器やその製造設備などを外国に輸出することを原則として禁じた日本の武器輸出規制政策のことをいう（1967年提唱，1976年改正強化）。日本の平和政策の象徴の1つとされていたが，2004年に同原則の適用を一部緩和するなどの改定が行われた。
3) 北朝鮮は，1993年3月，NPTの脱退を表明。しかし，同年6月，米朝共同声明で脱退の発効停止を宣言した。その後，2002年1月，ブッシュ大統領によって北朝鮮が「悪の枢軸」と名指しされたことにより，北朝鮮は，核兵器保有を公式に宣言し，NPTから脱退した。
4) また，ICJは，「核兵器の威嚇または使用は，武力紛争に適用される国際法の諸規則，そしてとくに人道法の原則及び規則に，一般に反するであろう」と指摘しつつも，「国

Ⅱ　政府の政策を斬る

家の存亡そのもののかかった自衛の極端な事情のもとで，合法であるかどうか違法であるかをはっきりと結論しえない」(105E 項) と述べた。

〈参考文献など〉
外務省軍縮不拡散・科学部編『日本の軍縮・不拡散外交（第 3 版)』(外務省軍縮不拡散・科学部，2006 年 a)

外務省編『外交青書 2006』(佐伯印刷，2006 年 b)

外務省軍備管理・科学審議官組織編『我が国の軍縮外交』(日本国際問題研究所軍縮・不拡散促進センター，2002 年)

坂元茂樹「PSI（拡散防止構想）と国際法」『ジュリスト』No. 1279（2004 年）52-62 頁

防衛庁編『平成 18 年版 日本の防衛』(ぎょうせい，2006 年)

水本和実「日本の非核・核軍縮政策」広島平和研究所編『21 世紀の核軍縮——広島からの発信』(法律文化社，2002 年) 367-388 頁

黒澤満編著『軍縮問題入門（新版)』(東信堂，2005 年)

吉田文彦・朝日新聞特別取材班編著『核を追う——テロと闇市場に揺れる世界』(朝日新聞社，2005 年)

浅田正彦編著『兵器の拡散防止と輸出管理——制度と実践』(有信堂高文社，2004 年)

NHK 広島核平和プロジェクト『核兵器裁判』(NHK 出版，1997 年)

外務省，軍縮・軍備管理・不拡散
　http://www.mofa.go.jp/mofaj/gaiko/hosho_02.html

財団法人日本国際問題研究所，軍縮・不拡散促進センター
　http://www.iijnet.or.jp/JIIA-CPDNP/

財団法人安全保障貿易情報センター
　http://www.cistec.or.jp/index.html

第5章
日本の「人間の安全保障」政策

1 はじめに

　「人間の安全保障 (human security)」は，1990年代の半ばあたりから，国内的にも，国際的にも，高い興味関心が寄せられるようになった考え方である。この概念は当初から，政策関係者が用いる「政策用語」であった。しかし，それまで一般に理解されてきた安全保障の性格を，国家中心的・軍事力中心的な枠からはずしてより広くとらえようと試みた点でいうなら，この語は「学術用語」としての性格ももっている。次章では，人間の安全保障をおもに開発の視点から検討しているが，本章では，より安全保障（軍事的）に近い立場から「人間の安全保障」をとらえ，評価と批判を加えることを目的とする。

　ここではまず，人間の安全保障自体がどのような考えであるのかを把握する（第2節）ことから章を始めよう。そして次に，日本が進めてきた政策へと目を向け，①それがどのようなスタンスのもとにあったのか，②現在まで行われてきた政策とはどのようなもので，③そこにはいかなる特徴が見出されるのかをみていこう（第3節）。そのうえで最後に，人間の安全保障をめぐる日本の政策の問題点を明らかにしたい（第4節）。

2　人間の安全保障とは何か

◇人間の安全保障をめぐる世界的取り組み

　人間の安全保障という概念は，その誕生の時から今までの安全保障概念と大きく異なっていた。なかでも，この概念が，各国政府や，北大西洋条約機構（NATO）のような軍事同盟からではなく，国連開発計画（United Nations Development Programme, UNDP）という，もっぱら人々の「よい暮らしぶり（well-being）」のために活動している組織から提起されたことは特筆すべきであった。UNDP が 1994 年版の『人間開発報告書（Human Development Report）』で示した概念が，それ以降 15 年近い世界的な取り組みを形作る大枠となったことは間違いない。そこでまず，1994 年以降今日にいたるまでなされてきた主な取り組みを確認しておこう（図表 5 — 1）。

　それでは，人間の安全保障というとき，それはいったいどのような安全をいうのか。そして誰が誰をいかなるかたちで守ろうとするのだろうか。

◇人間の安全保障とは何か

［I］国家安全保障から人間の安全保障へ

　人間の安全保障委員会（Commission on Human Security：CHS）は，報告書『Human Security Now（邦題：安全保障の今日的課題）』のなかで，人間の安全保障を「人間の生にとってかけがえのないような中核部分」，すなわち尊厳（dignity）を守り，「すべての人の自由と可能性を実現」させることだと定義している（CHS 2003：11）。この考えは，今までの安全保障観とは大きく異なっている。

　従来，安全保障とは，国家を守ることを意味した。だからこそ軍事力に対してとび抜けた重要的価値が認められ，また，国家を守るために，「国民」は軍事行動に，時に強制的に参加させられたのである。そして，このような出来事の前提として，戦争を通して国家を守り抜く代わりに，守られる国家は自国の人々を守る，という暗黙の約束（契約）が存在したわけである。しかし，国家

図表5―1　人間の安全保障をめぐる主な取り組み

年	出来事	主要な報告書	日本の内閣
1994年	国連開発計画，人間の安全保障概念をはじめて提起する。	『人間開発報告書』（UNDP）	細川／羽田／村山
1998年	12月，小渕首相（当時）が，ハノイでの演説において，人間の安全保障を日本の外交政策へ組み込むことに言及する。		小渕
1999年	3月，日本，国連と共同で，「人間の安全保障基金」を設置。		
2000年	9月，国連ミレニアム総会。コフィ・アナン事務総長（当時）が，各国に人間の安全保障のための行動を呼びかける。これに答える形で，カナダは「介入と国家主権に関する国際委員会（ICISS）」を，日本は，「人間の安全保障委員会（CHS）」を，それぞれ設置すると表明。	『われら人民』（国連ミレニアム報告）	小渕／森
2001年	3月，CHSが正式に発足する。9月，米国で同時多発テロが発生。12月，ICISSは，報告書（『保護する責任』）をまとめ，アナン事務総長（当時）へ提出する。	『保護する責任』（ICISS報告）	森／小泉
2003年	5月，CHS，最終報告書（日本語タイトル『安全保障の今日的課題』）をアナン事務総長（当時）へ提出する。	『安全保障の今日的課題』（CHS報告）	
2004年	国連，CHSの提言を受け，人道問題調整局（OCHA）内に「人間の安全保障ユニット」と呼ばれる部局を設置する。	『より安全な世界』（国連ハイレベルパネル報告）	
2005年	国連改革。10月，平和構築基金が設置される。12月，平和構築委員会の設置が決まる。	『より広い自由を求めて』（国連事務総長報告）	
2006年	3月，国連人権委員会が人権理事会へ改編されることが決定。6月，同第1回会合。		

出典：著者作成

安全保障（national security）といわれるこうした考え方を支えてきた以上の前提は，冷戦の終焉をきっかけとして，かつてないほど疑問視されるようになった。1990年代に入ると，とりわけアフリカ諸国における「国家の破綻」といった現象や，国境を越えて広がるテロリズムをみるとき，国家安全保障という枠組みは有効なのかという疑問はますます強くなる。

こうしたこともあって，人間の安全保障は，人々の安全について，国家という存在を相対化して考えようとする。「人びとの安全は国家によってしか確保されない」として，国家を絶対視しがちであった以前の見方とは異なる視点に

立つのである。国家安全保障という文脈では，人々は，国家の一員，つまり「国民」であるがために保護されていた。だからこそ，人々は海外からの武力行使から守られ，国内にあっては犯罪から守られ，あるいは普段の生活においては社会保障（social security）を受けるかたちで守られてきた。人間の安全保障は，国家がそのように果たしてきた歴史的役割をすぐには否定しない。その代わり，今日の世界情勢に十分対応できなくなった国家の限界をも率直に認め，世界の人々が何に対して守られるべきかを改めて示す一方，国家以外の主体にも，可能な範囲で，新しい安全を守る担い手になってもらおうと主張するのである。このとき，国家安全保障が従来求めてきた「国民である」という条件は，もはや不要となる。グローバル化の進む世界において，守られるべきは，「国民」ではなく「人間」となるからである。この，国民から人間への転換は，安全保障を考えるうえで，画期的な出来事であったといえよう。

[Ⅱ] 人間の自由・可能性・そして尊厳

では，CHS が報告書のなかでいう「自由」や「可能性」，「人間の尊厳」とは何を意味するのだろうか。

これまで，自由という考えには 2 つの側面があるといわれてきた。1 つは，人々が抑圧や危険から逃れられるという意味での自由（恐怖からの自由：freedom from fear）であり，もう 1 つは，人々が，貧困や病気などに悩まされることなく，自らの考えるように人生を設計し生きていけるという意味での自由（欠乏からの自由：freedom from want）である。2 つの自由という考え方は，UNDP によれば，国連設立当初から念頭におかれていた。だが，双方は，後に述べる人権（human rights）概念に置き換えられるかたちで発展してゆく。しかし UNDP は，『人間開発報告書』において，グローバル化が進む現代世界における安全保障の核として，2 つの自由を，再度据えたわけである。

自由には「選択」という意味が含まれている。何かをなす自由とは，誰かが，それを実際に選べる状況をいう。これは，何かができる可能性であり，人がもつ潜在的な力であるとも言い換えることができる。「自由を実現する」というとき，それは，単に誰かの勝手気ままを許すわけではない。人が人として生き

ていくための可能性を確保し，生まれながらに備えている潜在的な力が花開くような環境を作り出すことをいうのである。したがって，自由は可能性へとつながっていくことになる。

2005年，国連は新たに，「尊厳のうちに生きる自由」と呼ばれる第3の自由を追加した（UN, 2005）。ここにいたって，人間の安全保障は，人間の尊厳とも密接につながっていることが示された。人間の尊厳とは，人が人としてもっている素晴らしさのことをいう。いかなる条件をも抜きにして，ただ人としてこの世界に生きているだけで誰もがもてるような存在価値である。この価値が，実現されるべき自由と開花するべき可能性が誰もに備わっているという意味を，一層強くするのである。

［Ⅲ］人間の安全保障と人間開発，人権

ところで，人間の自由や可能性，尊厳を実現しようとしているのは，何も人間の安全保障だけではない。「人間開発（human development）」や「人権」という考えもまた，人間の安全保障がめざすのと同じ目標の下にある。それでは，この三者は，一体どのような関係にあるのか。

人間の自由や可能性を実現するにあたって，それらを阻もうとするさまざまな障害を取り除いていく作業は欠かせない。こうした作業には2つの種類がある。1つは，人間の営みをより豊かにし，より多くの選択を可能とするために，障害となるものを打ち破っていくものである。もう1つは，その際に，人間の生命や自由，尊厳を脅かし，損ない，失わせようとする要因を明らかにすることで，人間は何を目指すべきか，また何を目指すべきではないかについて，あらかじめ1つの方向を示すことである。CHSによれば，第1の試みが人間開発であり，第2の試みが人間の安全保障となる。（CHS 2003: 17-18, 31-32）。人間の安全保障は，人間開発と協力して，人間の自由や可能性を実現していこうとする。したがって，双方は互いに補いあう関係にある。

次に，人権との関係をみてみよう。「人間の安全を保障する」ことは，「人権を保障する」ことと，非常に似通ってみえる。実際，人間の安全保障を理解するにあたって，人権は中核となるべき位置にある（CHS 2003: 17）。しかし，

Ⅱ　政府の政策を斬る

　CHS 共同議長の一人である，経済学者 A. センは，両者に対して一定の異なりも見出している。すなわち，人権が，尊重されるべき自由を単に表現しているのに対して，人間の安全保障は，尊重されるべき自由が何であるかを決めているというわけである（CHS 2003 : 34）。センの意見に従う限り，人権は自由を表現する手段にはなれる。しかし，その自由の内容を特定することはできない。この意味で，人間の安全保障は，人権を補足する役割を担うことになる。人権といえども，何についての権利なのかがわからなければ，保障のされようがない。人間の安全保障は，この部分が何であるかを明らかにしてくれるというのである。センが人権を「何でも入れられる箱」といい，人間の安全保障を「箱を満たすもの」と表現した背景には，このような考えがある（CHS 2003 : 35）。

　更に，報告書からやや離れて人権との関係を考えてみよう。法哲学者たち（W. ホーフェルドや J. ファインバーグなど）が論じるように，権利は，実は，ただ「持つ」だけでは不十分である。それは，「主張」し「行使」されることで，はじめて力を発揮する。しかし世界には，多様な危険のまえに人権を主張する力さえない人々が数多くいる。こうした人々には，人権以前に，それが使えるだけの力が必要となる。人間の安全保障とは，この力を与えること（「保護」と「能力強化」として後述する）をめざしているわけであり，それを「安全」という言葉で表現しているのである。このように考えても，人間の安全保障は，人権の内容を一層具体的なものとし，また人権の実現のために必要となる力を与える点で，人権概念を支えているといえる。

［Ⅳ］人間の安全を侵すもの

　こうして，人間の安全保障は，文字どおり人々の「安全」にかかわる。そして，その安全の中身が，人間の自由と可能性，尊厳の実現につながる点は，これまで述べたとおりである。それでは，そうした安全が脅かされた場面を想定してみよう。例えば，拷問に遭うこと，理由なく傷つけられたり殺されること，性的な暴力を受けること，自らが商品とされて売り買いされること，きれいな水が飲めないこと，本当であれば受けられるべき教育や医療サービスが受けられないこと，他にもたくさんある。これらはすべて，人間の自由と，可能性と，

第5章　日本の「人間の安全保障」政策

尊厳を踏みにじる出来事である。人間の安全保障を進めるうえで、すべては脅威となる。

　ここからもわかるように、人間の安全保障において、脅威にかかわる問題は、かなり広く、またあいまいに扱われている。しかしそのなかで、主要な研究者たちは、人間の自由と尊厳とを脅かす存在をさまざまな名前で理解しようとしてきた。たとえば、日本の国際政治学者である武者小路公秀は、「人間の不安全（human insecurity）」と呼ぶ。この理解は、UNDPが1994年に出した概念とかなり似ている。目を海外に転じれば、かつてスウェーデンの平和学者 J. ガルトゥングは、非―軍事的ではあっても人間を抑圧しうる存在の一切を「構造的暴力（structural violence）」と名づけた。また、近年、ガルトゥングとは異なる方法で、こうしたものを「グローバルな危害（global harm）」として概念化したのが、英国の国際政治学者 A. リンクレイターである。彼の「危害」概念は、CHSが示した人間の安全保障と近い方向性を示している。脅威という考えは、まだまだ漠然としている。しかし、それが何であるかという問いには、いくつかの答えが確実に試みられているのである。

[V] 保護と能力強化

　こうしてさまざまな脅威にさらされたとき、人は人としてもつべき自由を失い、またその価値は損なわれる。人間の安全が脅かされる瞬間である。では、この状況に直面した人々には、何が必要となるであろうか。

　CHSは、この問いに対して、「保護（protection）」と「能力強化（enpowerment）」という2つをあげる。内戦や武力紛争に巻き込まれ、日々の生活の糧や方法を奪われた人々が必要とするのは、迫り来る危険からの「保護」である。そしてこれとは別に、人々は、自らの、またその他の人々や社会全体の、安全を確かなものにするため、必要な情報を手に入れ、また自分たちの暮らしをめぐって考え、議論をたたかわせ、声高く主張することができるだけの力をも求める。「能力強化」とは、そのような力を養い、高めてゆくことを目的としている。

　保護と能力強化は、CHSによれば、互いに補い合い、高め合う関係にある。

だからこそ，実際の政策において，両者は適切に「組み合わされ」うる。しかし，「どちらか一方だけでは，十分に機能しない場合が多い（CHS 2003：18）。」したがって，第6章で指摘があるように，現在の政策が，「国づくり」や「平和構築」という名で保護に偏りつつある状況は，あまり好ましいとはいえないわけである。

[Ⅵ] 安全保障研究の広がり

以上から明らかになってくるのは，人間の安全保障が，「国家」や「軍事力」といった安全保障研究において，これまで無視できなかったはずの考えにほとんど触れることなく成立している点である。実際，この部分こそが，人間の安全保障が世界に向けて示した斬新さであり，評価されるべきところなのである。しかも，人間の安全保障は，単に政策的な影響を与えただけではない。この考えは，学術的にみても，安全保障研究そのものの在り方を問い直そうとする流れのなかで，影響を及ぼしているのである。

たしかに，安全保障の意味を考え直す試みは，冷戦が終わる前から存在していた。海外では，パルメ委員会などの独立国際委員会が，いち早く既存の安全保障観にはない視点を提起しようとした。日本においても，1980年代初頭，当時の大平正芳内閣の下で発足した政策研究会が，「総合安全保障」という考えを示している。しかし，国家中心的，軍事力中心的安全保障観を打ち破る本格的な試みは，結局，冷戦の終焉を待たなければならなかった。

旧来の安全保障観の再考は，まず，軍事面にこだわらず，より幅広く安全保障概念をとらえる，というかたちをとった。これに成功したのが，英国の国際政治学者B.ブザンによる著作『人民・国家・戦争（*People, States, and War*）』である（Buzan 1991）。ブザンは，安全保障の内容が広がりをみせていることに注目し，国家の安全を，軍事的，政治的，社会的，環境的，という複数の視点で切り分けることによって，包括的な安全保障の構図を示すことに成功した。彼の研究は，その後，安全保障の考えをより広くとらえようとする「コペンハーゲン学派」の研究者へと，引き継がれることになる。

ところが，ブザンの研究は，一方で安全保障の内容を広げつつも，最終的に

それらが国家の安全へつながるという意味で，いまだ国家中心的な立場のままにあった。彼の研究には，「人びとの安全は，国家によって，国民に対して保障される」という考えが，なおも根底にあったわけである。しかし，この前提は，前述のとおり，国家の破綻やテロリズムに代表される新しい暴力現象によって，大きく揺さぶられることになった。この現象を「新しい戦争」と呼んで，冷戦後の安全保障はもはや国家に頼りきれないのだと主張したのが，英国の国際政治学者 M. カルドーである。彼女は，著作『新しい戦争と旧い戦争（New and Old Wars）』（Kaldor 1998）のなかで，内容を拡張した後も根強く残ってきた国家中心的な安全保障という考えの限界を指摘する。軍事力中心的な見方のみならず，国家中心的な立場に立って安全保障を唱えること自体が，もはや万能ではないのだということを物語るにいたったのである。人間の安全保障が盛り上がりをみせた背景には，このように，国家安全保障に対する学問的な疑いも，存在していたのである。

3　人間の安全保障をめぐる日本の政策

さて，日本が，人間の安全保障を国の政策として積極的に進めてきたことは，よく知られている。では，その背後にはどのようなスタンスがあって，具体的にいかなる活動を行ったのか。そして，日本の政策にはどのような特徴が見出されるのだろうか。

◇基本的スタンス

まず，最近の『外交青書』から日本の姿勢を確認しておこう（外務省 2006）。青書は，第3章第3節の冒頭で，人間の安全保障を大きく3つの視点から描き出している。第1に，グローバル化の進展にともなう「負の側面」として，今日の世界が新たな脅威に直面している点。第2に，こうした状況のなかで，国家や国際社会が，人間一人ひとりを対象に保護を試みる点。最後に，保護に加え，国家や非国家アクターが協力して「人びとが自らの力で生きてゆけるよう，人びとや社会の能力強化を図」る点である（外務省 2006：182）。いずれも，前

節で述べた，人間の安全保障の性格にそのままあてはまる。

そのうえで，日本は，人間の安全保障がカバーすべきであると考えられるうちのいくつかの課題に，重点的に取り組む姿勢をみせている。青書によれば，それらは，(a) HIV/AIDS や鳥インフルエンザなどの感染症，(b)気候変動に代表される地球環境問題，(c)薬物，人身売買などをめぐる国際的な組織犯罪，(d)人権，(e)難民や国内避難民をはじめとする人々への人道支援，という5つである（外務省 2006：183-193）。これらはいずれも，これまでの安全保障問題とは異なりながらも，同時に世界的な対応を必要としている事柄である。

人間の安全保障に対する日本のスタンスを考えるうえで興味深いのは，日本国憲法の存在である。憲法は前文で，「われらは，全世界の国民がひとしく恐怖と欠乏から免かれ，平和のうちに生存する権利を有することを確認」している。「恐怖と欠乏から免かれ」るという表現は，英訳すれば，"freedom from fear and want"である。これは，人間の安全保障において中核とされる表現と同じである。たしかに，日本国憲法が制定された当時から，日本が人間の安全保障に注目していたわけではない。しかし恐怖と欠乏からの自由という表現は，冒頭でもみたように，第二次世界大戦が終わる直前から，憲法以外においてもふれられている。「言語に絶する悲哀（国連憲章前文）」を経験した世界が，平和な世界をどのようにつくり出せばよいか，その世界像を考えていたとき，こうした表現が共通して用いられていた点は興味深い。

◇人間の安全保障がもつ二側面

ところで，人間の安全保障は，2つの相反する側面を同時に抱え込んだまま，現在の世界政治に存在している。一方で，人間の安全保障は，グローバルな性格をもっている。「国家による国民の安全確保」という狭い考えを乗り越えて，できる限り普遍的に，人間の自由と可能性そして尊厳を実現しようとしているからである。一般に，地球的規模の問題に取り組んでゆくためには，国家のみならず，広く問題解決の担い手を募らなければならない。つまり，国家や国際機構，市民社会といった広範な参加を得て実現される必要があるわけである。こうした考えは，今日，グローバル・ガヴァナンス（global governance）と呼ば

れる。したがって，グローバルな視点から人間の安全保障をとらえれば，その実現は，グローバル・ガヴァナンスによってなされることになる。

しかし他方で，人間の安全保障には，国際的な性格もある。たしかに，人間の安全保障がめざすのは，不安全や危害からの人間の解放（emancipation）である。だがそれは同時に，国際秩序の維持にもつながっているのである。かつて国際政治学者 H. ブルは，国際秩序が，①主権国家からなる社会そのものを維持し，②各国の独立をも維持し，③平和を保ち，④およそ「社会」と名前のつくものが果たすべき3つの目的（生命の維持，契約の確保，所有の確保）を達成するものであることを指摘した（ブル 1977=2000 : 18-21）。この議論に沿うなら，人間の安全保障は，国際秩序のためにもまた必要だということになる。そして，主権国家からなる社会の秩序を維持するのが主権国家自身である以上，各国は国際秩序の維持をめざして独自に政策を打つ必要が出てくる。

こうして，人間の安全保障は，その実現をめぐって，異なる2つの方法をもつことになる。しかしここでは，どちらか一方だけを重視して他をしりぞけるのではなく，2つが共に実現できるような均衡を生み出すことが重要となってくる。なぜなら2つの側面は，世界政治のなかで常に並存しているものだからである。それでは，グローバル・ガヴァナンスを通した人間の安全保障の実現と，日本の政策を通したそれとは，どのようなかたちで均衡をめざそうとするのだろうか。

◇2つの政策と「相互乗り入れ」

この問いに対してなされたのは，「日本の政策を国連の手で進めつつ，国連の政策を日本が率先して実現してゆく」というもの，つまり2つの政策の「相互乗り入れ」であった。まず，いくつか事例をみてみよう。

現在，国連には，「人間の安全保障基金」と呼ばれる財政的な制度がある。世界各地で展開される多様な活動が，人間の安全保障を実現するうえで有効であると判断されたとき，この基金から必要な財源が賄われるのである。2006年の時点で，総額2.8億ドル以上の資金が積み立てられ，これまでに世界106のプロジェクトへ資金が提供されている。

Ⅱ　政府の政策を斬る

　これとは別に，日本は，2000年に開催された「国連ミレニアム・サミット」での要請に応えるかたちで，そもそも人間の安全保障という考えがいかなるものであって，実現のためにはいかなる方策をとるべきなのかを明確化するための旗振り役を買って出た。その結果，日本政府の提案の下で「人間の安全保障委員会（CHS）」が設けられ，知的貢献の一環として，先の報告書が出版された。

　さらに，同報告書が示す勧告に沿うかたちで，国連と共同して，人道問題調整局（Office for the Coordination of Humanitarian Affairs OCHA）内に，「人間の安全保障ユニット」と呼ばれる部署を新設した。それだけではない。国内においては政府開発援助（ODA）政策を大幅に見直す試みに出た。なかでも，現地で活動するNGOや市民社会に対して従来なされていた「草の根無償資金協力」を人間の安全保障と連結させ，「草の根・人間の安全保障資金協力」と改編した点は，開発援助政策と安全保障とを結びつけた試みとして注目される（しかし，後述のように，人間の安全保障政策がODAの焼き直しであるとする批判もある）。

　一連の政策にみられるのは，日本と国連との共同作業的な性格である。この共同作業とは，日本の政策が国連のなかへ組み込まれ，逆に国連の政策が日本を通して進められるような状況を指している。つまり両者の「相互乗り入れ」が，ここでは行われているわけである。

　国連の視点でみれば，日本は，人間の安全保障を実現するグローバル・ガヴァナンスにおける担い手となる。ここで重要なのは，冷戦が終わって以降，国連が世界政治においてより積極的な役割を担ってきた点である。もちろん，冷戦後の世界政治から，大国間の権力政治（power politics）がなくなったわけではない。しかし同時に，米国の国際政治学者P.ハースが，国際機構をグローバルな問題群に立ち向かう「解決者」として考え，M.バーネットやM.フィネモアが，国際機構のもつ力の重要性を説いたように，今日，国連をはじめとする国際機構は，世界的な問題に対して，より積極的に振る舞うようになってきた。もちろん，国際機構は国家からなる組織であり，加盟する国から人的，経済的，そして政治的支援を受けてはじめて存在できる点は，以前から何も変わっていない。「解決者」として，世界的な問題群に立ち向かうことを任され

る一方で，その活動のために加盟国の力添えが必須である場合，国際機構は，グローバル・ガヴァナンスのための方策を実現する担い手として，国家を指名してくる。このとき国家は，自らの利益のために政策を進めるのではなく，世界的な問題を解決する担い手として，振る舞うことを期待される。冷戦の終焉がもたらした影響は数多くあるだろうが，国際機構が抱く期待が裏切られる度合いが少なくなったことは，その1つとして数えることができるだろう。

　もちろん日本は，単にグローバル・ガヴァナンスの担い手としてのみ振る舞っているわけではない。自らの政策を国連という場を通して展開しようともする。その取り組みには，当然自国の国益への配慮がある。それは，「対外政策」としての側面である。しかしそこには，一国にとどまらない，世界全体の秩序と正義との実現が，視野に収められてもいる。たとえば，CHS報告書にみられる知的貢献は，日本一国がそれによって手に入れうる国益以上に，人間の安全保障をめぐって，世界がどのような価値観・倫理観を共有すべきかを明らかにする作業として評価できる。それは，広く世界全体の秩序や正義を達成するうえで欠かすことのできない作業であり，対外政策とは違う「国際政策」的な性格がある。ここで「国際政策」とは，国際政治学者の渡辺昭夫によれば，自国の利益にこだわることなく，国際社会全体の利益をも考慮して進める政策のことをいう（渡邉 1997：12。星野 2002 も参照のこと）。日本は対外政策を国際政策へと広げることで，自国の利益と国際社会の利益とを，できるだけ両立させようともしたわけである。

4　人間の安全保障政策の限界

　こうして，日本による，人間の安全保障への取り組みは，グローバル・ガヴァナンスと日本の国際政策との「相互乗り入れ」によって，一応，順調に機能しているようにみえる。しかし，それを理由に，この政策に問題はないと考えるのは，残念ながら誤りである。なぜだろうか。

Ⅱ　政府の政策を斬る

◇**国家安全保障への後退**

　第1に考えられる限界は、人間の安全保障が国家安全保障に吸い込まれ、「従属」（土佐 2003：112）させられるという状況である。ここで従属は、大きく2つのかたちをとる。まず、「人間の安全保障を唱える前に自国の安全保障を確保する必要がある」とする主張の下、従来の国家中心的・軍事力中心的な安全保障政策が推し進められる場合である。防衛庁の「省」格上げ、改憲や核武装に関する論議を認めようとする最近の政治姿勢は、この傾向を反映した典型であろう。次に、「人間の安全保障は、ひいては国家の安全につながる」というロジックの下で、人間の安全保障を道具化する場合である。人間の安全保障は国家安全保障を「補完」する、という議論が、実際にはこの論理に陥っている場合は多い。国際政治学者の小林誠は、この補完を「国家安全保障が取りこぼした二次的な問題群を拾い集める行政的作業」であると指摘する（小林 2004：98）。両者は、方法こそ異なるものの、究極的に安全を受け取るべきは人間ではなく国家なのだという考え方であり、さほど変わらない。

　国家安全保障が、現代の世界においていまだに重要であることは事実である。しかし、次の2点で、先にあげた主張は誤りである。第1に、そもそもグローバル化が進む今日の世界において、国家が軍事力を用いることで、私たちの安全がすべて達成されると考えるのはもはや時代遅れである。ブザンやカルドーの議論に戻るまでもなく、今日、私たちが求める安全の中身は多様であり、それを実現する主体も多彩になりつつある。自国の安全保障を確保するうえで、国家は今やいささか役不足であり、軍事力はその方法として不十分なのである。

　第2に、実際、自国の安全保障が重要であるとしても、国家が、適切なやり方でそれを実現してくれるかどうかは別問題である。例をあげよう。たとえば、テロリズムの発生を防ぐにあたって、情報を得るために、取調べにおいて拷問を加えることもやむをえないとする議論がある。英国では、今日、約420万台、国民約14人に1台の割合で監視カメラがある。目を日本に転じれば、2002年に成立した国民保護法は、一方で国民を守るために国家が行うべき活動を規定しつつ、他方で国家の行動のために国民が行うべき義務をも記している。こうした事例が語ろうとしているのは、自国を守り、自国民を守るという目的で、

第5章　日本の「人間の安全保障」政策

実は人々の自由が狭められつつある状況である。国民を守るために人間の自由を奪うという方法は，本当に適切なやり方なのか。国家の絶対性が揺らぐ今日，疑問は残る。

◇日本の国益への後退

　次に考えられるのは，人間の安全保障が，日本の国益へと吸い込まれうるという限界である。ここで人間の安全保障は，結局日本にとって都合のよい道具にすぎないのだという批判を浴びることになる。たとえば，国際政治学者の初瀬龍平は，日本が行う人間の安全保障政策のほとんどが，これまでの ODA 政策の焼き直しであることを指摘している（初瀬 2003：86）。実際をみても，先に述べた人間の安全保障基金は，事実上，日本一国の参加によってしか運営されていない。また，基金を有するのは国連ではあっても，それを使ってよいかどうかを判断するのは日本政府である。人間の安全保障基金の使い道を考える諮問委員会にせよ，人間の安全保障ユニットにせよ，必ず日本が絡んでいる。さらに，日本と同様に人間の安全保障を推進してきたカナダが「人間の安全保障ネットワーク」を立ち上げることで広く他国との連携を探っている反面，日本はこのネットワークに正式な参加をしていない。人間の安全保障政策が，その理念がもつ美名の下で多くの負の効果を途上国へもたらしている点は，第6章でも明らかになっている。

　こうした諸事実をみたとき，人間の安全保障にかかわる日本の政策は，実は国際社会の進もうとしている方向からずれているのではないか，という疑念を抱かせる。この疑念は，日本が長年固執してきた国連の常任理事国入り問題とあわせて考えるならば，一層深まることになる。日本は国際政策としてではなく，自国の利益を重視する対外政策を，結局は推し進めようとしているのではないか。こう考えるなら，日本の推し進める「人間の安全保障」政策は折角の重要性を失いかねない。

◇グローバル・ガヴァナンスが抱える問題

　第3の限界は，人間の安全保障をグローバル・ガヴァナンスの視点から問い

Ⅱ　政府の政策を斬る

直そうとしたときに、そもそも、人間の安全保障という考えは正しいのか、世界的に通用させてよいものなのかという疑問である。第3の限界を指摘する人々は、人間の安全保障という概念自身が、実は偏っているのだという。国際政治学者の土佐弘之は、人間の安全保障概念が土台にしている「ヒューマニズム」には、実は確かな根拠がなく、加えて、このヒューマニズムが、自ら普遍性を声高に叫ぶあまり、それを信じない人々に対して、力でもって信じさせるか、逆にその人々を排除するという矛盾を引き起こすと論じている（土佐2003）。たしかに、人間の安全保障を支えている「人間」や「自由」、「尊厳」や「人権」という考えは、西欧的であり、また近代の産物でもある。加えて、それらが正しいものだと考えられるのなら、「正しいからこそ従うべきだ」という感覚は当然生まれうる。ここで、人間がもつ尊さをまっすぐみるあまりに、それを、他人の尊さを無視して強制してしまう矛盾が起きるわけである。他人の尊さを無視して押しつけようとする人間の尊さに、どのような意味があるだろう。

　加えて、この第3の限界は、人間の安全保障がいかに実現されるべきかについても、厳しい視線を投げかける。先に述べたように、日本における人間の安全保障政策は、日本自身が行う国際政策と、国連を中心とする国際社会が展開していくグローバル・ガヴァナンスの「相互乗り入れ」とみることができる。しかし現実として、国際政策が常に国際社会のために行われるわけではないのと同じように、グローバル・ガヴァナンスもまた、常にグローバルな地球共同体のために進められるわけではない。国際政策という名目で、人間の安全保障が実は日本の国益のために進められることを批判したのが、第2の限界であるとするなら、グローバル・ガヴァナンスという名目で、人間の安全保障が実は一部の人々にしか福利をもたらさないのだと批判するのが、3番目の限界だといえる。

　そこで次に、グローバル・ガヴァナンスが世界的規模で「行政」を行っているという、J. A. ショルテの指摘（Scholte 2000）を足がかりに論を進めてみよう。ガヴァナンスはポリティクス（政治）とは異なる。ポリティクスにはそれを責任をもって遂行してゆく人々（政治家）と仕組みとがあるが、ガヴァナンスに

はそれらがない。それは，ガヴァナンスが，外交官や国家以外の「多様な主体」によって進められていることの裏返しでもある。ここで政治家に代わってガヴァナンスを担うのは，官僚や研究者，国際機関やNGOの職員から成り立つ「専門家」たちである。世界的な問題のありかを特定し，それを分析し，適切な処方箋として政策を打ち出すという一連の作業を行うにあたって，今日，専門家の存在は重要である。しかし実は，この部分に問題がひそんでいるのである。

　まず，そのような専門家が，いわゆる先進国の視点に集中しすぎているという状況がある。そもそも，人間の安全保障が実現されるにあたって，どこの人間がそれを担うべきかという点はあまり関係がないはずである。しかし実際は，先進国の専門家たちによって担われる場合がほとんどである。この点は，人間の安全保障という考え方自体が，実は先進国の視点に立った考えではないか，という疑いへと直結する。こうして政策が進められるとき，人間の自由と可能性とはどこまで正しく実現できるのか。疑う声は強い。

　さらに，そうした専門家による政策に，正統性（legitimacy）と責任はともなっているのか，という点が問題となる。国内問題にせよ，世界的な問題にせよ，解決が必要なものとは，重要な事柄ばかりである。そうした事柄に，ある特定の人々だけが取り組み，逆に他の人々が取り組ま（め）ないのはなぜか。はっきりとした理由はあるのか。これが正統性の問題である。たとえば国会議員は，選挙を通して国民から正統な信託を受け，国政の場で行動する。国民の信頼を裏切るような行動をとれば，「選挙で落選」することで，その責任をとらされる。専門家はどうだろう。ここで専門家が頼りにするのは，選挙を通した信託ではなく，高い専門性である。国際機構やNGOの職員は，ある分野について深い知識と経験をもち，問題を解決する技術に長けているから，他の人にかわって問題解決に取り組んでよいというわけである。だが，議員たちと同じくらい強い影響力をもちながら，専門家は，選挙のように直接誰かに対して責任を負っているわけではない。そして問題となってくるのは，もし，そのような行動が失敗した場合，誰がどう責任をとるのかという点である。今からちょうど30年前，米国の国際政治学者S.ホフマンは，国際関係論における，研究者と

政策担当者との密接な結びつきを指摘した（Hoffmann 1977=2000）。今日，人間の安全保障においても，これと同じことが起こっているといえる。しかし，そもそも専門家が行動することを誰が認めたのか。そして専門家は，自らの行動にどう責任をとるのか。この問いは，官僚にも，研究者にも，NGO 職員や市民社会にも，広くあてはまる話である。人間の安全保障を考えるにあたっても，関係ないとはいえないはずなのである。しかし，明快な答えはまだ出ていない。

こうしてあげられた 3 つの限界は，それぞれ，人間の安全保障が，今日，3 種類の緊張のなかにあることを示している。まず，「主権国家からなる世界（国際社会）」と「個人からなる世界（世界社会）」との間で起こる緊張であり，次に，世界的規模で起こる諸問題に対して，「ポリティクス（政治）によって対応」するか，あるいは「ガヴァナンス（行政）によって対応」するかをめぐるものである。そして最後に，そのような取り組み（政策）の「担い手」と「受け手」との間に横たわる緊張である。いずれにせよ，解決には大きな困難がともなう。

5　おわりに

人間の安全保障は必要であり，有用だったのだろうか。次章では，この問いに対して否定的な答えがなされている。実際，先にあげた諸問題をみる限り，人間の安全保障は，よくいってもこれまでの安全保障や開発といった考えを焼き直したもの，悪く言うなら，「人間の自由と尊厳」という名の下での新しい抑圧の手段になりかねない。なぜならそれらは言いがかりではなく，現実だからである。

しかし，だからといって，人間の安全保障を直ぐに捨て去ってしまうのは誤りである。なぜか。それは，この考えが，私たちを地球に生きる人間だととらえ，そのような人間が他の人間や地球自身と，つり合いをとりながら生きていくことが大切だといい，それを私たち自身で実現していこうと説くからである。今日の世界において，この理念は重要である。重要だからこそ，その実現の仕方がさらに大切になる。各国の政治，国際機構の活動，市民社会の働きかけは，

第 5 章　日本の「人間の安全保障」政策

どれも欠かせない。しかし，ある 1 つが他のすべてに優越するという簡単な構図は，もう成り立たない。加えて，それぞれは，自分たちが何をやろうとし，実際どのような結果を生み出しているのかを十分に自覚していない。したがって，これから求められるのは，人間の安全保障に向けた多くの取り組みを，いかに正しく束ねていくかを考えることである。そして，その取り組みによって何が起こり，あるいは起こったかへ，気を配っていくことであろう。人間の安全保障をあきらめるのは簡単である。しかし今後必要なのは，むしろそれを，より良いものとして仕上げていくことではないだろうか。

〈参考文献〉

Buzan, Barry. *People, States and Fear : An Agenda for International Security Studies in the Post-Cold War Era*, (Hemel Hampstead : Harvester Wheatsheaf, 1991).

Hoffmann, Stanley. "International Relations : An American Social Science," reprinted in Robert M. A. Crawford and Darryl S. L. Jaruis (eds.). *International Relations — Still an American Social Science ?* Toward Diversity in International Thought (New York : State University of New York Press, 1977-2000).

Kaldor, Mary. *New and Old Wars : Organized Violence in a Global Era* (Cambridge : Polity Press, 1998).

Scholte, Jan Arte. *Globalization : A Critical Introduction* (Houndmills : Palgrave Macmillan, 2000).

United Nations (UN). *In Larger Freedom*, 2005.

外務省編『外交青書　2006 年版』。
国連開発計画『人間開発報告書　1994 年版』（国際協力出版会，1995 年）
　原文は，United Nations Development Programme (UNDP). *Human Development Report* (Oxford : Oxford University Press, 1994)
小林誠「拡散する暴力，転移する権力——人間の安全保障の臨界点」佐藤誠・安藤次男編『人間の安全保障——世界危機への挑戦』（東信堂，2004 年）
神余隆博『新国連論』（大阪大学出版会，1995 年）
人間の安全保障委員会『安全保障の今日的課題——人間の安全保障委員会報告書』（朝日新聞社，2003 年）
　原文は，Commission on Human Security (CHS). *Human Security Now*, 2003.
星野俊也「人間の安全保障と日本の国際政策」『国際安全保障』20 巻 2 号（2002 年）
土佐弘之「『人間の安全保障』という逆説」『安全保障という逆説』（青土社，2003 年）

Ⅱ　政府の政策を斬る

初瀬龍平「『人間の安全保障』論の方向性」京都女子大学現代社会研究 4 = 5 号（2003 年）81-95 頁
渡邉昭夫編『現代日本の国際政策——ポスト冷戦の国際秩序を求めて』（有斐閣，1997 年）

◆コラム 4　人間の安全保障と人道支援

　人間の安全保障という理念を実現する重要な手段の一つとして人道支援を挙げることができる。人道支援とは，自然災害や武力紛争の被災者を支援する行為を意味し，具体的には，戦闘や感染症などの傷病者に対する医療の提供，飢餓状態にある人々への食糧・栄養の提供と改善，被災者に安全な生活空間を提供するための公衆衛生の改善や避難所の確保といった支援が含まれる。

　しかし，このような活動のすべてが人道支援であるのではない。たとえば，支援者が被災者からの見返りを期待して支援する行為や，支援者が被災者の意思に反して支援する行為は，人道支援とは言い難い。それは，人道支援が被災者からの見返りを期待することなしに，被災者の意思を尊重して実践されるべき行為であると一般に理解されているからである。また，家族の間柄における私的扶助や国家の国民に対する公的扶助は，人道支援ではない。それは，人道支援が扶養関係にない他者に対して行われる行為であると考えられているからである。また，人道支援では，人種，民族，宗教，信条，性別などの基準に基づいた被災者に対する不利な差別は許容されない一方，被災の程度に応じた支援の格差は容認されると理解されている。

　日本政府は，海外の自然災害や武力紛争の被災者に対して人道支援を提供している。たとえば，日本政府は，2004 年 12 月に発生したスマトラ島沖津波の被災地に国際緊急援助隊として救助・医療専門家を派遣し，自衛隊による捜索・救助・救援物資輸送・医療活動も実施した。また，日本政府は，国際機構，赤十字国際委員会，国際赤十字・赤新月社連盟，国際 NGO，日本の人道支援の中心的団体ジャパン・プラットフォームなどに資金を提供することを通じて人道支援を展開し，被災地であるインドネシア，タイ，スリランカに対しては，草の根・人間の安全保障無償資金協力も実施した。このようにして，日本政府は，人的・物的・資金的援助を通じて被災を緩和する具体的な政策を講じてきたのである。

　しかし，人道支援が国益に左右されるのであれば，そのような支援はもはや人道支援とは言えないであろう。それは，人道支援が利害の程度ではなく被災の程度に応じた支援であるからである。政治や外交のカードとして食糧を用いることは，人道主義の否定であり，人間の安全保障の否定につながるものでもある。

（上野　友也）

第6章
日本の ODA 政策

1 はじめに

　なぜ平和学の教科書で，政府開発援助（Official Development Assistance : ODA）について考えなくてはならないのか。理由は簡単である。お金は，権力を生み出すからだ。その使い方は，否応なくこの世界に存在する力関係に影響を与える。日本の ODA は何に，そしてどのように使われるのかで，平和を生み出したり暴力を生み出したりするのである。第2節で詳しく紹介するが，これまでも，日本の ODA により直接・間接的に支援を受けていたプロジェクトが，人々の生活環境を破壊した事例が少なからず存在する。また，権威的政府への支援が汚職を生み出し，社会のあり方をゆがめてきた場合もある。このように，構造的な暴力を強化する力を ODA はもっているのである。

　しかも，日本の ODA の金額は小さくはない。現在，その金額はほぼ1兆円，世界第2位の水準で推移しており，日本が最大の援助国となっている国も40カ国に達する（2002年段階，外務省2004）。本章では，日本の ODA がどのように平和とかかわってきたのか，今後どのような課題を抱えているのかを検証したい。

Ⅱ　政府の政策を斬る

2　日本のODAの特徴

◇賠償から地球的課題の解決策へ？

　政府開発援助（ODA）とはそもそも何なのか。経済協力開発機構（OECD）援助委員会（DAC）の定義によると，①政府・政府機関により実施されるもので，②途上国の経済開発・福祉向上を目的とし，③贈与としての性格が強いものを指す。
¹⁾
　ODAは，まず二国間援助と多国間援助に分けられる。二国間援助は，日本政府が個別の国に援助を行うもので，多国間援助は国際機関に提供される。二国間援助はさらに，贈与と政府借款（貸付）に分けることができる。贈与は，無償資金協力（物資の提供など）と技術協力（専門家派遣，研修の受け入れなど）に分類できる。

　1955年に専門家派遣・研修受け入れなどの技術協力として始まった日本のODAは，その後1970年代末から80年代にかけて急増していく。その金額は1995年に145億ドルとピークを迎え，2000年以降は80～90億ドルで推移している。この間，その性格は時々の国際情勢と国内環境を反映して変化してきた。

　外務省は，ODAを以下の4つの時期に分類している。
① 体制整備期――1954～1976年
② 計画的拡充期――1977～1991年
③ 政策・理念充実期（旧ODA大綱期）――1992～2002年
④ 新たな時代への対応（新ODA大綱）――2003年～

　①の体制整備期は，賠償とODAが併走していた時期でもある。この時期は，ODAは明確に「経済」協力として位置づけられ，日本企業のアジアへの進出とかかわるインフラづくりや日本の産業のための資源開発とセットで実施されていた。この時期，ODAについての政府の白書は『経済協力白書』として通産省が発行している（外務省の『政府開発援助（ODA）白書』は1980年から。『経済協力白書』は2001年に終了）。

　②の計画的拡充期は，日本の高度経済成長が続くなかで，ODAの増加がは

からされた時期である。当時の ODA 中期政策では量的目標が設定され、円高の影響もあったが、ドル建てで計算される ODA の金額は 5 年間に倍のペースで増加した。この結果、1990 年には ODA 額が世界一となっている。1973 年、77 年の石油危機のなかで中東への支援が増えたのもこの時期の特徴である。

③政策・理念充実期は、バブル崩壊後の国家財政が逼迫する日本で ODA への予算配分を裏づけるために、政策・理念文書が策定された時期だった。1992 年には、『政府開発援助大綱（ODA 大綱）』が閣議決定により作られる。ODA 大綱では、「国際連合憲章の諸原則（とくに、主権、平等および内政不干渉）」をふまえつつも、①環境と開発を両立、②軍事的用途および国際紛争助長への使用を回避、③開発途上国の軍事支出、大量破壊兵器・ミサイルの開発・製造、武器の輸出入などの動向に十分注意、④開発途上国における民主化の促進、市場指向型経済導入の努力ならびに基本的人権および自由の保障状況に十分注意する、という 4 つの原則を示し、それまでの「要請主義」（相手国の「要請」に基づき援助を行う）一辺倒から一歩を踏み出した。

④の「新たな時代」への対応の時期は、新 ODA 大綱が策定された 2003 年から始まる。外務省は、新 ODA 大綱のなかで「現在の国際社会は、貧富の格差、民族的・宗教的対立、紛争、テロ、自由・人権及び民主主義の抑圧、環境問題、感染症、男女の格差など、数多くの問題が絡み合」う状況にあり、「特に、極度の貧困、飢餓、難民、災害などの人道的問題、環境や水などの地球的規模の問題」が重要とする。また「日本独自の視点」として「人間の安全保障」の強調がされるようになった（詳しくは後述）。こうした認識を示すようになってきた背景には、2001 年の米国の「テロとの戦い」、ミレニアム開発目標[2]などの国際的な開発目標設定などの国際的な流れがある。また、国内的には 2002 年に顕著であった外務省批判への対応という意味もあるだろう。なお、新 ODA 大綱では、「我が国の安全と繁栄」のために途上国の支援が必要だという認識を繰り返し示し、究極的な目的を「国益」においているのも大きな特徴である。

当初は賠償を軸にアジア諸国に提供され、日本国内の経済・産業発展のためのツールとしての性格が濃厚であった日本の ODA だが、次第に「地球規模の

問題」への貢献としての性格も，少なくとも名目上は与えられるようになってきた。だが，本当にその内容は変わったのだろうか？

◇日本の ODA の特徴

　日本の ODA の形態には他の援助供与国と違ういくつかの特徴がある。第1は，貸付の比率が高いということ。第2は，最貧国への支援が少ないという点，そして第3は，対象国にアジアが多いという点である。最後に，対国民総所得（GNI）の ODA の比率が低いという点もあげられる。

　日本は援助の金額こそ大きいが，その約半分が貸付であり，贈与比率は OECD 援助委員会加盟 22 カ国中の最低である（図表6―1参照）。日本の二国間 ODA の贈与比率は 46.8％ と DAC 加盟国全体の 86.1％ から大きくずれている。これは，日本の ODA 額が政府の裁量で動かせる財政投融資（国民年金，郵便貯金などを運用しているお金で返済が予定されている）に頼ってきたためである。第2の最貧国への支援だが，日本は 26.2％ であり，DAC 諸国で 20 位となる。これは，第3の「アジアへの集中」ともかかわるが，日本の援助がそもそも賠償やアジアにおける日本の経済活動を推進するという点から始まり，発展を続けるアジアに半分が投じられている点とかかわる。後述するように，こうした傾向はむしろ「東アジア共同体」を作る議論のなかで強化される可能性もある。対国民総所得の比率が低い点も，日本の特徴である。国連では GNI 比 0.7％ を目標とすることが何度も確認されているが，日本は 0.2％ とそれを大きく下回り，2004 年度は DAC 加盟 22 カ国中の 20 位である。

　このように日本の援助は，そもそもお金を貸すことにより経済インフラを生み出し，日本との貿易や経済関係を増大させることを目的としてきた。1980 年代以降，援助の手法や支出形態は多様化し，多国間支援，無償資金協力（贈与，技術協力）などもたしかに増えていくが，対象国に最貧国は少なく，全体に「経済協力」としての色彩が濃いという特徴は今なお変わらない。

◇日本の ODA 政策とは？

　そもそも日本には ODA についての一貫した政策があったのだろうか？　少

第 6 章　日本の ODA 政策

図表 6 — 1　DAC 諸国の ODA の贈与比率

(約束額ベース，2 年間の平均値，単位：%)

国　　名(1)	順位	2002/2003年	順位	2001/2002年
オーストラリア	1	100.0	1	100.0
アイルランド	1	100.0	1	100.0
ルクセンブルク	1	100.0	1	100.0
オランダ	1	100.0	1	100.0
ニュージーランド	1	100.0	1	100.0
ギリシャ	1	100.0	7	99.7
オーストリア	1	100.0	20	87.4
ポルトガル	8	99.6	15	96.8
米　国	9	99.5	10	99.2
カナダ	10	99.3	6	99.8
スウェーデン	11	99.1	8	99.4
ベルギー	12	98.9	13	98.3
ノルウェー	13	98.6	8	99.4
フィンランド	14	98.4	11	98.7
デンマーク	15	98.3	12	98.6
スイス	16	98.1	13	98.3
英　国	17	93.7	17	96.3
ドイツ	18	92.5	18	90.4
イタリア	19	91.1	16	96.6
フランス	20	88.3	19	87.9
スペイン	21	78.0	21	79.0
日　本	22	56.3	22	53.3
DAC 諸国平均		89.7		87.4

出典：2004年 DAC 議長報告。
注(1)：国名の順は2002/2003年平均における贈与比率の高い順。
　(2)：債務救済を除く。

なくとも明示的に ODA 全体を総括する政策文書の策定は1992年の政府開発援助大綱を待たなくてはならなかった。また，その実効性についても疑問が投げかけられている。この背景に，日本独特の実施体制がある。

イギリスの国際開発庁（DFID），スウェーデンの国際開発庁（SIDA）などにみられるように，多くの DAC 加盟国では，国際開発を担当する省庁を設置している。しかし日本では，ODA 予算は1府12省に分割されている。主要な省庁としても外務省，財務省，経済産業省，文部科学省の4つに分かれており，

外務省が一応総括責任をもつことになっているが，統一の責任体制があるわけではない。実施機関も，技術協力を主として担当する国際協力機構（JICA，外務省管轄），借款を担当する国際協力銀行（JBIC，財務省管轄）に分かれていた（2008年度より統合予定）。ほかにも，研修員の受け入れのために作られたAOTS，半官半民の立場でODAにかかわることもある経産省の外郭団体，貿易振興機構（JETRO）などもある。こうした縦割り体制の中で実効的な政策策定・実施は容易ではない。

ただ，日本のODAに何も方針がなかったわけではない。日本のODAの基本原則とされてきた考え方がいくつかある。

第一が，いわゆる「要請主義」である。要請主義とは，援助を基本的に相手国の要請に従い実施するという考え方で，それにより相手国の主体性を尊重するというタテマエで採用されている。しかし，実際には，要請主義の名の下で，日本企業や政府の外郭団体がプロジェクトを発掘，相手国政府を通じて提案させるという手法がしばしばとられていた。

第2が，自助努力支援である。これも言葉はよいが，実際の運用においては問題も少なくない。たとえば，機器の支援にしても経済インフラへの支援にしても，自助努力支援の名の下に運用費は提供されない。このため，相手の経済状況を十分把握せずに行われた場合に結局機器が無駄になることもしばしばみられた。借款が多いのは，日本政府の財政事情（財政投融資という安易な財源があること）が大きな要因だが，これも「贈与より借款の方が相手に責任感が生まれる」との理論で正当化されている（現実には必ずしもそうではなかったため，債務の返済に苦しむ重債務国が多く生まれた）。

第3が，経済中心主義である。後述するように，最近は「人間の安全保障」などの言葉も政策文書には登場するようになっているが，経済インフラへの関心は今なお高い。

このような日本的なODAは，政府によると「東アジアの経済成長に貢献してきた」ということになる。他方，次節にみるように，援助の現場ではさまざまな問題が生まれており，批判も受けている。2003年の新ODA大綱や，2005年に策定されたODA中期政策は，こうした批判にある程度応えるため

のものでもあった。では，これまでのODAがどのような問題を起こしてきたのか，現在の政策が実際にどのように援助の現場に反映されているのかをもう少し詳しく検証してみよう。

3 ODAのタテマエと実態——主権尊重の名の下で

　日本のODAはODAを受け入れている国やその社会にどのような影響を与えていたのか。

　ODAの評価については，批判的な論者と，推進派（外務省，経産省，その周辺の「学識経験者」）とでは見事に異なる。だが，まず重要なのは，批判的な論者の意見である。推進派が自画自賛に陥ることはよくあるので，その意見を鵜呑みにしてはならない。どんな政策でもそうだが，その評価には，まず政策への批判に対して，推進派がどのようにしっかり反論できているかを検証することが重要だろう。

　さて，ODAへの批判としては，次のようなものがある。

① 日本および日本が参加する国際開発金融機関による個別のプロジェクトが人々の環境破壊・生活破壊をもたらした。
② 権威的政府への支援が汚職や人権侵害を生み出し，社会をゆがめてきた。
③ 借款中心の支援が，国家財政に悪影響を与え，人々の負担を生み出した。
④ LDC（最貧国）への支援が少なく，日本自国の経済発展のためであり，地球的な課題に対応できていない。
⑤ 現地の状況を十分反映しないプロジェクトが，無駄を生み出した。

　ここではとくに重要な問題を引き起こしているはじめの2点に焦点を当てて，それぞれの批判と，政府の主張・対応を検討してみよう。

◇プロジェクトによる環境・生活破壊

　ODAがもつ権力性を最もみえやすいかたちで示すのが，ODAにより支えられたプロジェクトがもたらす生活破壊である。

　日本は，貸付が多く，道路，橋梁，ダム，港湾などの大規模インフラ建設に

Ⅱ　政府の政策を斬る

多くの支援を行っている。これは，自然環境の変化や，立ち退きを生み出し，生活破壊につながることも少なくない。たとえこうしたインフラが経済成長につながったとしても，生活の基盤を奪われ貧困化した一人ひとりの視点からみれば，これは災害でしかない。残念ながら，過去の日本の支援プロジェクトにおいては，こうした災害を招くことは少なくなかった。

　たとえば，現在，現地住民が日本政府を訴えているプロジェクトがある。インドネシアのスマトラ島にあるコトパンジャン・ダムプロジェクトがそれであり，立ち退き対象の住民は1万7,000～2万3,000人にのぼる（インドネシア・コトパンジャン・ダム訴訟の訴状より）。2002～03年におよそ8000名の住民が日本政府，JBIC，JICAを被告として訴えた。

　同プロジェクトは，立案の段階から最後の建設まで日本企業が関与している。まず，東京電力の子会社，東電設計が援助案件の発掘を行った。東電設計の働きかけで，インドネシア政府が1981年に日本に援助案件として申請。JICAが開発調査案件として受けている。実際の調査は，東電設計がJICAから受注し，1982～84年にかけてフィージビリティ・スタディ（実行可能性調査）を行った。この調査に基づき，海外経済協力基金（OECF，現JBIC）がインドネシア政府によるダムの詳細設計作業を1984年度の円借款対象とし，ふたたび東電設計がインドネシア政府から詳細設計業務を受注。その後1990～91年に合計300億円の円借款が決定され，ハザマ建設がダム建築を受注することになった。およそ2万人を移住させることとなったこのダムは，1997年に一応完成している。この結果，要するに，日本の納税者の税金がJICAを通じ，貯金・年金などの積立金がOECFを通じて主として日本企業に流れ，現地にはダムと日本政府への借金が残るかたちになったのである。

　このプロジェクトについては，次のような問題点が住民から指摘されている。（コトパンジャン・ダム訴訟訴状2002年）

① まずニーズが本当にあったのか。フィージビリティスタディで想定されている人口増などは生じていない。
② 環境破壊。貯水池の富栄養化や湛水地域における動物への影響。
③ 立ち退きの手続き。住民の合意を適切に得ないままプロジェクトが進め

られたこと。
　④　補償，再定住地の問題。補償地において約束された設備，環境が得られ
　　ず生活苦に陥っていること。
　日本政府は，これに対して，インドネシア政府に対して①移転については移
転地の補償・整備をはかること，②野生生物を保護すること，③十分住民と意
見を交換することなどを求めていたと主張し，これらが実施されていたという
ことについてはインドネシア政府から報告を受けているという主張をしている。
　ただ，ダムの建設が進められた時期は，インドネシアはスハルト大統領の独
裁下にあり，国軍が国内の治安についても大きな影響をもっている時期だった。
住民への情報提供は不十分であり，住民の合意も形式的なものであった。本来，
住民との協議，移転地の整備などは，フィージビリティ・スタディ，詳細設計
などを進める過程で環境・社会影響アセスメントとあわせて行う必要があるも
のだが，それはなされていなかった。
　住民との問題を引き起こしたのは，このプロジェクトだけではない。90年
代初めのインドのナルマダム・プロジェクト（OECFと世界銀行との協調融資
プロジェクト，鷲見1990），1994年のフィリピンのバタンガス港プロジェクト
（住民と政府の対立が流血の事態を招いた。諏訪1996），など枚挙にいとまがない。
最近も，日本の無償資金協力により進められたカンボジアの国道1号線改修計
画において，住民への説明・補償が不十分なまま進められ，NGOの介入が必
要となった事例がある（メコンウォッチ2003）。
　ナルマダムの事例にみるように，問題を起こしたのは日本政府の援助だけ
でもない。日本が大株主となっている世界銀行，アジア開発銀行などの国際開
発金融機関が支援するプロジェクトについても同様で，1980年代にはブラジ
ルでのアマゾン開発，インドネシアの移住プログラム（トランスミグラシ）など，
さまざまなプロジェクトが問題となっていた。このため，立ち退きや住民への
補償など現地政府が担当する部分についても，貸し手がその内実を確認する必
要があるということは常識になっていく。その結果，1980年代から世銀では
「セーフガード政策」を策定，プロジェクトの実施の前提として借り入れ国と
合意を事前に作るという手法がとられはじめた。1993年には，こうしたセー

フガードの実施を監視するための審査パネルを設置，借り入れ国の住民の苦情を受け付ける体制を作った。

日本政府も，遅まきながら，まず1992年のODA大綱のなかで「環境と開発の両立」への配慮に言及した。JBIC, JICAなどの機関も環境配慮ガイドラインを策定していく。しかし，それでもコトパンジャン・ダムのようになかなか問題回避ができないなかで，より詳細なガイドラインを策定する必要性が認識されるようになっていった。この結果，円借款の実施機関のJBICが2002年に，技術協力の実施機関のJICAが2004年にガイドラインを改定している。こうしたガイドラインは，世界銀行が策定したものほど詳細な規定はないが，住民からの申し立てに基づくガイドライン遵守の確認制度が導入されるなど，進んだ側面ももつ。10年遅れながら，世界水準の制度整備をはかったことになる。なお，このガイドライン策定の過程が，政府機関の作業としてはきわめて透明性が高かった点については評価すべきである。現場のプロジェクトのモニタリングを行っている3つのNGO, FoEジャパン，「環境持続社会」研究センター (JACSES), メコンウォッチがこの過程で大きな役割を果たした (JBICのガイドラインの策定過程についてはFoE 2004, JICAについては「環境・持続社会」研究センター 2005参照)。

だが，こうした制度により問題がなくなったわけではない。ガイドラインは，最近開始された案件にのみ適用される。またJICAの異議申し立ての仕組みは，「開発調査」などの作業が進められている期間にのみ機能し，その後のプロジェクト実施の時期には機能しない。何より，プロジェクトは日本から離れた地域で進められ，マスメディアやNGOの監視が可能となるのは限られた事例でしかないことも忘れてはならない。

◇権威主義的政府への支援

日本のODA供与に際しては，「要請主義」「自助努力支援」などのタテマエにより相手国政府の政治体制には発言をしないという姿勢をとっていた。日本が長期にわたり支援していた政権には，インドネシアのスハルト政権 (1968〜98年)，フィリピンのマルコス政権 (1965〜86年)，ビルマのネウィン政権

（1962〜88年）などがある。これらはどれも人権侵害を行っていた政権として国際的に悪名が高い。

こうした政権への支援は、政府に資源を提供することにより政権維持を可能とし、同時に汚職により個人資産をふくらませ、それぞれの国の国民には借金を残したとして批判がされている。「贈与ではなく借款のほうが受け入れ側が責任を持って使う」というのは、民主的な政府が市民社会の活発な監視活動のなかで機能しているときにだけ働くフィクションでしかない。日本国内で、国債や地方債がいかに安易に発行されてきたかをみてもそのことはわかる。

フィリピンのマルコスは、1965年（当時48歳）から大統領となる。共産主義者と戦う姿勢を明確に示し、合理的な青年指導者として米国や日本の支持を獲得した。同時に、身内にさまざまな利権につながるポストを提供し自らの政治的地位を確保する。1972年から戒厳令を施行、その後、最大の援助国である日本の円借款は、マルコス政権を支える重要な資源ともなった。マルコスは、戒厳令施行と同時に円借款事業執行官を任命、直接指示を出している。1986年に政権が倒れてから、新政権が調査委員会を設立し、この間の汚職の実態を調べた。調査の結果、マルコスが賠償時代から一貫して援助事業受注企業からリベートをとっていたことが明らかになっており、その率は15〜20％にのぼったといわれている。この結果が、フィリピンの現在の莫大な対外債務と財政赤字につながっている。同様のことは、インドネシアのスハルト政権にもあてはまる。スハルト大統領は、1998年に民衆運動により政権を倒されるまで日本から巨額の円借款を導入、そのリベートを自らの勢力維持に用いていた。

このように、人権侵害を行いながら、自己の権力を維持する「安定」した政権への支援は、冷戦期だけのものではない。同様の批判を受けているフジモリ大統領（1990〜2000年）への支援、人権侵害が深刻な現在のカンボジアへの支援など同じような性格をもつ。

1992年および2003年のODA大綱は、①国際連合憲章の諸原則（とくに、主権、平等および内政不干渉）に配慮しつつ、②援助需要、経済社会状況、二国間関係などを総合的に判断のうえ、と条件付きながら「開発途上国における民主化の促進、市場経済導入の努力並びに基本的人権及び自由の保障状況に十分注

Ⅱ　政府の政策を斬る

意を払う」とする。だが，こうした注意をどのようにはらっているのかについては，「総合的」に判断するとするのみで，明確な説明はない。

4　ODA は変わったのか──人間の安全保障・平和構築の虚実

　前節でみたように，ODA への批判に対して，環境社会配慮ガイドラインや ODA 大綱の策定などの対応がとられてきた。さらに，1998 年より「人間の安全保障」が日本の ODA 政策の1つの柱と位置づけられるようになる。また，日本の NGO への支援の増大，「草の根・人間の安全保障無償」という援助方式などさまざまな手法がとられるようになってきた。「平和構築」という新たな分野での支援も始まった。では，これで本当に日本の ODA は変化しているのだろうか？

　外務省は，「人間の安全保障」を外交の柱にしている，とされる。「人間の安全保障」自体は，1994 年に国連開発計画の報告書で提唱された概念で，安全保障を国家中心ではなく人間中心のものとして位置づけることを提唱したものである。主要援助国の ODA は，1992 年頃をピークに減少傾向がみられており，国家の主要な関心事「安全保障」と関連づけることにより，援助への国際的な関心を維持しようという問題意識が背景にはある。日本は，小渕首相（当時）が 1998 年に「人間の安全保障」について言及してから，政策の一部として位置づけられるようになった（図表5―1参照）。

　日本政府は，翌 1999 年，国連に「人間の安全保障基金」を設置，「人間の安全保障」に取り組む国連機関のプロジェクトへの支援を開始した（助成には外務省の承認が必要）。また，2001 年には緒方貞子，アマルティア・センを代表とする「人間の安全保障委員会」を設置，同委員会は 2003 年に小泉首相に最終報告書を提出した。ところで，日本では「人間の安全保障」が国連で受け入れられた概念であるというイメージがあるようだが，これは必ずしも事実ではない。2005 年に開催されたミレニアム宣言＋5サミットにおいて，「人間の安全保障概念について今後，総会で議論する」ということが確認されただけで，国連文書で明確には扱われていない。むしろ，「人間の安全保障」概念はあいま

いで，それが生み出す付加価値が不明であること，国家が主たる責任をもつべき安全保障の分野への他国の干渉を示唆する概念ととられていることなどから根強い反発があるのが実態である。

さて，人間の安全保障という考え方は，そもそも開発協力にどのような付加価値を生み出しうるのか。

外務省によると，人間の安全保障は，「人間の生存，生活，尊厳」に焦点を当て，「一人ひとりの視点を重視」する発想をもたらす。これまで，「経済協力」に関心を集中させていた日本のODAにとっては，たしかに新しさはある。だが，開発協力が一人ひとりの尊厳や生活に焦点を当てるべき，という主張は国際的に新しいわけではない。さらに，外務省は，人間の安全保障という概念を「人間の安全保障は，人間の生存，生活，尊厳に対する脅威から各個人を守り，それぞれの持つ豊かな可能性を実現するために一人ひとりの視点を重視する，『保護』と『能力強化』に重点をおいた考え方」とする。つまり，「紛争，感染症のまん延，環境破壊，災害といった『恐怖』や，貧困，飢餓，教育・保健医療サービスの欠如などの『欠乏』といった脅威から個人を保護」（傍点筆者）し，「脅威に対処するために人々が自らのために選択・行動する能力を強化」するものとする。

だが，本当に一人ひとりの視点を重視する考え方なのだろうか？　まず，問題なのは，きわめて安易に「保護」という言葉を用いている点にある。実は，国内行政において保護という表現は滅多に使われない。「家出少年の保護」「徘徊老人の保護」など，基本的に主体性を発揮できない状況に追い込まれた人を対象にする言葉であり，教育・保健医療サービスの欠如から人を保護するという表現は，国内の行政用語としてはありえない。本来，「保護」という言葉には，保護対象の主体性を否定する上からの目線とパターナリズムがつきまとう。現在，国連や主要国際NGOは，「人権に基づく開発へのアプローチ」を提唱，住民を権利主体ととらえて，医療や教育の実現を行政に求めることができるよう側面支援するという考え方を採用しはじめている。どちらが本当に「一人ひとりの視点を重視しているのか」という疑問が生まれてもしかたがないだろう。

実際に，ODAにどのように「人間の安全保障」は用いられているのか。

Ⅱ　政府の政策を斬る

　2005年に策定されたODA中期政策では,「人間の安全保障」は援助全体に適用されるべき考え方であるとする。だが, その具体化の手法は明らかではない。「最も脆弱な階層への視点」などを強調するが, そうした人々の状況についての分析が, 国別援助計画策定や個別のプロジェクト実施の際に, 体系的にされるわけでもない。援助実施機関であるJICAは, 人間の安全保障が「これまでとまったく異なる新しいやり方の援助を実施することを意味するもの」ではないとしており, 業務の現場で「人間の安全保障」という概念が用いられることは少ない。

　なお, 外務省は, 2003年より, 従来の現地のNGO・自治体などへの支援の枠組みである「草の根無償資金協力」を「草の根・人間の安全保障無償資金協力」と改名しており, 現場ではこのプログラムによる協力が人間の安全保障事業であると理解される傾向がある。こうした枠組み自体は悪くはないが, 現地のNGOへの支援という手段は, 多くの国が行っていることであり, 運営費・人件費に使えないなど, 制約の多い日本政府の支援がとくに他国の支援に比べて評価が高いわけでもない。2007年度には, ODA減額の流れのなかで日本のNGOへの支援額は維持されたものの, 現地のNGOなどを対象とする草の根・人間の安全保障無償は減額されており, 現地NGO軽視の姿勢もみえる。

　人間の尊厳への視点を強調している点において, 人間の安全保障という言葉は平和学の視点からも意味をもつだろう。それをどのように実現するのかという具体的な方法論こそが今問われているのであり, 残念ながら「人間の安全保障」という漠然とした概念は, この問いに答えを示しているとは言えない。

◇平和構築

　平和構築も2003年のODA大綱で重点課題の1つに組み込まれるなど, 日本政府が強調している項目である。平和構築とは, 紛争の予防からその後の社会構築まで含む広い概念であり, 国連では「単なる戦争の欠如以上の平和基盤を再確立するための道具を提供する諸活動」として理解されている。人間の安全保障と異なり, さまざまな政府, 国際機関により取り組みが進められている活動でもある。

平和構築は，国際的には1992年にガリ事務総長が発表した『平和への課題』により中心的な議論の対象となった。日本では，ちょうど10年後に小泉総理の私的懇談会がまとめた国際平和協力懇談会『「国際平和協力懇談会」報告書』（2002年）により政府の政策の中心となっていく。2003年のODA大綱見直しのなかでも4つの重点課題の1つとして位置づけられた。

『「国際平和協力懇談会」報告書』では，ODAが「貧富の格差を拡大し，紛争の火種を準備した」という批判も紹介されている。しかし，こうした視点はその後の政策文書や白書では無視されてきた。この結果なのか，日本の平和構築プロジェクトは「紛争の悪化を防ぐセーフガードが弱い」，「人権侵害の問題を軽視しがち」などの問題も指摘されている。

平和構築を実現するためには，どのような状況が紛争をもたらしているのかを分析，それに対して誰がどのような取り組みをしているのか，日本の支援で何をなすべきなのかなどを戦略的に分析する必要があるが，そのための枠組みはなく，「政治的な理由で決められた案件を……後付で説明付けて正当化」するかたちで作られている（環境持続社会センター編 2005：52）。

日本の平和構築事業の主な対象は，東ティモールやフィリピン，アフガニスタンなどである。だが，こうした紛争地域で，なぜ紛争が生じたのか。東ティモールの場合は，日本のインドネシアへの支援が東ティモールにおける人権侵害に使われたとの疑惑もある（松野・古沢 1993）。フィリピンにおいては，マルコス政権の下で行われたミンダナオ島への移住政策が現在の紛争の背景にある。日本は，かつて紛争の火種に燃料を提供してきたといってもよい。だが，この点についての真剣な分析や反省はされていない。

5　埋まらないODA政策への認識のギャップ

◇人間の安全保障と「ジャパンODAモデル」

実態のはっきりしない「人間の安全保障」や，表面的な「平和構築活動」が外務省のホームページを飾る一方で，世界のODAのあり方に対して，日本政府はまったく違う視点から発信を行っている。それが，インフラへの支援を軸

としたジャパン・ODA モデルの提唱である。

　たとえば,『政府開発援助 (ODA) 白書 2005 年版』で, 外務省は「インフラ整備などによる経済成長が貧困削減において重要であるという点を従来より主張し, 日本の ODA 政策に取り入れてき」たこと, および「ODA が経済成長の基盤づくりに寄与した結果, 貧困削減が進み, MDGs 達成の軌道に乗った好例が東アジア」であるとしている。同様の主張は経済産業省の審議会が 2005 年にまとめた『我が国経済協力の成功経験を踏まえた「ジャパン・ODA モデル」の推進』と題する報告書のなかでも示されている。日本政府は, OECD, 世界銀行などとも貧困解決におけるインフラの役割についての研究などを行っており,「日本型援助」の重要さを主張している。

　経済産業省の審議会の報告書でも, 経済インフラが有効性を発揮するのは, それが「良好なガバナンス」や「所得分配の衡平化」につながるときであるとしている。だが, 日本の経済インフラへの支援は, フィリピンのマルコス支援やスハルトの支援などでは汚職と債務を生み出した。つまり, ガヴァナンスの悪化をもたらしており, 援助が自動的に発展の条件を生み出したわけではない。問題は, ガヴァナンス, 所得の衡平化など経済インフラが有効に働く条件がどのように生まれるのか, 経済インフラへの支援がそれを悪化させないための条件である。だが, ODA 白書にしても通産省の報告書にしても, こうした問題についてはふれていない。

　このような批判については, 本章ですでにふれたように, 多くの論者が指摘してきたものでもある。にもかかわらず, 外務省・経産省は, 政策文書でこうした点にはまったくふれない。こうした「経済主義」は, 次の 2 点で大きな問題をもつ。

① ODA が相手国の力関係に影響を与える政治的な介入であるという基本的な事実に目をつぶり, それがもたらす問題を軽視している。
② 貧困削減のための経済構造の支援といいつつ, それが可能となる条件を十分に検討していない。

　なお, こうした日本モデルを提唱してきたのは, 日本の産業界である。本当に, 貧困削減を考えているのか, それとも日本の産業界への新たな優遇策とし

て考えているのだろうか。

6 おわりに

　ODAは，世界の持続可能な発展と人々の幸せにつながる必要がある。日本が本当に「平和を維持し，専制と隷従，圧迫と偏狭を地上から永遠に除去しようと努めてゐる国際社会において，名誉ある地位を占めたい」（日本国憲法前文）と考えるならば，私たちはODAのあり方について，もっと真剣に考える必要がある。

　日本政府は，これまでそれぞれの省庁の利害にのっとった，場あたり的な政策をとってきたといわれてもやむをえない。ジャパン・ODAモデルは，これから投資をしたい産業界にとっては聞こえがよいが，それが本当に人々の幸せにつながる援助を生み出すのかどうかについては，多くの疑問が残されている。外務省は，人間の安全保障や平和構築などの言葉でODAを飾る。だが，これもどこまで実質をともなうのか。説得力のある説明はされない。

　日本のODA政策のあり方の背景には，2つのより根本的な日本の問題があるようである。

　第1は，日本の政策が，事実と論理に根ざして組み立てるという手法をとっていないことにある。その典型は，2002年の外務省バッシングに対応するかたちで作られたさまざまな「諮問機関」や戦略会議である。こうした会議には，十分な予算も権限も与えられず，過去の事例を検証することもなかった。その結果が，ありきたりの結論を生み出すだけとなっている。年間1兆円近くを投じる政策を，真剣な調査・問題分析を行わずに継続するのはなぜなのだろうか。

　第2は，そもそも社会のあり方について議論する経験が日本に蓄積されていない点である。日本は，敗戦にともない，人権基準を組み込んだ現代的な憲法を獲得した。だがその意味についての議論も教育も不十分だった。そのことが，公害問題，マイノリティへの差別などの多くの問題を引き起こすことにつながっている。基本的に敗戦をきっかけに生まれた憲法の制度にのっかり，その意義を自覚しないまま受動的な社会づくりを行ってきた結果である。人権や民主

Ⅱ　政府の政策を斬る

主義といった社会のあり方を決める基準や手続きについて，日本社会が自らの力で改善した経験は限られている。こうした「社会の構想力」の弱さは，そのままODAのあり方にも影響をもたらしている。その結果が，「主権尊重」という名の無責任であった。

　ODA＝政府開発援助といえば，善意の固まりのようで聞こえはよいかもしれない。だが，読者の中で，自分の生活を他者の援助や保護により成り立たせたいと思う人がどれだけいるのだろうか。生活のための基本部分が他者の善意によるということは，きわめて不安定な関係を生み出す。ODAによる支援は，もともとこうした不安定さをもっている。私たちが今しなくてはならないのは，人々が主人公となれる環境をどう支えていけるかだろう。このために必要なのは，経済中心主義の援助を安易に行うことでもなく，言葉だけの人間の安全保障や平和構築ではない。これまでのODAの精査，現地の市民社会との対話などをふまえ，本当に求められる援助のあり方を考えていく必要があるのだ。

〈注〉
1）　援助には，贈与と借款があり，借款は緩い条件の融資である。グラントエレメントとは，借款が贈与としての性質をどれくらいもつかを示す数値で，グラントエレメント25％以上のものが援助としてみなされる。
2）　ミレニアム開発目標：2000年のミレニアム開発サミットの宣言などをもとに作成された貧困解消のための達成目標。現在の国際社会の共通の目標とみなされている。
3）　日本の援助は，要請主義ということになっており，「相手国の要請により行われている」と納税者に説明されているが，要請の下準備の日本の企業や外郭団体が行うことも多く，これは開発援助業界でプロジェクトファインディング，略してプロファイと呼ばれている。
4）　なお，「人間の安全保障」概念を外交の場で用いていたカナダは，紛争や緊急時における個人の保護に焦点を当てた「保護する権利」という概念の提唱に重点を移し，人間の安全保障を国連の場で強調することはなくなりつつある。

〈参考文献〉
毎日新聞社会部ODA取材班『国際援助ビジネス——ODAはどう使われているか』（亜紀書房，1990年）
鷲見一夫編著『きらわれる援助——世銀・日本の援助とナルマダ・ダム』（築地書館，1990

年)
小島延夫・諏訪勝『これでいいのか，ODA！――NGO がみたフィリピン援助』（三一書房，1996 年）
諏訪勝『破壊――ニッポン ODA40 年のツメ跡』（青木書店，1996 年）
松本悟『メコン河開発――21 世紀の開発援助』（築地書館，1997 年）
津田守・横山正樹編著『開発援助の実像――フィリピンから見た賠償と ODA』（亜紀書房，1999 年）
福家洋介・藤林泰編著『日本人の暮らしのためだった ODA』（コモンズ，1999 年）
藤林泰・長瀬理英編著『ODA をどう変えればいいのか』（コモンズ，2002 年）
松本悟編『被害住民が問う開発援助の責任――インスペクションと異議申し立て』（築地書館，2003 年）
川村暁雄『ODA 政策の透明性と説明責任――開かれた政策過程の実現に向けて』環境・持続社会」研究センターブリーフィングペーパーシリーズ No. 18（2004 年）
村井吉敬編著『徹底検証ニッポンの ODA』（コモンズ，2006 年）
金子文夫「ODA による経済利益の確保」村井吉敬編著『徹底検証ニッポンの ODA』（コモンズ，2006 年）53 頁
村井吉敬・内海愛子「戦争賠償から ODA 大国へ」村井吉敬編著『徹底検証ニッポンの ODA』（コモンズ，2006 年）11-52 頁
「政府開発援助に関する中期政策」（2005 年 2 月 4 日）
メコンウォッチ「情報公開と ODA」『フォーラムメコン』Vol. 3 No. 3（2001 年）
メコンウォッチ「特集カンボジア」『フォーラムメコン』Vol. 5 No. 4（2003 年）
渡辺利夫・三浦有史『ODA（政府開発援助）――日本に何ができるか』（中公新書，2003 年）
トマチェフスキー，カタリナ／宮崎繁樹・久保田洋監訳『開発援助と人権』（国際書院，1992 年）
Development Aid Committee, Development Co-operation Reviews : Japan No. 34 (OECD, 1999)
久保田勇夫編『わかりやすい ODA――その仕組みと役割（改訂版）』（ぎょうせい，1998 年）
外務省『ODA50 年の成果とあゆみ』（外務省，2004 年）
国際環境 NGO FoE-Japan 編『途上国支援と環境ガイドライン』（緑風出版，2002 年）
「環境・持続社会」研究センター『日本の ODA「環境・人権・平和」――JICA の環境社会配慮ガイドラインを考える――ガイドライン（2004）をめぐる動きと課題』（「環境・持続社会」研究センター，2004 年）
古沢希代子・松野明久『ナクロマ――東ティモール民族独立小史』（日本評論社，1993 年）
津田守・横山正樹編著『開発援助の実像――フィリピンから見た賠償と ODA』（亜紀書房，1999 年）
産業構造審議会貿易経済協力分科会経済協力小委員会「産業構造審議会貿易経済協力分科

Ⅱ 政府の政策を斬る

会経済協力小委員会：中間取りまとめ——我が国経済協力の成功経験を踏まえた「ジャパン・ODA モデル」の推進」（経済産業省，2005 年 7 月）
「環境・持続社会」研究センター『平和構築と国際協力資金（ODA）——イラク復興支援に際して』（「環境・持続社会」研究センター，2005 年）

第7章
日本の地球温暖化政策

1 はじめに

　今や「環境」は，現代社会を語るうえでのキーワードとなった観がある。マスメディアを見れば，毎日どこかで環境問題に関するニュースや記事が出ており，テレビコマーシャルや新聞・雑誌の広告では，企業が競うようにして自社の環境に対する取り組みを宣伝している。

　「環境」や「エコ」という言葉が氾濫している日常のなかにいると，一見，環境に対する取り組みは，日本社会のなかでの優先課題とされているかの印象をもつ。しかし，環境政策への姿勢が選挙の争点になることはあまりない。問題そのものに対する認識の高まりと，それに対する政策論議の高まりが必ずしも比例していないといえる。

　日本の環境政策は，公害対策にそのルーツをたどることができるが，それ以降，環境問題と呼ばれる問題群の範囲も，大気汚染，水質汚染，森林伐採，化学物質汚染，生物多様性の喪失，土壌劣化・砂漠化，淡水資源の枯渇，外来生物の侵入，地球温暖化といったさまざまな分野に広がり，多様化してきている。

　問題群が多様化しかつ範囲も拡大してきている状況に対して，日本の環境政策は適切に対応することができているのであろうか。対応できていないとすれば，何が問題で，市民社会はどのような役割を果たすことができるのであろうか。

　本章は，日本の環境政策の現状について，今最も注目を集めている環境問題

Ⅱ　政府の政策を斬る

である地球温暖化に対する政策を事例として，批判的に検討を行う。第2節では，地球温暖化政策の現状について概観するなかで，日本の温暖化政策の特徴を整理する。第3節では，それをふまえて日本の温暖化政策における課題をまとめる。第4節では，確認された課題に対処するために，市民社会に何ができるのか，あるいは何が求められているのかについて検討する。

2　日本政府の地球温暖化政策の現状

◇進行する温暖化と増え続ける温室効果ガス排出量

2005年2月16日，地球温暖化防止にとって象徴的な国際条約である京都議定書が発効した。京都議定書が採択されたのは，1997年12月の京都会議であるから，それから約7年の歳月を経てようやく国際法として効力をもつにいたったことになる。

その2005年という年は，奇しくも，地球温暖化の進行を世間に印象づける年であった。アメリカ航空宇宙局（NASA）の研究所などの分析によれば，2005年は1998年とならび，観測史上最も暑かった年のうちの1つであった（Hansen et al. 2006）。そして，アメリカをハリケーン・カトリーナが襲い，ニューオリンズをはじめとする各地に悲劇をもたらした。いまだに論争はあるが，こうした大型のハリケーンの発生と温暖化による海水温上昇との関連を裏づける科学的根拠はそろい始めている。この出来事は，ヨーロッパにおける2002年の大洪水や2003年の熱波とあいまって，「異常気象」がもはや常態的になりつつある印象を世間に与えた。

地球温暖化の主な原因は，石油・石炭・ガスなどの化石燃料の燃焼によって生じる二酸化炭素（CO_2）の排出である。CO_2のほかにも，温暖化の原因となるガスは複数あり，これらをまとめて温室効果ガスと呼ぶ。

京都議定書では，地球温暖化の原因となる温室効果ガスの排出について，国別に排出量削減目標が定められた。その目標では，6種類の温室効果ガスの排出量が削減の対象となっている。6種類のガスとは，二酸化炭素（CO_2），メタン（CH_4），一酸化二窒素（N_2O），ハイドロフルオロカーボン類（HFC類），パ

第7章　日本の地球温暖化政策

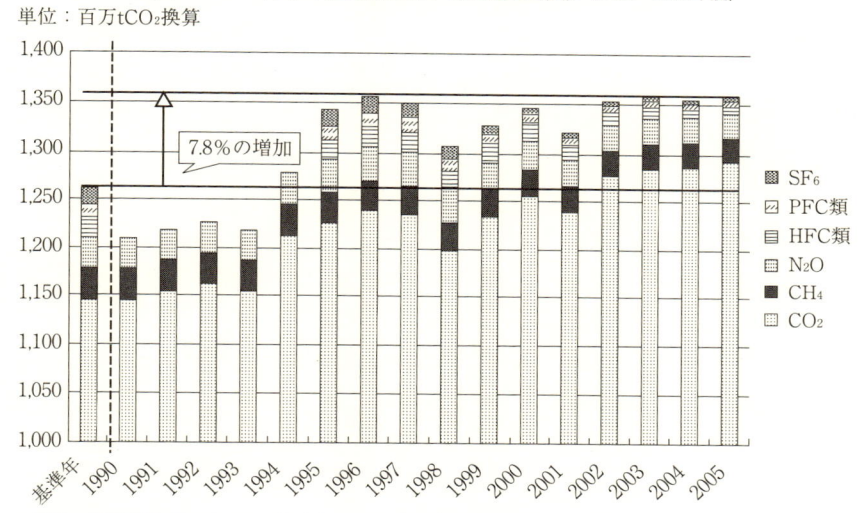

図表7−1　日本の温室効果ガス排出量の推移（1990〜2005年度）

単位：百万tCO₂換算

[棒グラフ：基準年、1990〜2005年度の温室効果ガス排出量。基準年から2005年度で7.8%の増加。内訳はCO₂、CH₄、N₂O、HFC類、PFC類、SF₆]

出典：温室効果ガスインベントリオフィス（GIO）http://www-gio.nies.go.jp/index-j.html

—フルオロカーボン類（PFC類），そして六フッ化硫黄（SF₆）である。

日本はこの6種類のガスの排出量を，二酸化炭素を基準にして合計した基準年排出量から6％削減することを京都議定書のなかで約束している。「基準年」とは，基本的には1990年を指すが，HFC類，PFC類，SF₆の3つについては，1995年の値を使用してよいことになっており，日本はその規定を利用している。

ところが，図表7−1に示されているように，日本の温室効果ガス排出量は，その基準年から減るどころか，2005年度の段階で7.8％増加してしまっている。

6％という削減目標は，2008〜12年の第1約束期間と呼ばれる期間の間に達成しなければならないことになっている。したがって期限はもうそこまで迫っており，このままでは目標達成ができないことは明らかである。

京都議定書が採択されたのは1997年であり，日本が議定書を批准して目標達成を正式に約束したのは2002年である。議定書が採択された時点で，「6％

削減」という目標はすでに明確であったことを考えれば、今日まで、日本はなぜ温室効果ガスの増加を止めることができずにここまできてしまったのであろうか。個々の対策・施策の不備ももちろん原因としては考えられるであろうが、本章ではより構造的な原因に着目してみたい。そのために、次に、日本の温暖化対策の変遷をみてみよう。

◇日本の温暖化政策の変遷

　日本の温暖化政策の変遷と、国際的な動向をまとめたのが、図表7－2である。

　日本の温暖化政策の端緒となったのは、1990年に閣議決定された地球温暖化防止行動計画である。しかし、同計画はあくまで形式的なものであり、政策の検討が本格的にされるのは、やはり1997年に京都議定書が採択された後である。

　京都議定書の採択を受けて、1998年、日本政府は、首相を本部長とする地球温暖化対策推進本部を設置し、地球温暖化対策推進大綱（大綱）を採択した。同年には「地球温暖化対策の推進に関する法律」（温対法）も公布され、翌年から施行されている。これ以後、大綱は日本の温暖化政策全体の方針を規定するものとなっていくが、この時点での大綱は、現状の政策のまとめにしかすぎず、新しい対策を計画したものではなかった。また、温対法も、当初は包括的な内容になることが期待されたが、政府内部の対立もあり、形式的なものにとどまった。

　2001年の国連会議での交渉において、京都議定書で積み残された細則に関するマラケシュ合意が採択されたのを受け、2002年には日本は京都議定書を正式に批准した。「批准」とは、国がその条約の遵守を正式に約束する手続きであるため、それに合わせる形で、大綱も改正が行われ、温対法も改正された。

　改正された新・大綱は、温暖化対策の基本方針を示すとともに、温室効果ガスの種別毎の対策、京都メカニズム[1]の活用方針、吸収源[2]の活用方針を示した内容になっている。そのなかでも中心となったのは、「エネルギー起源 CO_2」と呼ばれる、化石燃料の燃焼による排出である。

図表7－2　日本の温暖化政策と国際的な温暖化政策の枠組みの変遷

年	国内政策	国際動向
1990	「地球温暖化防止行動計画」閣議決定	
1992		国連気候変動枠組条約（UNFCCC）採択
1997		「京都議定書」採択
1998	「地球温暖化対策推進大綱」閣議決定 「地球温暖化対策の推進に関する法律（温対法）」公布	
2001		「マラケシュ合意」採択
2002	日本の京都議定書批准 「温対法」改正 「エネルギーの使用の合理化に関する法律（省エネ法）」改正 「地球温暖化対策推進大綱」の改定・閣議決定	
2005	「京都議定書目標達成計画」閣議決定 「温対法」改正 「省エネ法」改正	「京都議定書」発効

出典：筆者作成

この2002年の新・大綱では新たな考え方が導入されている。それは，ステップ・バイ・ステップ・アプローチという考え方で，2002年から，京都議定書の第1約束期間が終了する2012年までを3つの時期に分け，それぞれのステップ毎に対策の進捗を確認していくというものである。それによると，第1ステップは2002～04年，第2ステップは，2005～07年，そして第3ステップは，2008～12年ということになる。そして，それぞれのステップの間の移行期にあたる2004年と2007年には，それまでの対策の進捗状況を確認し，対策の評価・見直しを行うことになった。

2004年にはその第1回目の評価・見直しが行われた。当時すでに，温室効

果ガス排出量の増加傾向は明らかであったため，追加対策が検討された。環境省は，追加対策の目玉として，CO_2排出量に対して税をかける地球温暖化対策税を提案したが，産業界や経済産業省の強硬な反対にあい，最終的には導入が見送られた。結果として，細かな対策・施策の積み上げによって，目標達成の計画上のめどは立てられたものの，それらの実施を後押しする実質的な追加政策として導入されたのは，2つの部分的な法改正のみであった。1つは，温対法の改正による温室効果ガス排出量算定・報告・公表制度であり，もう1つは，エネルギーの利用の合理化に関する法律（省エネ法）の改正による同法適用範囲の拡大・深化であった。

2004年の評価・見直しの結果と，2005年2月の京都議定書発効が時期的に重なったため，見直された大綱の内容は，2005年4月に京都議定書目標達成計画（目達計画）として新たに採択された（地球温暖化対策推進本部 2005）[3]。

このように日本の温暖化政策の変遷を見てくると，2つの特徴を指摘することができる。

1つは，日本の温暖化政策は，大綱と後にその見直しを受けて採択された目達計画を中心として作られてきたということである。大綱や目達計画の法的な位置づけはあいまいであり，目達計画は，温対法に基づいて定められているが，温暖化対策全体を包括するものとして，事実上は，同法よりも重要な位置づけにある。これは，他の環境政策分野において，循環型社会形成推進基本法や大気汚染防止法などのように，基本法やそれに相当する法律が形成されて，それらが主柱としての役割を果たしているのとは対照的である。温暖化政策においては，むしろ大綱／目達計画が頂点にあり，温対法や省エネ法が，その目的を達成するための手段としての位置づけになっている。これは単に形式上そうであるという点にとどまらず，後に述べるように，日本の政策が審議会の場を中心として形成されてきたことにも関係する。

2つ目は，日本温暖化政策は基本的に，国際社会での動向に合わせる形で対策が整備されてきているということである。換言すれば，京都議定書の6％削減目標を達成するために，国内体制が，法律も含めて整備されてきたということである。これは，国際社会の取り組みに合わせることが必要とされる地球環

境問題の特徴であるといえる一方で、これまでの政策形成が、どちらかといえば国際的な動向に対して受動的であったことを意味している。

◇日本の温暖化政策の形成過程・審議会の中心的役割

次に、これまでにみたような温暖化政策の形成が、日本では実際にどのように行われているのかについて、その具体的な過程を確認しておこう。1990年以降、政策形成過程も少しずつ変化してきているため、ここではとくに2004年の評価見直しが行われた際の過程を例としてみる。

2004年の大綱の評価・見直し議論の中心となったのは、この問題の主たる担当官庁である環境省と経済産業省の2つの審議会の場である。審議会は、本来的には、政府が政策形成を行う際に当該分野の識者・専門家のアドバイスを受ける諮問機関であるが、日本の政策形成は、実質的には、この審議会の場を通じて行われることが多く、このこと自体は、地球温暖化政策という分野だけに特別であるというわけではない。

環境省の側での中心となった審議会は、中央環境審議会（中環審）・地球環境部会という場であり、この下にさらに、各種の専門委員会や小委員会が設けられていた。

経済産業省の側での中心的な審議会は、産業構造審議会（産構審）・環境部会・地球環境小委員会という場である。こちらも、この下に、各種の専門委員会が設けられた。

これらの2つの審議会に加え、経済産業省では温暖化政策に関連の深い「長期のエネルギー需給見通し」を議論する審議会があり、また、国土交通省・林野庁それぞれの審議会での議論も平行して行われたが、あくまで中心は、上記2つの審議会の場であった。

これらの審議会は、研究者・有識者といった専門家、各種業界団体代表、NGO代表などの委員によって構成される。しかし、その選定に一定の基準があるわけではなく、事務局たる各省庁の意向が強く反映される。一般的には、審議対象となっている事項に対する専門性や、業界としての関係の深さを基準として選定されているようであるが、なかには、審議事項との関連が明らかで

ない委員がいる場合もある。

　形式上，審議会の座長は委員のなかから選ばれるが，議論は，基本的には事務局たる省庁の担当部課の主導で動いていく。審議事項に関して，本格的な双方向の議論が委員同士の間で交わされることはまれで，事務局がまとめた原案に対して，各委員が自分の専門的見地や自らの業界を代表した意見を述べて，事務局がそれを調整・反映したかたちで案をまとめていく，というのが最も一般的なパターンである。審議の内容は，最終的には答申や報告書として1つの文書にまとめられていくが，最初の草案ができた段階で「中間とりまとめ」といったかたちで一区切りがつけられ，一般の国民からの意見を募集するパブリック・コメントに付されるのが通常である。その結果を受けて再度審議が行われ，「最終とりまとめ」へとまとめられていき，最後の段階で再びパブリック・コメントに付されて，本報告へと結実していく。ただし，これらパブリック・コメントは，ホームページなどで告知はされるものの，多くの場合，議論を密に追っていないと，募集をしている事実自体に気がつくことができない。また，パブリック・コメントで提出された意見の取り扱いは，多くは参考意見として聞きおく程度であり，そのコメントによって報告書の内容に大きな変更がされるということはほとんどない。

　2004年における温暖化対策の見直しに関する審議会での議論においても，そうした傾向がみられた。

　さらに，2004年の時点では中環審・地球環境部会と産構審・環境部会・地球環境小委員会の議論は，それぞれ別々に行われ，同じ内容に関して，両審議会でかなり違う方向性の議論をしているという光景が見られた。典型的であったのは，すでに述べた，追加対策としての地球温暖化対策税の必要性についての議論であった。そもそも，環境省が提案した地球温暖化対策税案は，中環審・地球環境部会と別の部会（総合政策部会）の下に設置された専門委員会／小委員会での議論をもとにして作成されたものであった。したがって中環審・地球環境部会では，比較的好意的に扱われる一方，産構審・環境部会・地球環境小委員会では，あくまでそれは環境省の案で，他の政策との比較を行いながら総合的に検討していく，という態度がとられ，議論の中心とはならならず，

委員からの意見はほとんど否定的であった。

　こうした個々の審議会での議論については，2004年の初冬までにおおかたの結論が出ていた。最終的なとりまとめ作業が2004年末から2005年はじめにかけて行われる一方で，省庁間の折衝や政府内での調整が行われ，3月には地球温暖化対策推進本部が，評価・見直しの結果としての京都議定書目標達成計画案を閣議決定した。そして，そこから約2週間というきわめて短いパブリック・コメント期間の後，4月に同計画は最終的に閣議決定された。

　こうした審議会での審議は，実質的な政策形成の場として，現在の日本では機能している。審議の結果として，法改正などの措置がとられ，国会に議論の場が移ることもあるが，大筋での議論は，ほぼこの審議会での審議の時点で決着しており，国会での議論で細かい政策論議がされることはまれである。したがって，本来的な意味では国民の代表である国会議員が具体的な政策議論を行う機会は限られている。

　審議会の委員構成，パブリック・コメントの形式的な実施と意見の扱い，国会での実質的な議論の不在などは，いずれも温暖化政策の形成において，市民社会が関与できる度合いの低さを示しているといえる。

　こうした状況に関して，改善へ向けての動きがまったくないわけではない。そもそも，過去には審議会が全て非公開であったことを考えれば，現在の審議会は，少なくとも議論の透明性は高まっている。希望すれば（人数制限はあるものの）審議会での議論は誰でも傍聴できるし，配布資料や議事要旨・議事録なども，各省のウェブサイトで自由にみることができる（ただし，それらの資料のありかはきわめてわかりにくい）。委員の中に，少ないとはいえ，NGOなどの代表が含まれる事例も出てきた。

　さらに，本稿執筆時点で行われている2007年の評価・見直しにおいては，環境省・経済産業省の両審議会が合同で審議会を開催して議論を進めることによって，省庁間の壁を取り払うための努力が行われている。こうした改善は積極的に評価されるべきである。しかし，約60名の委員からなる審議会では，ますます議論は形式的にならざるをえず，課題は多い。

Ⅱ　政府の政策を斬る

◇産業界の役割

　上述したような審議会における政策形成を考える際に忘れてならないのが，大きな影響力をもつ日本経済団体連合会（経団連）を中心とする産業界である。多くの場合，審議会の委員として，経団連の代表や経団連を構成する各業界のうち，審議事項にとってとくに関連が深い業界の代表者が，委員として参加している。温暖化対政策に関する審議会の場合，経団連全体の代表に加え，電気事業連合会や，日本鉄鋼連盟，石油連盟，日本ガス協会の代表などの各業種の代表が参加している。こうした公式なかたちでの政策形成過程への参加に加えて，非公式な会合などを通して，直接的・間接的に審議に対する影響力の行使をしている。

　経団連や業界団体は，環境政策については，環境自主行動計画という独自の計画を立てており，温暖化対策についても，これを産業界の取り組みとして中心に据えている。この計画のなかで，経団連は，「2010年度に産業部門およびエネルギー転換部門からのCO_2排出量を1990年度レベル以下に抑制するよう努力する」という目標を掲げている。

　経団連は，この自主行動計画を着実に実施することを強調する一方で，これ以上の取り組みを政府によって強制されることに対して，強い反発を示した。先に述べたように，環境省が地球温暖化対策税を提案した際には，これに対して猛烈な反対キャンペーンを張り，最終的に導入を阻止することに成功した。

　また，もう1つ重要な特徴として，経団連は産業界の立場を代表するだけでなく，立場を調整して，さらには規定している側面もあることである。これは，業界を代表する団体の機能としては，ある程度当然であるが，構成業種・企業の立場を規定し，時として抑制してしまい，個々の企業より積極的な立場を打ち出すことの妨げになっていることもある。また，意見の統一は，より積極的な意見よりも，より消極的な意見を基準にしてそろえられる傾向があり，産業界全体を，必要以上に保守的にしてしまっている面がある。

3 現状の温暖化政策の問題点

前節では，日本の温暖化政策の現状を確認してきたが，同時に，日本の温室効果ガスの排出量は伸びてしまっていることも確認した。本節では，前節ですでに確認した事項も含めて，日本の温暖化政策の問題点について整理する。ただし，上述したように，ここでは，細かい政策論議に入ることは避け，構造的な要因に着目する。[4]

◇中長期的な目標・ビジョンの不在

第1の問題点は，中長期的な目標およびビジョンの不在である。温暖化問題の解決は，つきつめればエネルギーの活用の仕方をどのように変えていくのかという問題になる。エネルギーは，現代の社会生活を支える基礎であるため，その変革にあたっては，継続的かつ長期的な取り組みを社会のさまざまな分野・レベルにおいて必要とする。その際，中長期的な目標とビジョンは，そうした個々の取り組みに全体としての方向性を与えるという意味で重要である。現在の日本の温暖化政策には，残念ながらそれが存在しない。

現在，国際的な温暖化政策および科学の議論の場では，長期的な目標として，「2℃」という数字が大きな支持を集めつつある。これは，CO_2排出量が増え始めた産業革命以前の地球の平均気温からの気温上昇幅を，2℃に抑えるべきであるという目標である。産業革命以降のCO_2排出量増加よって，現在の地球の平均気温は過去100年間で0.74℃上昇したといわれている（IPCC 2007）。現在，温室効果ガスの排出傾向に歯止めをかけることができていないことをふまえると，もはや1℃以上の気温上昇は避けられない。しかし，IPCC（気候変動に関する政府間パネル）が発表している温暖化影響などの予測や，近年の研究成果を参照すると（Schellnuber 2006），2℃以上の気温上昇は，生態系に対して不可逆的な損失を与えるリスクや，異常気象のリスクを危険な領域まで高める。したがって，これを防ぐためには，気温上昇を2℃未満に抑えることを目標とすべきであるというわけである。

Ⅱ　政府の政策を斬る

　EU は，すでにこの 2℃ という目標を正式な目標として採択しており，それに基づいて，EU の中期での排出量削減目標として，2020 年までに，他国の動向にかかわらず単独でも 20％の排出量を削減し，他の先進国の同意が得られるならば 30％削減をめざすということに合意している。

　日本に関しても，こうした中長期に関する目標設定への動きがまったくないわけではない。2005 年に中環審・地球環境部会・気候変動に関する国際戦略専門委員会が出した「第二次中間報告」では，「2℃」という目標があり，それを達成するとすれば，どのようなレベルでの削減が必要かについて客観的に言及している（環境省 2005）。

　また，2006 年に閣議決定された第三次環境基本計画は，その中で，「我が国においても，究極の目標に至るためのいわば中間目標として，30〜50 年を射程とする中長期目標を策定することとし，必要な作業を進めます」と述べている（環境省 2006：35）。

　そして，2007 年 6 月の G 8 サミット（ドイツ，ハイリゲンダム）へ向けて安部首相が発表した「美しい星 50」や，同時期に閣議決定された「21 世紀環境立国戦略」では，「世界全体の」排出量を現状に比して 2050 年までに半減させるということがはじめて述べられたが，肝心の「日本が」どれだけ削減するのかについては，まだ何も述べられていない。これには，環境省と経済産業省のこの中長期目標に関する考え方には，必ずしも一致していないことも背景にある。

　こうした中長期目標およびビジョンの不在は，国内のさまざまな政策に関する方向性が存在しないことを意味する。たとえば，2020 年や 2030 年の段階で，現状維持を望むのか，それとも 30％の温室効果ガス削減を目標とするのかでは，想定される社会像はまったく違ったものとなる。

　中長期的には，現状の「6％」よりは少なくとも大きな削減が必要なのは明らかである。にもかかわらず，現状では 2008〜12 年の「6％」削減の達成のみが目標とされているため，国内の各主体に対して明確な方向性が示されておらず，また，個々の政策の相互間の整合性をとることもできない。中長期での目標とビジョンの策定は，日本にとって急務であるといえる。

◇積み上げ型の政策形成の偏重と全体的・包括的政策の不在

　第2の問題点は，積み上げ型の政策形成に頼りすぎていることである。前節で見たとおり，日本の政策形成の特徴は，審議会において，省庁主導で形成されていくところにある。そこでは，各省庁が自らの所管する分野における専門性を活かし，個別の対策・施策を業界団体との協議を通じて緻密に作っていく。これは，問題の範囲が特定され，取り扱う事項がある程度明確であった頃は有効であったと考えられるが，こうした積み上げ型の政策形成が重視されるあまり，逆に，総合的・全体的な視点からの政策形成がなかなかできない。とくに，温暖化政策のように，省庁横断的な議論が必要な場合はなおさらである。本来は，内閣の下に設置された地球温暖化対策推進本部がそうした総合的な政策を打ち出す，もしくは，総合的な政策形成へ向けての議論のプロセスを作るべきであるが，現在までは，もっぱら，下から積み上げられた対策の最終調整の場となっている。

　積み上げ型の政策形成そのものが問題であるというわけでは必ずしもない。現実に有効な政策を打ち出していくためには，個々の分野の特殊事情を考慮した対策・施策の検討のうえに政策が形成されていくことが必要な面もある。しかし，政策決定過程のなかでそれを過剰に重視することが，総合的な政策パッケージを導入することの妨げになっているとすれば，これは問題であり，現状はまさしくそうであるといえる。

　総合的な政策パッケージが存在しないなかで，環境税や（国内）排出量取引制度[5]といった，いわゆる経済的手法と呼ばれる政策手段が，NGOや研究者から支持を集めるのは，それらの制度の経済効率性もさるところながら，社会全体に対して，一定の方向性を与えるという総合的な政策としての役割を果たすことに着目しているという理由もある。環境税や排出量取引制度といった制度は，環境に対する負の影響（温暖化対策の文脈ではCO_2の排出）をコストとして汚染者に負担させることに1つの特徴がある（経済学ではこれを「外部性の市場内部化」と呼ぶ）。つまり，これらの制度は，CO_2排出をコストとして認識させることで，そのコストとなるものを減らすような方向へ，社会の各主体を誘導していく機能を果たす。

個々の制度のあり方についてはさまざまな議論がありうるが，環境税や排出量取引といった政策が導入されることで，長期的にみて，社会をCO_2がより少ない社会の方へ導いていくことが重要である。少なくとも，そうした議論ができる場がなければならない。

◇市民社会の政策決定過程への限定的参加

第3の問題点は，市民社会の政策形成への参加機会が少なく，参加の程度も限定的であるということである。前節で確認したように，審議会を中心とする政策形成のプロセスでは，それはとくに顕著である。

これは，一方では，市民社会，とくに政策提言型（アドボカシー）のNGOの力が，日本ではまだ（欧米と比較して）未成熟であることにも由来するが，市民社会の政策形成への参加を確保することの意義自体が，政府および社会のなかで軽視されていることも重要な理由である。

たとえば，2004年の評価・見直しの結果として，目達計画というものが閣議決定されたということ自体，一般の国民のなかでどれだけ知られているだろうか。現在の温暖化政策の根幹ともいえるこの計画の策定が，業界関係者や専門家を除けば，一般国民の間では，ある程度関心のある人にすら知られておらず，そしてそれが特別なことではないという現状は，市民社会がそうした過程に参加しなくとも問題にならないという現状を如実に示している。

温暖化政策のように，政策の影響が程度の差はあれ，ほぼすべての人々に及ぶような分野においては，市民社会の政策形成過程における不在は，ひいては，作られる政策の実効性に対しても悪い影響を与える。なぜなら，自らが形成に参加していない政策に対しては，それだけ実施の重要性に対する認識が下がると考えられるからである。市民社会の側の成熟も必要であるが，市民社会が政策形成に関与する機会は，現状よりも改善されなければならない。

4 市民社会の役割——政策提言型NGOの重要性

前節までで確認してき現状や整理した問題点を前にして，日本の温暖化政策

の今後を考えるとき，その解決へ向けて，市民社会は一体どのような役割を果たすことができるのであろうか。

　温暖化政策に関する議論のなかで，市民社会やNGO・NPOの参加が議論されるとき，しばしば議論が，普及啓発や「ライフスタイル変革の重要性」，「一人ひとりにできる省エネ」を行うことの重要性だけに矮小化されることがある。温暖化問題に関する普及啓発と，「一人ひとりができることから行う」ことそれ自体は，議論の余地なく重要である。しかし，市民社会がもつ役割は，そうしたことに限定されるべきではない。一人ひとりの市民は，本来，一人の有権者として，一人の納税者として，また，一人の消費者として，政府や企業といった，より社会の大きな部分の行動に影響を与え，変えていく力をもっているはずである。市民は，温暖化政策においては，温暖化政策にかかわる事項を政策上の重要な争点に押し上げ，温暖化政策形成そのものに積極的に関与し，消費にかかわる商品選択や投資などの資産運用においては，商品・サービスそのものや，その製品・サービスを提供する企業の温暖化問題に対するポリシー・態度を批判的にみていくことで，社会を変えていく力をもっている。

　NGOやNPOといった存在は，そうした市民がもっている一人ひとりの権利・力を行使して社会をより良い方向へと変えていく際のエージェント，あるいは媒介者としての機能を果たすという意味において，重要な役割をもつ。

　温暖化問題の分野では，問題のスケールの大きさから，ともすれば「自分一人の行動ではどうにもならないから」ということが無力感につながり，結果として，行動を必要以上に抑制してしまっている一面があると考えられる。しかし，社会の変革，とくに前節で確認したような構造的な問題点の改善は，市民社会の役割なくしては果たせないものである。

　その観点からとくに重要なのは，政策提言型NGOの役割である。政策提言型NGOとは，文字どおり，政府の政策決定過程に積極的に関与し，政策についてそれぞれの立場から提案および批判を行うNGOのことである。地球温暖化や環境問題の分野に限らず，日本では一般的に，政策提言型NGOの果たしている役割は，限定的なものにとどまっている。

　これは，一方では，財政的基盤の弱さやその他の理由によって，日本では

NGO の活動規模そのものが小さいことや、専門性のレベルがまだ十分でないことにも原因はあるが、他方で、こうした活動の重要性に対する社会的な理解が得られていないことも原因としてある。

温暖化政策の分野において、政策提言活動を行っている国内の NGO としては、気候ネットワーク、地球環境と大気汚染を考える全国市民会議（CASA）、国際環境 NGO FoE Japan、「環境・持続社会」研究センター（JACSES）、環境エネルギー政策研究所（ISEP）、グリーンピース・ジャパン、そして WWF ジャパンなどがある。

これら NGO の活動は、日本で京都議定書が採択された 1997 年以降、とくに発達してきている。いくつかの具体例をあげてみよう。

気候ネットワークは、第 1 節でふれた 2004 年の地球温暖化対策推進大綱の評価・見直しに際しては、政府の評価・見直しが実施されるのと平行して、NGO 関係者の協力を募って、大綱の評価・見直しに関する研究会を継続的に開き、政府の評価・見直しに対する代替案としての NGO の評価・見直しを行い、その内容を公表していった（気候ネットワーク 2005）。

CASA は、これよりは時期的には前になるが、やはり内部に設置された「気候変動防止戦略研究会」における検討をもとに、2000 年の時点で『2010 年地球温暖化防止シナリオ』を発表している（水谷 2000）。研究会は、環境経済学、環境法、環境社会学、環境政策、環境工学等の研究者・専門家から構成され、同シナリオは、日本における温室効果ガス排出量の削減の可能性について、Target 2010 というモデルを用いて検討している。これもやはり、政府が行った積み上げ型の対策案に対して、詳細な代替案を提示する試みであった。

JACSES は、気候ネットワークなどとも協力して炭素税研究会を開催し、独自の炭素税制度提案を出している（炭素税研究会 2006）。特徴的なのは、一度きりの提案で終わらせることなく、その後の議論をふまえて、改訂を続けている点である。

WWF ジャパンは、温暖化対策としての国内排出量取引制度が世界的に拡大していることや、同制度がもつ削減量の確実性に着目し、国内排出量取引制度を導入すべきであるという提案を行っている。大綱の評価・見直しが行われた

2004年に最初の独自の制度提案を出し，2007年の京都議定書目標達成計画の評価・見直しの際には，その内容をさらに深めた新たな提案を発表している（諸富・鮎川 2007）。

政策提言型のNGOは，審議会の議論に関するパブリック・コメントの提出，関係者や一般市民を招いてのセミナー・研究会などのイベントの開催，メディアに対する情報提供，省庁担当者・議員・企業担当者とのインフォーマルな会合・議論を通じてこうした諸提案を伝え，政策の方向性に影響を与えるための努力をしている。

これらのNGOの政策提言活動に共通する特徴としては，政府の政策形成に対する提案を目的としていることと同時に，政府による政策案（主として2節で述べた審議会で形成される案）に対する代替案を提示し，異なる前提・異なる視点をもてば，違った将来を描くことが可能であることを示そうとしている点にある。

現状では，内容の専門性や提案そのものの世間に対するアピールの仕方などにおいて，まだ不十分な点もある。実際，これらの提案がこれまでの日本の温暖化政策決定過程に十分な影響を与えてきたかといえば，必ずしも十分であったとはいえない。こうした活動がより一般的になり，市民が政策形成において，より積極的かつ，十分な情報を得て，政策形成の場にさらに参画を促すことが，ひいては，日本の地球温暖化政策がより包括的かつ実効的になっていくことに貢献すると考えられる。

5 おわりに

本章では，日本の環境政策の一例として，地球温暖化問題に対する政策を取り上げ，その現状を確認したうえで，問題点を整理した。そして，それに対して市民社会に何ができるのかを検討した。

地球温暖化問題に対して，日本政府は，地球温暖化対策推進大綱やそれに代わる京都議定書目標達成計画の策定を通じて，温暖化に関する政策を打ち出してきた。しかし，依然として温室効果ガス排出量は減っておらず，このままで

は，京都議定書の目標の達成は危うい。

　大綱や目達計画の中で打ち出されている政策の問題点や個々の対策・施策の問題点以外にも，構造的な要因として，中長期目標・ビジョンの不在，積み上げ型政策形成の限界，市民社会参加の不足が確認された。そして，それらの解決のために，市民社会に期待されることとしては，個々の取り組みによる温暖化対策・施策の実施への参加だけでなく，温暖化政策形成過程そのものへの積極的な参加があることを確認した。

　「遠い先の未来の問題」と思われがちな地球温暖化問題ではあるが，本章で指摘したような問題点の改善には時間がかかるうえ，本章では詳しく論じなかった個々の対策に関して，必要な改善点も存在する。残された時間は，実はそれほどあるわけではなく，今後10年間に，日本，そして世界がとる政策によって，温暖化という人類にとって未曾有の問題に解決をもたらすことができるかどうかが決まってくるといっても過言ではない。今，解決へ向けての行動が求められている。

〈注〉
1) 京都議定書の中では，目標達成にあたって，3つの柔軟性措置の活用が許されている。3つとは，(国際)排出量取引，クリーン開発メカニズム(CDM)，共同実施(JI)であり，これらを総称して京都メカニズムと呼ぶ。
2) 京都議定書の中では，森林がその成長過程において光合成によってCO_2を吸収する「吸収量」を排出量の削減と同等として認めることが一部できるようになっている。
3) 本稿執筆時点では，これに続き，2007年の評価・見直しが実施されているところである。
4) 個々の政策的問題についての詳細な議論については，気候ネットワーク(2006)や諸富・鮎川(2007)を参照。
5) ここでいう排出量取引制度は，京都議定書で導入された京都メカニズムの1つとしての排出量取引制度と原理的には同じであるが，対象となる範囲が異なる。京都メカニズムで導入されたのは，国家と国家の間での国際的な取引であるのに対し，環境税とともに国内政策として論じられる排出量取引は，国内での主体(企業等)同士での排出量取引である。京都議定書は，前者については導入を決めたが，後者については，とくに規定していない(つまり各国の任意)。

〈参考文献〉

環境省中央環境審議会地球環境部会気候変動に関する国際戦略専門委員会「気候変動問題に関する今後の国際的な対応について——長期目標をめぐって（第 2 次中間報告）」(2005 年)

　http://www.env.go.jp/council/06earth/yoshi06-04.html（アクセス：2007 年 1 月 12 日）

環境省『第三次環境基本計画——環境から拓く新たなゆたかさへの道』(2006 年)

　http://www.env.go.jp/policy/kihon_keikaku/thirdplan01.html（アクセス：2007 年 1 月 9 日）

気候ネットワーク編『地球温暖化防止の市民戦略』(中央法規, 2005 年)

炭素税研究会「地球温暖化対策推進のための『炭素税』の早期導入にむけた制度設計提案——Version 6」(2006 年)

　http://www.jacses.org/paco/carbon/tansozeikenkyukai.htm（アクセス：2007 年 1 月 31 日）

地球温暖化対策推進本部『京都議定書目標達成計画』(2005 年)

　http://www.kantei.go.jp/jp/singi/ondanka/index.html（アクセス：2007 年 1 月 8 日）

水谷洋一編著『2010 年地球温暖化防止シナリオ』(実教出版, 2000 年)

諸富徹・鮎川ゆりか編　『脱炭素社会と排出量取引』(日本評論社, 2007 年)

Intergovernmental Panel on Climate Change（IPCC）2007 *Climate Change 2007: The Physical Science Basis: Contribution of Working Group I to the Fourth Assessment Report of the Intergovernmental Panel on Climate Change*. Cambridge University Press.

Schellnmhuber, Hans Joachim. ed. 2006 *Avoiding Dangerous Climate Change*. Cambridge University Press.

第8章
日本の人権政策

1 はじめに

「人権」という言葉を聞いたことのない読者はいないだろう。だが、この言葉がどのような意味をもち、社会のなかでどのような役割を果たしているのか、しっかり語れる人も少ないのではないか。

人権といえば、広辞苑に載っているように「すべての人が生まれながらに持っている権利」という説明がされることが多い。だが、それはどういう意味なのか。なぜ私たちにはこうした権利が必要なのか。そして、なぜ平和に向けての政策を語るときに人権が重要なのか。

この章では、まず人権が社会のなかで果たす役割を考える。次に、実際に、人権にかかわる課題に対して、日本ではどのような政策がとられているのかを検討したい。最後に、今後の人権の課題を考えよう。

2 人権の役割

◇人権とは何を指すか？

人権は「人間が人間として生れながらにもっている権利」とされる。では、権利とは何か。法律や社会的な規範に基づき、当然に要求できることといってよいだろう。つまり、人権とは、「すべての人が生まれながらに要求してよいとされること」のようである。

第8章　日本の人権政策

　しかし，生まれながらにもつ権利というのは，もちろんフィクションである。権利という概念は，人間が作り出した規範であり，自然にあるものではない。オックスフォード英語辞典の記述は，この点をもう少しわきまえていて，「人権とはすべての人に属すると信じられている権利」と表現する。この方が正確である。

　でも考えなくてはならないのは，ここからだ。そもそも，誰が信じているのか。信じているかどうかはどうやって判定するのか。どのような内容のことが「生まれながらにある権利」とみなされるようになってきたのか？　そして，権利と呼ぶのはなぜなのだろう。

　権利という言葉を日常的によく使う人はそんなにいない。しかし，実は，私たちの生活は権利により隅々まで守られている。買い物をしたときに，買ったものが説明どおりのものであったり，働いたら賃金が期日どおりに支払われたりすることを私たちは普通のことと考えるが，これも代金の支払いや労働の提供の結果，法律に基づいて，商品や賃金への権利が発生しており，義務の内容や，それを誰が履行しなくてはならないかなどが明確になっているからだ。万が一，思ったとおりにならないときには，裁判所や労働基準監督署などに訴えることができる。そうした力を私たちは与えられているので，そんなに頻繁には権利侵害は起こらない。だからこそ，権利という言葉を日常的に使う必要はないのである。

　このように法（ルール）に基づいて権利を確認し，一人ひとりがルール違反の確認を求めたり，罰や救済を要求できる仕組み（法の支配）を「人間の尊厳」を守るために使うという発想で生まれたのが，人権である。人権は，「人間は尊厳において等しい」（世界人権宣言）という信念に基づき，その実現のための社会的な条件を「権利」という枠組みで整理したものだ。人権が生まれながらにあるというのは，それがお金を払って得るものでも，特定の身分の人にのみ与えられるものでもないということを意味する。権利であるということは，それを当然に要求してよいこと，その実現についての責任者や救済の制度がある（なくてはならない）ということを意味する。

　人権は，とくに重要な権利なので，その多くの内容は，憲法のなかに書き込

まれる。もし、他の通常の権利のように普通の法律で決めることになれば、時々の多数派の意見で左右されることになる。たしかに、民主主義は多数を尊重するものであるが、多数がすべてを決めることになれば、少数派の命や尊厳が損なわれる可能性がある。また、多数者は時々の雰囲気に流されることもある。このため、多数派の意見であっても踏み越えてはいけない「人間の尊厳」の基本にかかわることは、憲法のなかに書き込み、それに反した法律や政策を採用してはならないということをはっきりさせることになったのである。

では、どのような社会的な条件が「人間の尊厳」のために必要なのか。誰がその権利を実現する責任を負うのか。その責任の内容は何なのか。

一人ひとりが尊厳を持って生きていくためには、さまざまな条件がいる。自己決定、公正な取り扱い、そして生存するための基本的な衣食住など。だが、人権は「社会的な条件」にかかわるものであり、こうした尊厳のための条件のなかでも、社会が満たすべきものから構成される。その中身は、とりわけ多くの権限を与えられた国家にどのような仕事を期待するかでも変わる。事実、個人の生のあり方にどこまで社会（とりわけ国家）がかかわるのかという考え方が変わるなかで、人権を構成する1つひとつの権利は形成されてきた。

18世紀末のヨーロッパで、人権という概念が定式化され始めたころは、国王の力に対抗する男性資産家の自由を中心に人権が確立されていく。表現の自由などの自由、財産権、公正な裁判を受ける権利、資産家の選挙権などがそれである。19世紀末から20世紀にかけ、産業化が進むなかで、経営者とより対等なかたちで交渉するための労働者の権利（結社の権利など）が定式化されていく。福祉国家が求められるなかで、教育、医療なども人権という枠で考えられるようになっていった。

だが、社会の中で弱い立場におかれた人たちの権利獲得は、容易なことではなかった。フランス人権宣言で18世紀末に人権の内容を確認したフランスでも、女性が参政権を獲得したのは第二次世界大戦後でしかない。権利は、常に時の権力者からすれば、自分の権力を縛るものだからであり、既得権益者の抵抗は強い（現在でも、人権を批判する人たちには、年長者、政治家、大学教授、男性、教師など、すでに社会のなかで一定の地位を得ている人が多いことをみれば、このこと

は容易に理解できる）。黒人差別の強かったアメリカ南部では1960年半ばまで，識字能力を口実に，黒人の参政権は拒否されていた。オーストラリアの先住民族アボリジニが市民として国勢調査の対象に組み込まれたのも，同じく60年代になってからである。

　家庭のなかでの暴力が人権問題ととらえられるためにはさらに時間が必要であった。かつては，「法は家庭に入らない」とされ，家族のなかで起こることは，通常，家長（多くは年長の男性）にゆだねられていた。だが，20世紀の末には，個人の心や体を侵すことであれば，「家庭内暴力」「児童虐待」などと位置づけられ，人権の問題として社会がかかわることとされていった。

　この動きを後押ししていたのが，人権の国際化である。第二次世界大戦後は，人権は国連の目的の1つとなり，国際社会でも人権基準の形成が進んでいった。その結果が，1948年に採択された世界人権宣言であり，それを具体化するために，1967年に国際人権規約[1]が採択された。

　ほかにも，人種差別撤廃条約や女性差別撤廃条約，子どもの権利条約などが生まれていった。2006年には国連において障害者差別撤廃条約が採択され，各国の批准を待っている。（図表8－1参照）

　このように，人権基準は各国において，あるいは，国際社会の場で人間の尊厳を守るために社会が満たさなくてはならない条件について確認してきたものであり，それぞれの国の憲法や法律，条約により，実現のための道筋が生み出されてきている。

◇人権の働き――尊厳の守られる社会のための合意

　人権は，その時々の虐げられた立場にあった人たちが要求するなかで，次第に作られてきた。この際，「人間の尊厳」を守ることは，社会全体の責務であるという理念の下に，現状の改革が求められ，その結果，1つひとつの権利が確認されていった。

　人権は，同時に，しっかり社会の基盤として組み込まれてきた。私たちは今，政府が自由に報道を規制してよいなどとは思わない。移動の自由を否定されるということも信じられないことだろう。女性に投票権はないといわれて納得す

図表 8 ― 1　国連の主要人権条約とその締約状況

名　称	採択年	日本の批准年	締約国数（2007年）
あらゆる形態の人種差別の撤廃に関する国際条約（人種差別撤廃条約）	1965	1995	173
経済的，社会的および文化的権利に関する国際規約（社会権規約）	1966	1979	156
市民的および政治的権利に関する国際規約（自由権規約）	1966	1979	160
女子に対するあらゆる形態の差別の撤廃に関する条約（女性差別撤廃条約）	1979	1985	185
拷問及び他の残虐な，非人道的な又は品位を傷つける取扱い又は刑罰に関する条約（拷問等禁止条約）	1984	1999	144
子どもの権利条約	1989	1994	193
全ての移住労働者とその家族の権利保護のための国際条約	1990	未批准	37
全ての人を強制的失踪から保護するための条約（強制的失踪防止条約）	2006	未批准	未発効
障害者権利条約	2006	未批准	未発効

出典：国連人権高等弁務官事務所ウェブサイト

る人はいない。こうしたことは，すでに私たちの社会のあり方の前提として，意識のなかにも，法制度のなかにも組み込まれている。実際，それが人権として勝ち取られたものであるということ自体，通常認識しない。それが人間の尊厳の条件を「権利」と位置づけ，法的・制度的に守ることの効果でもあった。このように確認された人権基準は，社会秩序の基盤となり，紛争を裁判などで解決するための基準ともなる。

　つまり，人権は，社会の変革と安定化という，一見矛盾した役割をもつ。人間の尊厳という理念によって立つ人権は，抑圧的な秩序を壊す方向をもつが，同時により公正な秩序の基盤を提供しようとするものでもある。これが可能なのは，人権を求めるたたかいが，他者を支配することを求めるたたかいではなく，共に生きるルールを作り出すたたかいだったからである。だからこそ，生

まれた権利の多くは，私たちにとってとても自然なものとなり，存在すら忘れてしまうものなのだ。

◇求められる法・民主主義・人権についての教育

　人権は，その存在を忘れがちであるからこそ，意識的にその意義を，世代を越えて伝えていく必要がある。知らないでも暮らせるからといって，知らないでよいわけではない。なぜなら，①人の尊厳は権力関係のなかで侵されるのだが，私たち自身もさまざまな権力関係のなかにあり，人権を侵害したりされたりする側になる可能性があるから，②人権のなかには，言論の自由，選挙権などのように積極的に活用しなくてはまずいものも多いから，である。

　だが，日本では，人権の役割を伝えるための「法・民主主義・人権」についての教育が十分になされてこなかった。もちろん，法律とか民主主義，人権という「言葉」は学校で教えられる。だが，それらの相互関係や，社会における役割などについてはほとんどふれられない。学習指導要領でも，法についての教育は遵法意識を教えること，民主主義についての教育は，選挙制度の違いを教えることなどに焦点が当てられている。私たちが自らを律するために作るものが法であること，それを生み出す手段が民主主義であること，民主主義は，言論の自由の保障のなかで討論しながら作られるものであることなどの事実は伝えられない。他方，人間の尊厳は「心」で守るものとして教えられることが多い。一人ひとりが社会を作る存在であること，人権は共通のルールとして確認し，制度により守っていくものであるという現代社会の基本は，伝えられてこなかったのである。実は，後述するように，このことは日本社会の抱える人権政策上の問題とも深く関わっている。

3　人権政策——尊重，保護，実現

　人権は，社会的な条件についてのルールである。その保障は，広義には社会全体の責任だが，その中心にあり，法的な責任を有するものは，政府・自治体である。その責任の性質は，①尊重，②保護，③実現・促進に分けられる。尊

Ⅱ 政府の政策を斬る

図表8―2 人権と国家の役割の例

権利の種類	人権の例	尊重する責任	保護する責任	実現・促進する責任
市民的・政治的権利	裁判を受ける権利	裁判に介入しない等		裁判制度を運用,法廷通訳の提供等
	言論の自由	報道に介入しない等		言論の自由についての広報・啓発等
	移動の自由	移動に介入しない等	私人間の不当な移動制限を取り除く等	
社会的・経済的権利	初等教育を受ける権利		学校での差別禁止等	初等教育制度の運用,弱い立場の人への支援等
	適切な医療を受ける権利		医療現場での差別禁止	医療制度の運用,弱い立場の人への支援等
	居住権	不当な立ち退きを行わない等	民間の不当な立ち退きなどからの保護等	緊急時の避難所提供等

出典：筆者作成

重とは，国家が不当な介入をしないという責任で，表現の自由などの自由について，とくに重要となる。保護とは，国家が一人ひとりの権利を守る責任であり，たとえば，社会的差別などを防ぐ責任がそれである。促進・実現とは，国家が積極的に何かを行う責任であり，たとえば，初等教育を無料ですべての人に提供することなどがある（表8―2参照）。

日本では，戦後の日本国憲法により，基本的な自由についての規定は整備された。さらに，「最低限の文化的な生活水準」の保障も国家の責務として憲法に規定された。つまり，国家は，単に人権を「尊重」するだけではなく，その積極的な「保護」，「実現・促進」のための仕事もしなくてはならないということになった。この規定を反映し，生活保護法などもできる。医療政策，教育政策，社会保障，地方との格差解消，などは，どれも人権の実現と深くかかわる。

第8章　日本の人権政策

　だが，こうした政策が，憲法の理念に基づいて人権の実現ために行われたかというと，必ずしもそうではない。戦前の日本は，国家が中心であり，人間は国家のための存在するという図式で成り立っていた（第1章参照）。さらに，これを実体化するために，多様性をなくし，天皇の下に団結する日本人を作り出す教育が施された。戦後は，憲法上は，社会や国家は一人ひとりを代表するものであり，一人ひとりの人間のために存在するというかたちに180度の転換が迫られたが，そんなに簡単に考え方が変わるわけはなかった。

　たしかに，報道の自由，移動の自由など，国家が「尊重」すればよいものについては，一定の実現がはかられた。日本では，戦前からの近代化のなかで，法が作られさえすれば，ある程度は実施するだけの力を官僚組織にせよ，司法機関にせよもっていた。さらに，多数派の人々がかかわる問題については，すべての国民が投票権を与えられるなかで，多数決の原理が働き，福祉政策として実現していく。人権の視点からいえば必ずしも十分ではないが，生活保護法が生まれ，労働者の権利保護も，戦前に比べれば進んでいった。しかし，政府や政党が本当に人間の尊厳を尊重し，人々の権利を守り，実現しようとしたのか。多数決民主主義が自動的に機能するわけではない少数者の人権保障や，伝統的な価値観が支配する家庭のなかなどでの人権保障については，必ずしも，憲法の精神が具体化されたわけではない。

　実は，GHQの占領が終了した当時の世界で，少数派の人権が十分に守られていなかったのは日本だけではない。すでに述べたように，米国，オーストラリアにおいても，黒人，先住民族はむき出しの差別の対象であった。だが，1960年代の公民権運動のなかで，差別禁止法の整備は進む。オーストラリアでは，人権委員会が大きな役割を果たした。だが，日本は，憲法の精神を現実に生かしていく法制度の変化はきわめて緩慢で，新たな人権を確立し，国家の責務を規定していく動きは，遅々として進まなかった。実際，国際的な潮流に後押しされながら，女性，障害者などの弱い立場におかれた人々の権利を確認していく動きが始まったのは，20世紀の末でしかない。こうした人々の動きを可能とする，情報公開などの行政の透明性を確保する動きも遅かった。情報公開法が施行されたのは，2001年のことであり，米国と比べれば30年以上も

遅れている。

　人権とは，社会的な合意として確認されていくものである。現代社会において，合意を作る方法は，民主的な議論を積み重ねながら法を作るという手法しかない。戦後の憲法は，表現，報道，結社などの自由を保障し，普通選挙制と法の支配を確立するなど，民主主義の制度的な基盤を作った。だが，こうした制度は入れ物であり，そのなかで，「人間の尊厳が同じ価値をもつ」という理念に基づいた議論が行わなければ，人権，とりわけ少数派の尊厳のための法は進まない。日本の弱さはここにあったといってもよい。

　人権基準を作り出す力をもたない社会では，力で問題を解決するしかない。このため，個別の人権問題の解決は，もっぱら差別を受けた当事者の運動の力にゆだねられていった。当事者の運動や，憲法の規定の実現を求める裁判闘争，人権基準の確立や差別の廃絶を求める運動は，国際社会の動向を反映しつつも，日本社会に影響を与えていった。以下，その成果と課題をみていこう。

4　差別とのたたかいと人権政策

　戦後の日本で人権の課題として取り上げられてきた問題の多くは，少数者（社会の中で弱い立場におかれた人々）の権利である。こうした人々は，日本の「文化」や歴史背景のなかで，周辺におかれ，同じように尊厳をもって生きる権利を奪われてきた。

　こうした少数者としては，まず被差別部落の人々があげられる。被差別部落に住む人々は，江戸時代に制度化された身分制度に基づく差別により，劣悪な住環境や就職，教育面での困難を抱えていた。さらに，旧植民地の人々，とりわけ在日コリアンの人々も忘れてはならない。彼ら・彼女らも，部落の人々と同様に，周辺的な位置を押しつけられ，さらに法的な差別も受けた。難民，外国人労働者なども社会的な排除を受けてきた人たちである。アイヌ民族も，明治維新以降の同化政策のなかで民族性を奪われたうえ，就職，結婚などの差別の対象となっている。障害者やハンセン病快復者の人々も，社会から排除されてきた人々である。さらに，女性は，雇用，昇進などで不利な立場におかれた

うえ、家庭でも過大な家事を負担し、選択を狭められた。家庭のなかで夫の暴力を受けた場合も、警察が取り合わず、家庭内暴力（ドメスティック・バイオレンス）の犠牲になることがあった。性的指向による差別も厳しいものがあり、社会的な差別のほかにも、警察による嫌がらせの対象となっている。犯罪容疑者も、警察に対してきわめて弱い立場になるため、人権を真剣に考えなくてはならない人たちなのだが、日本は、世界でも数少ない、23日の拘禁が可能な国であり、えん罪の温床となっている。

こうした少数派の人々の人権侵害については、差別を受けた当事者たちが自ら立ち上がり、政府の政策の変更を求めていった。以下、いくつかの例をみてみよう。

◇部落差別と同和対策事業

戦後、人権の問題として比較的早くから取り組みが始められたのは、被差別部落の問題である。被差別部落とは、江戸時代の身分制度に起源をもつもので、1871年（明治4年）に解放令が出されたにもかかわらず、被差別部落に住む人々は、実質的な就職、結婚における差別や、悲惨な居住条件に苦しめられていた。1922年に被差別部落の当事者たちにより水平社が作られ、差別とたたかう運動はなされていたが、本格的な「政策」が始まったのは、戦後、それも1965年に同和対策審議会答申が出された後である。

同和対策審議会は、全国の部落の状況を調査し、高校進学率が、一般地区の半分で30％、生活保護受給世帯が7.1％と倍、正規雇用の仕事に就いている者が圧倒的に少ないことなどを明らかにした。

同審議会の答申（以下、同対審答申）は、「部落差別とは、ひとくちにいえば、市民的権利、自由の侵害にほかならない。市民的権利、自由とは、職業選択の自由、教育の機会均等を保障される権利、居住および移転の自由、結婚の自由などであり、これらの権利と自由が同和地区住民にたいしては完全に保障されていないことが差別」とし「同和地区に滞溜する停滞的過剰人口を近代的な主要産業の生産過程に導入」する必要があるという認識を示す。具体的には、以下の5方面において政策をとるよう政府に求めた。

Ⅱ 政府の政策を斬る

① 環境改善に関する対策（立地条件，住宅改良，隣保館，保育所，診療所，集会所など）
② 社会福祉に関する対策
③ 産業・職業に関する対策
④ 教育問題に関する対策（同和教育，進路指導，就学支援など）
⑤ 人権問題に関する対策（実態把握，法的規制による司法的救済，人権擁護機関）

この答申を受け，同和対策事業特別措置法が1969年に成立，いわゆる同和対策事業が始まる。部落の当事者からなる運動体は，この法律を活用し，同和地域の指定を受けた場所に対して，地域の改善，教員の増員など，さまざまな政策を実現するよう要求していく。多くの自治体は，同和対策を所轄する部門を設置し，事業に取り組んでいった。この結果，地域の環境は大きく改善された。

だが，この法律は，同対審答申で求められた環境改善，社会福祉，職業，教育の前4つの項目には対応したが，差別の法的規制や司法的救済を求めるものではない。むしろ，同法は，第3条で「すべて国民は，同和対策事業の本旨を理解して，相互に基本的人権を尊重すること」とし，差別の問題は市民相互の問題であり，国は基本的に関係ないという姿勢を示している。

政府の無策のなか，中心的な運動団体である部落解放同盟は，差別者との会合を通じて，意識改革と政策の実現を求める「糾弾闘争」という手法で，差別問題に取り組んだ。部落解放同盟は，糾弾会が「つるしあげ」とか「報復」ではなく，差別事件の背景を分析し，行政への要求を作り上げる場とする。他方，法務省は，こうした糾弾会が，①人権への配慮を欠けたものとなる可能性を本質的にもつ，②弁護人的役割を果たす者がおらず，公正・中立性が望めない，③謝罪行為が恣意的に求められる，などを問題としている。

なお，こうした問題を指摘をする法務省だが，では「人権への配慮がされ，公正・中立で，適切な救済が得られる」救済手段を用意したかというと，そんなことはない。1965年の同対審答申でも，「差別の法的規制」や「人権擁護機関」が必要と指摘されているほか，国連の規約人権委員会などでも，幾度も指摘されている問題点だが，まだ修正されていない。現在，法務省が中心となっ

て人権委員会を設置するための人権擁護法案が作成されているが、法案には独立性、公正さ、マスコミへの不当な関与が考えられることなど、多くの問題を抱えている。

なお、同和対策事業には国の補助金が出されたため、各地で住宅改良事業などにつながっていった。その結果、現在、同和地区の環境は改善をみたが、透明性の低い自治体行政のなかで、一部の幹部との癒着などの問題も引き起こしている。

◇外国籍住民の人権

1965年の同和対策審議会答申は、「世人の偏見を打破」するため、「同和地区の住民は異人種でも異民族でもなく、疑いもなく日本民族、日本国民である」とわざわざ断り書きを挿入している。これは、当時の人権認識をよく示す文章でもある。人権の視点からは、「異人種・異民族であるという偏見」だけではなく、人種、民族、社会的出自などにより扱いを変えるという考え方自体の問題を指摘する必要があるが、そうした考え方は示されない。国連において、人種差別撤廃宣言が採択されたのは1963年であり、「人種、皮膚の色または種族的出身を理由とする人間の差別は、人間の尊厳に対する犯罪」であることが、国際社会では確認されていたが、当時の日本は「日本民族」であるということを人権に関する文書で強調する段階にあったということである。この考え方の裏返しは、もちろん「日本民族、日本国民」でないとされた人々の人権の軽視であった。

とりわけ、外国籍をもつ人々に対しては、入居差別、就職差別だけではなく、法制度に基づく差別的な取り扱いもされていた。たとえば、さまざまな法律のなかに規定されていた国籍条項がそれである。住宅金融公庫、公営住宅、公団住宅などは、対象を日本人に絞っており、同じ日本に暮らし税金を払っている外国人には提供されていなかった。これは、とりわけ旧植民地出身者にとっては深刻な問題であった。日本による占領と植民地化、強制連行、戦後の分割、朝鮮戦争などの多くの苦悩のなかで、日本に残った（もしくは逃れてきた）在日コリアンの人々は、同じように日本に暮らしながらも（そして、場合によっては

日本で生まれながらも），国籍が違うということで，こうしたサービスの提供を受けることはできなかった。

　この条項がなくなったのは，国際社会の影響を受けてのことである。まず，1979年に，日本は2つの国際人権規約を批准するが，そのなかで，内外人平等原則を受け入れざるをえなくなったのである。さらに，1982年に日本政府は，難民条約批准にともない，児童扶養手当，国民健康保険，国民年金などの国籍条項を撤廃することとなった。国籍条項は次第に撤廃が進み，当初は認められなかった公務員の仕事も，1980年代以降次第に，権力の行使に直接かかわらないなどの一定の条件を下に，認められるようになっていく。だが，現在でも主要先進国ではあたり前となっている地方自治体の選挙権が得られないなど，まだまだ制限は強い。

◇アイヌ民族

　明治時代になって，日本の統治システムに組み込まれた北海道の先住民族アイヌ民族は，日本の同化政策の対象とされ，尊厳を踏みにじられてきた。

　1899年の北海道旧土人保護法により，「保護」の対象となったアイヌ民族の土地は奪われる。狩猟・サケ漁は禁止され，その代わり，アイヌ民族には，1戸あたり150坪の土地（和人に与えられた土地の100分の1）が与えられ，農耕生活を強いられた。同時に，小学校での日本語・修身教育が行われ，同化が進められていく。文化的な民族絶滅政策がとられたのである。アイヌ民族の伝統的な文化は，戦後も尊重されない。1986年には，中曽根康弘首相（当時）が「日本は単一民族国家である」旨の発言をしており，少数民族の存在がいかに軽視されていたかがよくわかる。アイヌ民族が少数民族として独自の権利保護を求めることができる存在であるという事実を，政府はながらく認めようとしなかった。

　こうした状況を変えていったのは，北海道ウタリ協会を中心とする当事者の団体である。北海道や政府への申し入れを通じ，次第にアイヌ民族の存在を認めさせ，その権利を少しずつ実現していった。同時に，アイヌ民族の聖地である二風谷におけるダム建設に反対する訴訟，アイヌ民族出身の女性の肖像権に

かかわる訴訟などを通じて，権利確立のたたかいが行われていく。1997年に札幌地裁で出された二風谷訴訟の判決においては，すでにダムが建設されていたため，聖地を守ることはできなかったが，「国が先住少数民族の利益に対し特に十分な配慮をすべき責務がある」ことなどの確認を得ている。

　こうした動きを支えていたのは，またしても国際的な動きであった。その舞台となったのは，国連の人権小委員会[2)]におかれた国連先住民作業部会である。先住民族団体の発言が許されたこの場には，毎年100～200もの先住民族団体が集まり，先住民族の状況を訴え，先住民族の権利宣言の草案についての議論に参加した。同時に，オーストラリア，カナダなどでは，先住民族の土地などへの権利を認める政策が進められていった。

　日本では，内閣官房長官の私的諮問機関「ウタリ対策のあり方に関する有識者懇談会」が1996年に答申をまとめ，アイヌ新法制定の議論が始まる。1997年にはアイヌ文化振興法が作られることとなる。なお，この法律は，アイヌ民族の先住民族としての権利に言及しているわけではない。目的として，「アイヌの民族としての誇りを尊重される社会をめざす」とするも，奪われてきた権利を補償するものでも，今後の差別から尊厳を守るものでもないことは，念頭におく必要がある。

　アイヌ民族に対する社会的な差別は今なお深刻で，1999年の調査で，12.4％のアイヌの人が直接差別を受けた経験をもつとしている。大学進学率は，全国平均の半分の16.1％である。今後も，人権の保障のための取り組みが求められている。

◇障がい者の権利

　同対審答申は，「同和地区に滞溜する停滞的過剰人口を近代的な主要産業の生産過程に導入することにより生活の安定と地位の向上をはかることが，同和問題解決の中心的課題」であるとしている。この裏には，経済主義的な発想が読み取れる。つまり，生産的ではない人たちが尊厳をもって生きる権利には，目がくばられていなかったのである。これまた当時の日本政府の人権認識の限界を顕著に示す。

Ⅱ　政府の政策を斬る

　こうした人権意識からは，生産的な存在としてみなされなかった「障害者」政策が進まなかったのはあたり前かもしれない。事実，日本では，障害者は施設に収容され，保護される存在として扱われがちだった。

　たしかに新憲法の下で，「福祉」という枠組みでは，障害者の問題は扱われるようになり，1950年に障害者福祉法が生み出されている。だが，「福祉」が権利の保障のためではなく，哀れみや同情に根ざしている場合は，人間の尊厳を支えない。人間の尊厳の前提は，一人ひとりの主体性を尊重し，自己決定権を認めることにある。障害者への哀れみは，障害者を「弱者」と決めつける視点から生まれる。むしろ，障害者があたり前に社会に参加できるよう，社会に存在する障害を撤廃する必要がある（こうした視点は，ノーマライゼーションと呼ばれており，これを最初に法律のなかで定式化したのはデンマークであり，1959年のことだった）。

　たとえば，脚の障害を考えてみよう。たしかに，歩けなければ不自由なことはあるだろう。しかし，それが生活の障害と感じられるのは，段差や，車いすが入れないトイレにぶつかったときである。つまり，主要な障害は，体にあるのではなく，むしろ社会にあるということになる。考えてみればあたり前だが，こうした視点が日本社会に根づくには，長い時間とたたかいが必要だった。

　たとえば，有名な事件に1973年の大阪環状線福島駅のプラットホームから視覚障害者の大原隆さんが転落，両足を切断することになった事件がある。この事件について，点字ブロックがあれば転落は防げたはずとして，大原さんは国鉄（当時）を訴えている。残念ながら，1986年の最高裁判決で敗訴したが，この裁判は社会に対する1つの警鐘となった。日本では2000年に交通バリアフリー法として結実し，やっと，交通の面でのノーマライゼーションの一歩が始まった。

　障害をもつ人々がぶつかった社会の障壁には，「欠格条項」と呼ばれる条文がある。これは，資格を取るときに，自動的に障害者を排除する条文で，必ずしも合理的な根拠をもたないことが多い。個別にその資格に必要な能力と障害の程度を照らし合わすべきだが，そうはなっていなかった。これについても，障害者団体の働きかけの結果，1999年に，政府が欠格条項の見直しの検討を

表明，その後，ある程度進捗はみられている。

　障害者に対する法律も，1993年に大きな変化を遂げた。「障害者の尊厳」の尊重を謳う「障害者基本法」が，前身の心身障害者対策基本法から発展的に生まれることとなったのである。ただ，この法律も，障害者の権利とそれに対応する国家の責任を明示していないため，障害者権利法とはなっていない。

5　求められる人権の主流化と国内人権機関への期待

　戦後の日本では，敗戦とともに獲得した憲法により，最も基礎的な自由権は制度化されていった。残された少数派の権利に関する政策は，その後，当事者の努力と国際社会の動きのなかで，少しずつ実現していく。だが，この過程で，本当に日本社会で人権が確立していったのか。

　残念ながらそうではないようである。少数派の人々の人権にかかわる政策は，微妙に，「権利」という言葉や国家の責務という言葉を避けながら進められていく。同和対策事業促進法にみられたように，人権尊重を「国民相互の責務」として位置づけ，国家はなるべく責任を回避しようとする姿勢は，その後も一貫している。本来，社会で確認した「人権基準」に基づき，一人ひとりに与えられた権利を，国家が実現するという関係を作ることにより，より公正な社会の基盤を作るはずの人権なのだが，日本では，人権は必ずしもこうしたものとしては扱われていないのである。

　この結果，人権は，「権利」ではなく，限りなくマナーや恩恵に近いものとして扱われることになった。そもそも権利とは，権利をもっているものがその実現を要求できるものでなくては，権利と呼ぶ意味はない。要求できるということは，①人権基準の違反があったときに，その救済を求めることができる実効的な制度が存在していること，②人権基準の実現のために，国家が積極的な措置を求められるときには，最低限，権利実現の責務をもっているものが，それに対してどのように実現しているのかを説明する義務があるということ，である。権利と救済・説明責任は表裏一体の関係にある。これらが保障されなければ，単なる「上からの施策」や「恩恵」になる。だが，すでに述べたように，

日本では差別被害者が簡単に使うことのできる救済の道筋はつくられていない。現状では，差別の被害者は，自らのお金と時間を費やして，裁判でたたかわなくてはならないのである。

◇求められる独立した国内人権機関

　こうした状況を変えるために特に重要なのが，①社会的差別を禁止するための立法と救済機関，②政府の政策を人権の視点から評価し，政策提言を行うことができる独立機関の設置，である。

　こうした機関は，現在，世界各地で作られており，国内人権機関と呼ばれている。北欧では，さまざまな課題別のオンブズマンが設置されており，米国では，機会均等委員会が似たような機能を果たす。オーストラリアでは，人権委員会が人権侵害事件の救済と政策提言に従事している。韓国をはじめとして，アジア各国でもこうした機関はつくられつつあり，日本は人権保障の制度という視点でみれば，もはや後進国になりつつある。

　たしかに，日本でも人権委員会を設置するための人権擁護法案が作られているが，現状ではさまざまな問題がある。①メディア規制を視野に入れており，言論の自由を損なう可能性があること，②人権侵害の定義があいまいであり，恣意的な運用がありえること，③難民認定，被疑者の取り扱いなどが，人権侵害の当事者である法務省におかれること，④政策提言機能がないこと，である。国連では，国内人権機関のあるべき姿についての提言「パリ原則」を1993年に確認しており，そのなかで，①政府への提言機能，②独立性などを強調しているが，人権擁護法案は，こうした原則に適っていない。

　多数決の原理で動く国会は，少数者の権利については機能不全に陥りがちである。人間の尊厳という視点で政策を分析し，個別事件の救済にもかかわることができる独立した人権機関の設立が，何よりも求められている。

6 おわりに——国家のための人権から，人権のための国家に

　歴史をさかのぼるならば，人権確立の歴史は，抑圧された人々の尊厳を求め

る渇望の結果であると同時に，国家の自己の体制保持のためでもあった。日本にしても，明治政府が身分制を解体したのは，それが富国強兵の基盤となると考えたからであろう。フランス革命後に軍事大国を生み出したナポレオンへの畏怖が，多くの啓蒙君主を生み出したのも同じ理屈である。しかし，人権の前提にある「人間の尊厳の等しさ」という理想は，人々の立ち上がりを促し，次第に，人々が社会の主人公であるという考え方を広げていった。

ただ日本では，戦後も，国家の都合により「人権」が与えられてきた。個々の政策が，一人ひとりの尊厳の実現のためではなく，とりあえずの要求に応える「対策」として行われれば，人権への信頼は高まらない。政府の人権軽視の姿勢は，国際関係においても顕著だった。日本政府は，自国が第二次世界大戦中に荷担した人権侵害について，いかに責任を回避するかのみを真剣に考えてきた。戦後も，他国の政府が侵す人権侵害に寛容で，多くの権威主義的，あるいは独裁的な政権を，政府開発援助（ODA）により支えてきた。他国で人権侵害を受けた難民申請者の受け入れにも冷淡である。北朝鮮による拉致問題をきっかけに，急に人権の重要さに気がついたのだが，「人権が重要と言いながら，自国民の問題しか取りあげようとしない」との国際的な批判も受けている。残念ながら，これが，拉致問題解決への国際的な支持を十分に得られない原因の1つともなっている。

このような日本政府の「人権政策」の過程からみえるのは，日本の市民社会が人権の役割を理解し，その形成に積極的にかかわる力を奪われてきたということである。人権は社会全体の課題であるべきなのだが，その問題の解決は，ほぼすべて差別を受けていた当事者と，国際社会の圧力に任されてきた。人権が正当に要求してよいことというよりも，まるでマナーのように，「配慮しなくてはならない」ものとして教えられるなかで，人権は，私たち自身がつくってきた「自分たちの社会」の共通の原則であるという認識は生まれなかった。

たしかに，戦後，日本社会は大きく変わった。今，「エタをエタと言って何が悪い」というような暴言を，日常的に耳にすることはない。かつてのような，あからさまな差別が社会に受け入れられるような状態ではなくなったのは，間違いない。人間が等しく尊い存在であることなどの基本的な価値観は，少しず

Ⅱ　政府の政策を斬る

つ浸透している。だが，戦後変わらなかったこともある。それは官への依存であり，自律する力の欠如である。これが，人権の定義を国家に任せ，人権を「マナー」のように扱うことを許してきたのである。

　私たちは，社会の主人公であるはずである。主人公だからこそ，選挙権，言論の自由，結社の自由など，この社会のあり方を決めるさまざまな権利を与えられている。人権は，そうした権利を保障するものであると同時に，同じ社会の一員の尊厳を守るために，私たち自身がつくり出していかなくてはならない基準なのである。

〈注〉
1）「市民的および政治的権利に関する国際規約（自由権規約）」「経済的，社会的および文化的権利に関する国際規約（社会権規約）」という2つの規約からなる。
2）国連人権委員会（現在は廃止，人権理事会に）の下に設置された専門家委員会。

〈参考文献〉
江橋崇・山崎公士編著『人権政策学のすすめ』（学陽書房，2003 年）
北口末広『人権社会のシステムを——身元調査の実態から』（解放出版社，1999 年）
人権フォーラム 21 編『21 世紀日本の人権政策——人権フォーラム 21 の提言 pt.2』（人権フォーラム 21，2000 年）
外国人人権法連絡会『日本における外国人・民族的マイノリティ人権白書　2006 年』（外国人人権法連絡会，2006 年）
大谷恭子『共生の法律学（新版）』（有斐閣選書，2002 年）
日本弁護士連合会編『日本の人権——21 世紀への課題——ジュネーブ 1998 国際人権（自由権）規約第 4 回日本政府報告書審査の記録』（現代人文社，1999 年）
有道出人『ジャパニーズ・オンリー——小樽温泉入浴拒否問題と人種差別』（明石書店，2003 年）
上村英明「アジアにおける先住民族の権利確立に向けて——先住民族の権利に取り組む国連人権機構の歴史と現状」アジア・太平洋人権情報センター編『アジア・太平洋人権レビュー 1997　国連人権システムの変動——アジア・太平洋へのインパクト』（現代人文社，1997 年）

Ⅲ
平和創造と主体形成

　平和学には，社会構造を明らかにし，「暴力」の除去をめざすと同時に，「平和」の担い手を育てていく役割（平和教育）もある。そこで，第Ⅲ部では，これまでの平和教育がなしえたこと，なしえなかったことを総括的にまとめるとともに，日本オリジナルの「平和学」の特徴として，「非暴力」の精神が憲法に明記されていることに着目し，日本国憲法の発するメッセージを世界にどのように発信していくかについて，言及する。現在，憲法「改正」の動きが加速化しつつある中で，私たちが次世代に引き継いでいくべきものは何かを考えるきっかけとして，自らの考えを培ってほしい。

第9章
戦後日本の平和教育

1 はじめに

　平和の主体形成をめざす教育とはどのようなものであろうか。戦後すぐの1947年に制定された教育基本法と比べて，2006年12月に改正された教育基本法では，平和の価値づけが後退している。改正前の前文に「真理と平和を希求する人間の育成」とあったものが，「真理と正義を希求し……人間の育成」（傍点は筆者）と変更されている。ただし，今回の前文に「我が国の未来を切り拓く教育」との記述が付け加えてあるので，本章では，平和教育により日本の未来を切り拓く方法を探る。

　「平和教育」という用語は，学校で行われる平和についての教育を指すものとして，一般に用いられている。学校においての平和教育は，授業，道徳，学校行事などで行われる。ただし，平和教育は，学校のなかだけでなく学校外でも行われている。それゆえ本論では，平和教育を「学校の内と外において行われる平和についての知識の習得と，平和的態度や技能の形成」と規定する。

　学校の外では，家庭や地域社会やマスメディアにより，平和教育が行われる。そうした平和教育には，保護者からの話，平和資料館や博物館への訪問，平和の記念式典や音楽コンサートなどへの参加がある。また，戦争について報道するテレビや新聞やインターネット，映画やビデオなどの視聴の影響も大きいといえよう。

　1990年代後半に入って，平和教育に対して偏向教育といった批判や，平和

Ⅲ 平和創造と主体形成

教育が自虐的であるという批判が行われるようになった。「平和教育のパラダイム転換」が必要との主張もあり、反戦平和教育離れがはかられている（高橋1997）。また、漫画家の小林よしのりによる『戦争論』（幻冬社、1998年）が若者たちに多く読まれ、それは過去の戦争を問い直す方向に影響を、及ぼしている。「反戦平和教育」が「共生平和教育」へと移行し、「包括的平和教育」がめざされているなかで、従来の平和運動が主張してきた「戦争を絶対に許さない」という訴えが政治的力を低下させつつある。

そうした現状を問題視する立場から、戦争に反対するとともに平和形成の主体を育てる平和教育について考えたい。

2 平和教育の戦後の展開

◇歴史的展開

戦後の日本の平和教育では、戦争についての教育の占める割合が非常に大きかった。人々に教えられる戦争題材を分類し、所属集団が「肯定的に」評価する戦争題材と、「否定的に」評価する戦争題材の2つに分けて、以下考察する。①肯定的に評価する戦争題材とは、国にとって栄光の、隆盛を示す、あるいは誇りや祝福の対象となる戦勝であり、または敵の侵略や占領への抵抗や解放のための戦争である。②反対に、否定的に評価する戦争題材とは、国にとっての恥辱となる敗戦、大きな被害をもたらした戦争被害、あるいは、自国民による反省が必要な戦争加害や戦争犯罪などである。

そのような分析視点から、日本の平和教育は戦後どのように展開してきたかをみていく。日本がアジア太平洋戦争を行ったという歴史から、日本の平和教育は、大きな影響を受けている。第二次世界大戦で負けたことにより、戦争について「肯定的に」教える戦前・戦中の軍国主義的な教育内容は、戦後は占領軍により取り除かれた。敗戦後に制定された日本国憲法と教育基本法が法的規範として、日本人の平和意識の形成に対して、強い影響を及ぼしてきた。その意味で、日本国民の反戦平和主義的な性向は、敗戦後に制定された憲法と教育基本法により方向づけられたといえよう。

1947年版と1951年版に発行された試案としての学習指導要領社会科編に，「平和への教育」を行うための教育内容が記載されており，その初期社会科に，平和教育の原初的形態をみることができる。たとえば，1951年版では中学3年生社会科の指導内容として「平和への教育」の学習活動の例がアイデア豊かに提示され，次のような学習内容を示す。①過去に起こった，そして未来起こるかも知れない戦争の被害。②争いの原因と，それの平和的解決方法。③人類と日本国民による平和への努力。この③については，「平和のために努力した人々や団体の業績を尊敬する」態度が養われているかが評価されると書かれている。

米ソを中心とする東西両陣営間の冷戦構造の下で，日本の隣で生じた朝鮮戦争（1950〜1953年）が，平和問題を日本国民にとって対処すべき緊急な課題とした。日本教職員組合（日教組）により1950年頃から「平和教育」の用語が使用されるようになり，日本の学校における平和教育への組織的な取り組みは50年代に始まった。1951年の日本独立後，広島と長崎の被爆状況が報道されるようになる。1954年のビキニ水爆被災事件後に国内で反核平和運動が広がっていくなかで，被爆実態の報道が盛んになっていった。

1960年代には，教室の小・中学生達は全員戦後生まれとなり，戦後15年以上が経ったという年月の影響を受けて，戦争体験の風化が進む。戦争風化は高度経済成長により促進され，空襲の焼け跡に戦後即席に建てられた建物は取り壊されて新しいビルが建ち並び，戦争体験を想起させるものが人々の目の前から消えていった。日教組は文部省による教育の中央集権化に対抗する政治運動として，教育の民主化を要求する教育運動を展開し，政治的対立が続いた。

1970年代に入ると，戦争体験の風化への危機意識から，まず原爆被爆体験を継承する平和教育実践運動が広島と長崎から始まった。それを起点として都市空襲の体験など戦争体験を継承する平和教育が日本各地の教育現場に広がっていく。平和教育実践に向けた組織的支援態勢づくりは，原爆被爆教師の会全国連絡会（1971年結成）や日教組の全国教育研究集会における分科会活動などにより，70年代前半に行われた。広島市では『平和教育の手びき』（広島市教育委員会 1972）が作成された。70年代後半に，広島・長崎の平和博物館への子

どもの団体入館者数が急増しており，両市への修学旅行生が増えたことがわかる。

　戦争体験者が次第に減少するなかで，1970年代中頃から90年代中頃までにかけて，戦争題材を展示する平和資料館・博物館が日本各地に開設された。1980年代以降の学校における平和教育の実践は，道徳，社会や国語などの教科，映画会や修学旅行などの特別活動で実施されている。文部省による歴史教科書検定が国際問題化した1982年の教科書問題以降，平和教育で戦争加害が着目され，南京虐殺や強制連行や慰安婦問題など，アジア諸国への侵略行為が部分的ではあるが，学校教科書の題材として，また平和博物館の展示内容として取り入れられてくる。

　1990年代はポスト冷戦期であり，東西冷戦の終結により大規模な核戦争が起こる危険性が低下したので，反核運動が下火となり，反核平和教育への関心は少なくなった。他方，欧米においては「民主制度」を普及させることによって平和を実現しようとする民主的平和論が広がるなかで，民主主義と人権のための教育が平和教育の中心的課題とされた。1990年代後半は，ユネスコなどの国際機関において，平和・環境・人権・開発・貧困など世界的課題が着目され，そうした課題に対応するかたちで「平和の文化」を育む教育がめざされるようになる。平和の文化の形成においては，構造的暴力のない積極的平和がめざされ，環境，開発，共生も含めた「包括的平和教育」へと平和教育の概念が広がった（リアドン 2005）。

　日本国内では，保守化の流れを受けて，1999年に国旗・国歌法案が成立した。2006年にはそれまで審議されてきた教育基本法の改正案が可決された。1999年にオランダのハーグで「21世紀の平和と正義のためのハーグ・アジェンダ」が採択された。しかしその後，2001年にアメリカ同時多発テロ事件が起こり，テロを防ぐ名目で戦争が正当化され，アフガニスタン攻撃やイラク戦争が行われ，21世紀も「戦争の世紀」として始まった。中東では自爆テロと報復攻撃という暴力の連鎖が止まらず，イギリスやタイで爆弾テロが起きている。こうした世界状況の下でハーグ・アジェンダを実行するために，「戦争をなくすための平和教育」の広がりが重要な課題となっている（リアドン 2005）。

第9章　戦後日本の平和教育

◇平和教育の実施状況

　平和教育は，日本では現在どのようなかたちで実施されているのであろうか。平和教育実態についての2005年の兵庫県での調査によれば，小・中学校の平和教育の題材は，「広島・長崎の原爆」が取り上げられることが最も多く，回答校の77％あり（複数回答），続いて「空襲による被害」，そして住民を巻き込んだ地上戦の「沖縄戦」などの戦争被害である（兵庫教育文化研究所平和教育部会 2006）。また，「アジアへの戦争加害」も取り上げられている。このように兵庫県の平和教育で取り上げる題材は，日本の過去の戦争題材が多い。一方で，平和教育において人権問題，クラス内の対立の非暴力的解決，在日外国人との共生，環境問題といったより広い平和教育の題材を扱う学校も多い。

　平和教育を実施する教育場面としては，兵庫県の小学校・中学校ともに，回答が多い順に，「道徳」「総合的な学習の時間」「教科」と続いている。道徳では「生命の大切さ」や「偏見や差別をなくすための学習」として実施されている。総合的な学習で平和題材を扱うときは，「学年としてまとまって」扱う場合が多い。教科の中では社会（回答校の92％で選択）と国語（61％）が，平和教育を実践する中心的な教科となっている。学校行事での平和教育の実践は，修学旅行の割合が高い。修学旅行の行き先については，回答した兵庫県の小学校の38％が広島に行き，中学校では29％が沖縄，12％が長崎に行っており，修学旅行を通じた平和教育（平和博物館・平和公園訪問など）を行っている。

　平和教育を実施するうえでの大きな障害は4つあり，回答が多い順に，カリキュラム上の位置づけがはっきりしない，教材や資料が不足している，教材研究や準備の時間がない，授業時間に入れる余裕がない，などである。平和教育実践をさらに広げていくためには，そうした障害への対応策が必要である。

◇教育的自由

　日本の平和教育において，戦争被害が教えられてきた一方で，戦争加害が適切に教えられていない側面があり，戦争加害の教え方が確立しているとはいえない。戦争被害については，体験者からの証言を見聞きすることが多いが，戦争の加害については，「語りたがらない」壁が立ちはだかっている。今の子ど

Ⅲ　平和創造と主体形成

もたちのなかに，日本が第二次世界大戦で行った戦争加害について詳しく知っているものは少ない。

　戦争加害や戦争責任の題材は，自国イメージの形成と愛国心養成とにかかわる題材なので，戦争の公的記憶のあり方として議論され，推進派と批判派の両勢力から政治的規制を受けてきた。自国中心主義的（エスノセントリック）な人々は，自国が犯した戦争加害についての歴史に言及することが，愛国心を傷つけるように作用するのではと心配する。日本軍による戦争加害を教科書に記載することに対しては，保守的ナショナリズムを志向する側から，教科書の記述を減らすようにと規制が加えられてきた。しかし，戦争加害の歴史的事実はいつまでも残るわけで，歴史教科書のなかで史実を書くことが重要であり，子どもたち自身が，自国を客観的に評価する学習機会を保障し，子どもたちの歴史をみる目をより公正なものにする必要がある。

　記憶することこそ戦争を防ぐ第一歩だといわれる。これは，戦争の惨禍（被害）を知ることによって二度と過ちを繰り返さないというだけでなく，国家による間違い（他国や自国民への加害）を指摘し語る教育的自由は平和を守る道である，ということも意味している。平和主体を育てる平和教育では，教育側の主張に沿った内容のみを取り上げて学ばさせようとするのではなく，子どもたちが平和問題を多面的に考察し，批判的に判断できる思考力を育てることが重要である。戦争の教え方としては，教える側の先入観を抑えて，より正確に戦争の実態と展開を教えることが平和教育の基本といえよう。

3 日本の平和教育の特性

◇戦争記憶の形成

　戦争についての教育では，戦争題材について知識が教えられるだけでなく，イメージをともなって戦争題材が教えられることが多い。特定の戦争題材が，集団的体験として，教育の主体から客体に教え伝えられ，戦争の知識と一緒にイメージが集団成員に共有されて，その戦争題材は集合的記憶としての戦争記憶になる。そのプロセスは，「既に忘れられたはずのことを思い出し，記録し，

自分が経験したかのように『記憶』する人々を増やす」ことといえよう（藤原 2001：38）。

　集合的記憶として集団成員に共有された戦争記憶は，次のステップとして，平和や戦争問題についての社会意識（集団的意識）に影響を及ぼしていく。つまり，集団成員が過去の戦争についてどのような集合的記憶をもっているかが，その集団成員の平和意識に影響を及ぼしていると考えられる。それゆえ，何を戦争題材として選択するかは，次の世代にどのような戦争記憶を形成し，いかなる社会意識を形作るかの見通しに基づいており，その選択には教育主体者側（教師，国家，マスメディア）の意思が働いている。

　一方で，集団成員が共有する戦争記憶に対しては，年月の経過により風化作用が働く（忘却）。その風化に抗して，過去の戦争を記念する集団的作業が行われており，戦争についての教育は，風化を防ぐ活動の1つといえよう。また，集団が持つ戦争記憶に対して，誇張，粉飾，抑圧，除去などの集合的記憶の操作が行われる場合がある。とくに国家レベルで自国の戦争史を形作ろうとするとき，学校教育で扱う戦争題材の恣意的選択や，国民の戦争記憶の操作が行われる。公的戦争記憶の形成には，教育主体者の立場の違いにより，公的戦争記憶の何を残し，保持するかにおいて，勢力争いが生じている。このような仕組みの下で，平和教育は公的戦争記憶の形成に深くかかわってきた。

　日本で教えられてきた否定的な戦争題材の内容には次のようなものが含まれている。家族・友人・知人との死別や離別，食糧不足と栄養失調死，戦闘・空襲による身体的障害と後遺症（放射能障害も含む），精神的障害，家族離散，戦場の惨めさや残酷さ，不十分な医療，個人の夢や自己実現が不可能になること，空襲により動物園から危険な猛獣が逃げ出さないように事前に猛獣の殺害，残留兵器による事故（機雷，地雷，不発弾，毒ガス兵器），外地での抑留や引き揚げ，アジア諸国への侵略行為，労働者の強制連行などである。

◇戦争についての教育

　戦争についての教育は，多くの国では平和主義的な態度を形成しようとしているのではない。自国にとって肯定的な戦争題材が，多くの国の歴史教育や軍

事博物館で教え伝えられている。肯定的な戦争題材を教える機能として、次のものがある。戦争記念式典や軍事博物館などで、国家のために戦争で命を捧げた人々を追悼する（記念する）ことには、戦争殉職者を顕彰する働きがある。戦争殉職者の顕彰活動を通じて、国民の愛国心を育成して国家に対する帰属意識を高め、国防意識を養成することにつなげようとしている。

　歴史教育で、自国が勝利した栄光ある戦争の歴史を知ることにより、その国の一員であるという自尊心（国民的自尊心）を満足させる。同時に「戦勝国」という同一化する対象を提供することにより、ナショナリズム（国民主義や民族主義）を鼓舞する。つまり、自国の戦争勝利体験を想起してそれに満足することを通じて、国民としての連帯意識を形成しようとする。日本国内を含めて世界各地にある軍事博物館の機能として、祖国を守り侵略を許さない「正義の戦争」論（正戦論：just war）を肯定する意識や態度を形成する働きがある。

　多くの国の戦争についての教育では、自国の否定的な戦争題材が教えられることは少なく、肯定的な戦争題材について教えられることが多い。戦争についての教育が行われるとき、肯定的な戦争題材か否定的な戦争題材かのどちらが教えられるかで、子どもがもつ戦争観が異なってくる。

　戦争を絶対悪ととらえることが多い日本の国民性と、戦争を必ずしも絶対悪としない米英の国民性との違いが、平和教育の内容に違いをもたらしている。米英では、正義と自由を守るためには武力行使が必要なときもあるとの考えが広く国民に支持されるので、いかなる戦争にも反対する平和主義の考えに立つ反戦平和の教育は、国民の広い支持を得られない。

　それに対して、悲惨な戦争体験と被爆体験を有する日本では、子どもたちに核兵器の脅威に着目させ、戦争を防止し、世界平和を確立するための熱意と推進の態度を育てることが求められてきた。日本では学校の内と外の教育において、否定的な戦争題材の教育が多くなされてきたことによって、戦争を絶対悪としてとらえる平和主義的な戦争観が多くの人々に支持されており、反戦的な平和意識が人々に形成されてきたといえよう。これについては、次節で中学生の平和意識の実際をみていく。

第9章　戦後日本の平和教育

◇被爆状況の教育

　日本は広島と長崎の被爆体験を有するので，世界に核廃絶を訴える使命があるといわれる。第二次世界大戦中の2都市への原爆投下に対する評価は，日本と連合国サイドでは異なる。第二次世界大戦終了直前の原爆投下は，連合国の国民にとって，終戦当時は勝利のシンボルであった。現在でもアメリカ市民の多くは，2都市への原爆投下は戦争を早期終結に導き，連合国の多くの将兵の命を救ったと正当化する。一方，原爆による市民の無差別的な被害状況をよく知っている日本では，原爆投下は人道上許せない過ちであるとの考えが強く，過去および未来の核兵器使用を正当化することに反対である。一般に核保有国の国民の多くは，核兵器は自国の防衛のための必要悪であると考えるが，多数の日本人はそれは絶対悪であると考える（庄野ほか 1978）。

　現在の技術的に進歩した核兵器の破壊力を各国の学校で子どもたちに説明するとき，常に広島に投下された原爆の破壊力と比較して説明される。子どもたちは，ヒロシマの人的・物理的・社会的被害を学んだ後には，核兵器の破壊力をヒロシマ型の数倍，数10倍，数100倍としてイメージ化することができる。北朝鮮にも核拡散が進んだ現在，広島と長崎における原爆投下の歴史的事実，被爆実態の科学的データ，被爆者の証言などは，起こりうる核兵器使用の被害について，世界の人々に教え伝えるのに最も有効な方法の1つである。

4　未来の平和主体の意識

◇正義の戦争論と戦争放棄

　子どもの平和意識を探ることで，未来の平和主体の内面を知ることができよう。筆者が行った1997年調査と2006年調査から，日本の中学生の平和に関する意識の実態を探る。1997年調査は1997年1月と2月に実施し，有効サンプル数は東京都，京都市，広島市，那覇市の中学2年生1,154名であり，2006年調査は，2006年2月と3月に実施し，有効サンプル数は同上調査地の1,449名である（村上 2006）。

　まず，日本の中学生達は，戦争についてどのように認識しているのであろう

Ⅲ　平和創造と主体形成

図表9—1　日本は今後どのような戦争も行うべきではないか

回　答	1997年	2006年
思う	81.3	79.0
少し思う	3.7	7.3
あまり思わない	2.8	2.3
思わない	7.7	6.0
どちらともいえない	4.5	5.4
計	100%	100%

か。改正が目されている日本国憲法の第9条にかかわる自衛戦争と戦争放棄についての意識をまずみていこう。中学2年生に，「戦争の中には侵略戦争のように悪い戦争と，国を守るよい戦争（正義の戦争）があるという意見を，あなたはどう思いますか」と聞いた。97年調査ではそれへの賛成（「賛成」+「少し賛成」）は14％にすぎず，反対（「少し反対」+「反対」）が57％で，「どちらともいえない」が28％である。06年調査では賛成が13％，反対が54％で，「どちらともいえない」が32％である。2つの調査結果に大きな変化はなく，回答生徒の半数以上が，正義の戦争論を支持していないことがわかる。

　同じ中学生たちに，「日本は今後どのような戦争も行うべきではないと思いますか」と質問した。図表9—1に示すように，行うべきでないと思う（「思う」+「少し思う」）生徒は，97年調査では85％おり，06年調査でも86％とほとんど変わりない。回答生徒の大多数が，日本は今後どのような戦争も行うべきではないと考えており，戦争放棄の考えを支持しているといえよう。

　このように，日本の中学生は，正義の戦争論に半数以上が反対し，日本が今後どのような戦争もしないことを8割以上が支持している。平和主義を，正義の戦争論に反対し，どのような戦争をも行うべきではないという考え方であるとすると，1997年と2006年の調査結果から，日本の中学生達は平和主義的傾向がかなり強いといえよう。

　イギリスの中学生に対する筆者の同様の調査（2006年11月から2007年1月に実施，有効サンプル322名）によると，正義の戦争論に賛成するものが39％と日本の中学生（14％）より25ポイントも多く，英国が今後どのような戦争もしないことに賛成するものは52％と日本（86％）より34ポイントも低い。イギリスの子どもたちと比べて，日本の子どもたちの平和主義的傾向がわかる。

◇平和への貢献

それでは，中学生たちは平和な社会を形成することについて，どのように思っているのであろうか。図表9―2にみるよ

図表9―2 社会が平和であるために何かしたいと思っているか（2006年調査）

回答	男子	女子	全体
はい	63.7	79.5	71.5（1036名）
いいえ	36.3	20.1	28.5（ 413名）
計	100％	100％	100％（1449名）

うに，2006年調査で，社会が平和であるために何かしたいと思っているかの質問に，1,036名の生徒（71％）が，「はい」と答えている。「朝日中学生ウィークリー調査」でも，6割から7割の回答中学生たちが，平和のために何かしたいと答えていた（朝日学生新聞 1987-2000）。

次に，上記質問に「はい」と答えた平和貢献意欲ありの71％の生徒（1036名）に対して，その理由を聞いた。表9―3に示すように，最も多いのが「わからないけど，何かしたい」で，それを60％の生徒が選択している（複数回答）。中学生がしたい内容を順番にみていくと，「貧しい国への援助活動に協力する」（40％），「自然保護に協力する」（31％），「他の人と仲良く力を合わせ，いじめをなくす」（29％），「平和の大切さを人々に訴える」（23％）の順となっている。それらは，開発支援，環境保護，いじめをなくすなど，積極的平和の達成にかかわる内容である。

図表9―3 平和のためにしたいと思っていること（2006年調査）

（複数回答）

回答	男子	女子	全体
わからないけど，何かしたい	60.3	59.8	60.0
貧しい国への援助活動に協力する	34.2	<45.4	40.3
自然保護に協力する	34.8	>29.4	31.9
他の人と仲良く力を合わせ，いじめをなくす	26.8	31.2	29.2
平和の大切さを人々に訴える	19.6	<26.4	23.3
平和運動に参加する	13.9	13.8	13.9
その他	3.4	3.6	3.5
％の合計	193.0	209.6	202.1

注：この質問への回答数は全体で1031名。
　　＜，＞は男女のパーセントに5ポイント以上の差があることを示す。

上記質問に反対に「いいえ」と答えた平和貢献意欲なしの28％の生徒（413名）に対して，その理由を聞いた。最も多いのが「何をしていいのかわからない」で，60％の生徒がそれを選択している（複数回答）。続いて多いのが「考えたことがない」（48％），「自分一人でしても意味（効果）がない」（32％），「面倒なので，かかわりたくない」（23％），「大人がやるべきこと」（13％）などの回答である。

　これらは，平和社会形成を他人任せとした消極的回答である。現在の日本は，国内に武力紛争がなく，人種民族的緊張もほとんどないので，世界のなかでは「静穏な地域」に分類される。ただし，日本では国内の平安に安住する傾向があるので，他の地域（国）の暴力的行為に対して関心をもつように啓発することが平和教育において重要となる（Salomon 2002：6）。

◇平和形成の方法

　平和のために「わからないけど，何かしたい」生徒と「何をしていいのかわからない」からしたくない生徒が多数いる。こうした中学生達を平和主体に育てるためには，支援する手だて（教育）が必要である。前述した2006年調査で，平和社会の形成のために日本や世界で努力した人や平和運動団体を知っている（「知っている」＋「少し知っている」）と答えた割合は，回答生徒全体で23％のみである。

　それでは，中学生達は，平和形成に努力した人や団体について何を知っているのであろうか。「人名」としては，ノーベル平和賞受賞者のマザー・テレサ（22：あげられた数を示す）とワンガリ・マータイ（3），ユネスコ親善大使の黒柳徹子（14）やオードリ・ヘップバーン（3），インドのガンジー（14），杉原千畝（6）などである。「団体名」としては，ユニセフ（70）が最も多く，次に国際連合（20）である。そして，NGO（13）とNPO（13），医療関係の国境なき医師団（11），赤十字協会（8），WHO（8）などをあげており，日本の援助活動団体として，青年海外協力隊（4）とJICA（3）もあげている。

　平和構築の活動家または団体として，①世界的レベルで有名な著名人・団体，②国や地域で著名な人・団体，③市町村などの地域社会へ貢献する人・団体な

ど，3つのレベルがある（山田 2003：107）。平和形成方法の知識を体系的に提供していくことにより，平和のために「何をしてよいかわからない」子どもの割合は減っていくであろう。

　日本の子どもたちは，はたして平和な国家および社会の形成主体（平和主体）に育っていくのであろうか。中学2年生に，将来平和な社会をつくる活動や仕事をしたいと思うかと，生徒達の将来の志望を質問した。将来したいと「思う」回答生徒の割合は 14％（212名）とかなり低い。ただし，「思わない」生徒も 22％と少なく，「どちらともいえない」とまだ志望を決めていない生徒が 62％と最も割合が多い（村上 2006）。

　さらに，将来平和な社会をつくる活動や仕事をしたいと「思う」生徒に対して，その内容を具体的に聞いた。記入内容には，①戦争を教える活動に参加するものとして，「戦争を後の世代まで伝えたい」とか「ボランティアで平和というものを伝えていきたい」がある。②環境に関する活動として，「木を切られた森にまた新しい木を栽培すること」「環境問題の温暖化に取り組みたい」「動物保護，絶滅しそうな動物や捨てられた動物の保護」がある。③医療に関する活動として，「医者になって発展途上国へ行く」「戦争でけがをした人の手当」，また「新薬を安く貧しい人々にあげる」がある。④国際交流活動として，「文化交流にもつながる通訳」「国際児童基金で働きたい」がある。⑤国内での活動や職業として，「介護士」「障害者（盲目等）への援助」「虐待されている子を助ける」「いじめがない社会にしたい」「警察官」などがある。⑥その他の意見として，「全ての仕事で平和は作れると思う」があった。こうした平和形成に関心をもつ子どもたちが，戦争がないだけでなく，より平和な日本社会を築いてくれるものと期待する。

5　おわりに

　日本の平和教育の中心であった戦争についての教育（反戦平和教育）は，学校現場に戦争体験者がほとんどいなくなった現在，戦争未体験者が過去の戦争を追体験して，それを伝える平和教育を継続していくことが必要である。ただ

Ⅲ　平和創造と主体形成

し，反戦平和教育の実践だけでは不十分で，積極的平和の達成に向けて，未来志向的に平和を形成する教育が必要とされている。

　日本の中学生の平和社会形成への貢献意欲は高いといえ，平和主体として，平和な社会の形成に参加できるように子どもを育てることが必要である。ただし，平和形成方法の教育はまだ系統的に整理されておらず，その教育研究は途上にあるといえよう。他方で，平和を築く方法論をまとめたもの（開発教育協会 2003），平和形成に貢献した人々を教材として紹介する児童向けの図書（畠山監修 2002），平和を志向する 2700 名あまりの人物（日本人中心）を紹介する『平和人物大事典』などが出版されている（「平和人物大辞典」刊行会 2006）。また，教育で平和をつくる国際教育開発学も提唱されている（小松 2006）。

　平和貢献を望む子どもに対して，思いつきに左右された一過性の教育実践にとどまるのではなく，逆に，政治的規制を恐れて子どもの自発的な社会活動に教師が自己規制を加えるのではなく，市民教育の視点を入れた平和形成方法についての教育実践が求められる。平和形成方法の教育は，平和社会の形成に向けた幅広い貢献方法を整理し，平和形成に向けた子どもの知識・態度・技能を育てる教育方法を提案するものである。

　これからの平和教育においては，戦争被害者への共感的理解と戦争についての客観的認識を育てて，次の戦争を防ぐ知識と態度を育てると同時に，より平和的な社会の形成に創造的に参加する態度と技能を子どもたちに育てていきたい。反戦平和教育と平和形成方法の教育はいずれも重要であるが，国内および国際情勢において戦争の危険が迫れば，前者の反戦平和教育が緊急なものとなり，戦争のない平和な状況が続くのであれば，子どもたちがより平和な（積極的平和が達成された）社会をつくるための平和形成方法を学ぶ教育実践が必要となる。両者が共におぎないながら，平和な社会および国家と，国際社会の平和の形成に貢献できるものと考える。

第9章　戦後日本の平和教育

〈参考文献〉

朝日学生新聞『朝日中学生ウィークリー』1987-2000年の各8月号
小松太郎『教育で平和をつくる——国際教育協力のしごと』（岩波ジュニア新書，2006年）
庄野直美・永井秀明・上野裕久編『核と平和——日本人の意識』（法律文化社，1978年）
高橋史朗『平和教育のパラダイム転換』（明治図書，1997年）
開発教育協会『もっと話そう！平和を築くためにできること　Talk for Peace』（開発教育協会，2003年）
日教組平和学習冊子編集委員会編『総合学習の時間に生かす——これが平和学習だ』（アドバンテージサーバー，2001年）
畠山哲明監修『めざせ！21世紀の国際人——「国際平和」につくした日本人』（くもん出版，2002年）
兵庫教育文化研究所平和教育部会「平和教育実態調査2005報告——平和のために考え行動できる教育を」『こどもと教育』No.122（2006年）
広島市教育委員会『平和教育の手びき（小学校編）第一次試案』（1972年）
藤原帰一『戦争を記憶する——広島・ホロコーストと現在』（講談社現代新書，2001年）
鶴見俊輔監修「平和人物大事典」刊行会編著『平和人物大事典』（日本図書センター，2006年）
村上登司文「平和形成方法の教育についての考察——中学生の平和意識調査を手がかりに」『広島平和科学』28（2006年）
山田満『「平和構築」とは何か——紛争地域の再生のために』（平凡社新書，2003年）
リアドン，ベティ・カベスード，マリシア著／藤田秀雄・淺川和也監訳『戦争をなくすための平和教育——「暴力の文化」から「平和の文化」へ』（明石書店，2005年）
Salomon, Gavriel 2002, "The Nature of Peace Education: Not All Programs Are Created Equal," Salomon and Nevo eds., *Peace Education: The Concept, Principles, and Practices.*

第10章
日本国憲法からのメッセージ

1　はじめに

　侵略戦争を禁止している憲法は，世界に少なからず存在する。その源流をたどれば，1928年の「不戦条約」に1つの道標を見出すが，日本国憲法は「戦力の不保持」や「交戦権の放棄」を明示的に規定している点において，特異な存在であり，「武力による安全保障」からの転換を志向する立場からすれば，人類史上に例をみない理念を体現した最高法規となっている。

　本章では，まず，日本国憲法の制定過程を概括し，成立後の解釈改憲のプロセスをアメリカの世界戦略との関係で跡づける。そのうえで，とりわけ日本国憲法第9条の世界的意義をめぐる動きと，日本国内での9条擁護運動の新たな鼓動を紹介することとする。

2　日本国憲法の不戦・平和主義

　日本国憲法は，その前文で次のように述べている（現代かな遣いで表記）。

　　日本国民は，正当に選挙された国会における代表者を通じて行動し，われらとわれらの子孫のために，諸国民との協和による成果と，わが国全土にわたって自由のもたらす恵沢を確保し，政府の行為によって再び戦争の惨禍が起こることのないようにすることを決意し，ここに主権が国民に存することを宣言し，この憲法を確定

する。そもそも国政は，国民の厳粛な信託によるものであつて，その権威は国民に由来し，その権力は国民の代表者がこれを行使し，その福利は国民がこれを享受する。これは人類普遍の原理であり，この憲法はかかる原理に基くものである。われらは，これに反する一切の憲法，法令及び詔勅を排除する。

　日本国民は，恒久の平和を念願し，人間相互の関係を支配する崇高な理想を深く自覚するのであつて，平和を愛する諸国民の公正と信義に信頼して，われらの安全と生存を保持しようと決意した。われらは，平和を維持し，専制と隷従，圧迫と偏狭を地上から永遠に除去しようと努めている国際社会において，名誉ある地位を占めたいと思ふ。われらは，全世界の国民が，ひとしく恐怖と欠乏から免かれ，平和のうちに生存する権利を有することを確認する。

　われらは，いずれの国家も，自国のことのみに専念して他国を無視してはならないのであつて，政治道徳の法則は，普遍的なものであり，この法則に従ふことは，自国の主権を維持し，他国と対等関係に立とうとする各国の責務であると信ずる。

　日本国民は，国家の名誉にかけ，全力をあげてこの崇高な理想と目的を達成することを誓ふ。

　さほど長くない文章の中に，「平和」という用語が肯定的な意味で4回，「戦争」という用語が否定的な意味で1回用いられている。しかも，協和・自由・公正・福利・安全・生存などの用語が肯定的に，専制（独断的に処理すること）・隷従（手下となって従属すること）・圧迫・偏狭（自分だけの狭い考えにとらわれること）・恐怖・欠乏などの用語が否定的に用いられている。「専制・隷従・圧迫・偏狭・恐怖・欠乏」は，日本人が十五年戦争中に自ら経験し，あるいはアジア太平洋諸国民に押しつけたものであり，「協和・自由・公正・福利・安全・生存」はそれと対置されるべき価値，あるいはそれらを実現するために必要な諸要素であるといえる。

　日本国憲法は，この前文の平和主義の表明を受けて，「第2章　戦争の放棄」という特別の章を設け，「戦争の放棄・戦力の不保持・交戦権の否認」を定めた第9条のみをこの章に配置した。第9条は，以下の2項からなる。

　　1　日本国民は，正義と秩序を基調とする国際平和を誠実に希求し，国権の発動た

Ⅲ　平和創造と主体形成

> る戦争と，武力による威嚇又は武力の行使は，国際紛争を解決する手段としては，永久にこれを放棄する。
> 　2　前項の目的を達するため，陸海空軍その他の戦力は，これを保持しない。国の交戦権は，これを認めない。

　国家運営の基本を定めた最高法規としての憲法で，これほど徹底して「非武装・戦争放棄の原則」を定めた憲法は，人類史上かつてなかった。その源流は，1928年に締結された不戦条約（ケロッグ＝ブリアン条約）にあり，その第1条および第2条は，憲法9条に通じる内容をもっていた。

> 第1条　締約国は国際紛争解決のため戦争に訴えることをせず，かつその相互関係において国家の政策の手段としての戦争を放棄することを，その人民の名において厳粛に宣言する。
> 第2条　締約国は相互間に起こる可能性のある一切の紛争または紛議は，その性質や原因のいかんをとわず，平和的手段以外にはその処理または解決を求めないことを約束する。

　当時，枢密院（天皇の最高諮問機関）には，第1条の「人民の名において厳粛に宣言する」という規定が，天皇が条約締結権をもつことを定めた大日本帝国憲法（明治憲法）の「天皇大権」と相容れないとの批判があったため，外務省がアメリカに修正を求めたが受け容れられず，翌1929年6月，「帝国政府宣言書」で「この部分の字句は日本には適用されない」ことを宣言したうえで，翌7月に不戦条約を批准した。2年後の1931年に満州事変を起こした日本は，「自衛のための措置」と説明したが国際社会に受け容れられず，1933年には国際連盟を脱退して孤立，やがて日中全面戦争（1937年）から太平洋戦争（1941年）にいたる戦時政策に突き進んでいった。その結果起こった未曾有の被害・加害のうえに，不戦条約の理想を再結晶させるかたちで，日本国憲法は成立したものである。

3　日本国憲法の制定過程

　ここで，この憲法の制定過程を整理しておこう。

　図表10—1にみるように，アメリカ・イギリス・中国の3カ国は，1945年月7月26日，日本に対して「ポツダム宣言」を発し，領土の限定，武装解除，戦犯の処罰，民主主義の確立，連合軍による本土占領などを要求した。同月28日，鈴木貫太郎内閣は同宣言を「黙殺」，これを「拒否」と受け止めたアメリカは，ソ連を牽制して日本との戦争に自ら止めをさす意図を背景に，8月6日広島にウラン原爆を，9日長崎にプルトニウム原爆を投下，ついに日本はポツダム宣言を受諾して全面降伏した。8月15日，天皇は「玉音放送」によって国民に敗戦を告知したが，その2日後，戦後処理のために東久邇宮内閣が発足した。同内閣に無任所大臣として入閣していた近衛文麿は，10月4日，GHQ（連合国軍総司令部）の最高司令官であるダグラス・マッカーサーから「憲法改正」を示唆された。直後に発足した幣原喜重郎内閣は「憲法問題調査会」を発足させ，翌1946年1月26日に調査結果を閣議で審議したが，2月1日に毎日新聞がスクープした憲法改正原案は，「天皇は神聖にして侵すべからず」という大日本帝国憲法の規定を，「天皇は至尊にして侵すべからず」と改める程度の，きわめて保守的な内容であることが判明した。

　この頃，米英ソ3カ国外相会議が，対日占領政策を監視するための上級機関として，「極東委員会」と「対日理事会」を設置することを決定したため，マッカーサーはアメリカ主導の憲法制定過程を急ぐ必要に迫られ，①国民主権，②象徴天皇制，③戦争放棄の「マッカーサー3原則」に基づいて憲法草案を作成するよう「民生局」（占領政策の非軍事面を補佐する幕僚部の中心機関）に指示，1946年2月13日，「マッカーサー草案」を日本政府に交付した。この間，各政党も憲法改正案作りに取り組んだが，森戸辰男や鈴木安蔵らが結成した民間の「憲法研究会」が1945年12月26日に発表した「憲法草案要綱」は，GHQの草案にも少なからぬ影響を与えた。

　政府は「マッカーサー草案」に基づいて「憲法改正草案要綱」を策定し，

Ⅲ　平和創造と主体形成

図表10－1　日本国憲法の成立過程

時期	事実関係
1945年7月26日	米英中3カ国が「ポツダム宣言」を発し，日本に全面降伏を勧告。領土の限定，武装解除，戦犯の処罰，民主主義の確立，連合国による本土占領を要求。
7月28日	鈴木貫太郎内閣がこれを「黙殺」
8月6日	アメリカが広島にウラン原爆を投下
8月9日	アメリカが長崎にプルトニウム原爆を投下
8月14日	御前会議でポツダム宣言受諾を決定
8月15日	昭和天皇が「玉音放送」で国民に敗戦を告知
8月17日	戦後処理のための東久邇宮内閣発足
8月28日	連合軍先遣隊が厚木到着，GHQ（連合国軍総司令部）設置
9月2日	日本が全面降伏文書に署名
10月4日	近衛文麿がGHQ最高司令官ダグラス・マッカーサーと会談，憲法改正についての指示を受ける。東久邇内閣総辞職。
10月9日	幣原喜重郎内閣発足
10月11日	天皇，近衛文麿を内大臣府御用掛に任命
10月13日	憲法問題調査会を設置
10月25日	同調査会発足するも，大日本帝国憲法の手直し程度の認識。
11月1日	GHQ，「近衛の憲法改正作業は関知せず」と発表。
11月22日	近衛，「改正要綱」を天皇に上奏。内大臣府を廃止。
12月6日	近衛に戦犯容疑
12月16日	近衛の憲法改正作業消滅
1946年1月26日	憲法問題調査会の調査結果，閣議にかけられる
2月1日	毎日新聞が憲法問題調査会試案をスクープ，「保守的」と批判。
2月3日	マッカーサーが民生局にいわゆる「マッカーサー3原則」に基づく憲法草案の作成を指示。
2月8日	政府，憲法改正草案要綱をGHQに提出。この間，共産党，自由党，進歩党，社会党，憲法研究会等が改正案づくり。
2月13日	GHQが「マッカーサー草案」を日本政府に交付
2月19日	政府，同草案を閣議に提出
2月22日	「マッカーサー草案」に沿った憲法改正方針を確認
3月6日	政府「憲法改正草案要綱」を発表，マッカーサーが支持表明。
3月17日	政府，「帝国憲法改正草案」を発表
3月22日	幣原内閣総辞職
4月10日	第22回衆議院選挙
5月1日	食料メーデー
5月16日	第90回帝国議会召集
5月22日	第一次吉田茂内閣発足
6月8日	枢密院が「憲法改正草案」を可決
6月25日	同改正案，衆議院本会議に上程
6月28日	帝国憲法改正特別委員会（芦田均委員長）に改正案付託
7月1日	同特別委員会，審議開始
7月25日	共同修正案作成のため，芦田小委員会発足，非公開審議
8月21日	帝国憲法改正特別委員会が共同修正案を承認
8月24日	衆議院本会議が同改正案を修正・可決，貴族院へ送付。
10月6日	貴族院が同改正案を修正・可決，衆議院に回付
10月7日	衆議院が貴族院の修正案に同意
10月11日	政府が憲法改正案を閣議決定，枢密院に諮問手続き
10月29日	枢密院が憲法改正案を可決
11月3日	日本国憲法公布
1947年4月20日	第1回参議院議員選挙
4月25日	第1回衆議院議員選挙
5月3日	日本国憲法施行

1946年6月には天皇の最高諮問機関である枢密院もこれを可決した。同草案は吉田茂内閣の下で修正過程が進められ，8月24日には衆議院が政府案を修正して可決，10月6日の貴族院（大日本帝国憲法下で衆議院とともに帝国議会を構成した立法機関）での修正・可決後，翌7日に衆議院がこの修正案に同意して，最終案が成立した。こうして日本国憲法は，政府の閣議決定と，枢密院の諮詢手続きを経て1946年11月3日に公布され，翌47年4月の第1回参議院および衆議院選挙を経て，5月3日に施行された。

経過が示すとおり，日本国憲法は，「国民主権・象徴天皇・戦争放棄」の「マッカーサー3原則」を基礎としつつ，衆議院と貴族院からなる帝国議会の審議・修正手続きを経て成立したものであり，第2章第4節で述べたとおり，日本側の主体性をまったく欠いた「押し付け憲法」とする批判は当たらない。

4 解釈改憲・明文改憲の動き

日本国憲法でしばしば問題になるのが，第9条2項の「前項の目的を達成するため」の解釈，つまり，「前項の目的」とは何かという問題である。

憲法制定当初は，日本政府は，この条項は「一切の軍備を禁止したものであって，自衛のための戦争をも放棄したもの」との見解をとっていた。たとえば，1946年の衆議院の委員会質疑のなかで，吉田茂首相は「いかなる形でも自衛権など認めない方がいい。そもそも近代の戦争は全て自衛の名の下に行なわれたのであり，自衛戦争などという概念そのものが有害」と答弁している。同年6月28日の衆議院本会議においても，「正当防衛や防衛権による戦いを認めることは，戦争を誘発する有害な考えだ」との明快な立場を表明していた。

しかし，憲法が施行されてわずか3年後の1950年6月に朝鮮戦争が勃発すると，アメリカ主導の下で日本の再軍備が始まり，「憲法で禁止されたのは"侵略戦争"であって"自衛戦争"ではない」という解釈をとるようになった。憲法の条文を変えることを「明文改憲」というのに対し，解釈を変更する手法は「解釈改憲」と呼ばれるが，日本政府が解釈改憲を重ねるにいたった背景には，すでに第3章で述べたとおり，1940年代末に中華人民共和国が成立し，

Ⅲ　平和創造と主体形成

ソ連が原爆開発に成功するに及んで、アメリカが、日本を社会主義勢力拡大の防波堤にする必要性に迫られた事情があった。

　その結果、日本の再軍備過程は急ピッチで進められ、1950年に創設された警察予備隊は、1952年には保安隊となり、1954年には自衛隊と改称された。警察予備隊が創設された当初、吉田茂首相は「戦力なき軍隊」と説明したが、1952年の政府統一見解では、「戦力とは、近代戦争遂行に役立つ装備を備える」「人的・物的に組織された総合力」であり、「戦力に至らざる程度の実力を保持し、直接侵略（に対する―筆者補注）防衛の用に供することは違憲ではない」と表明、「戦力」と「実力」を区別した。1954年に発足した鳩山一郎内閣も、「第9条はわが国が自衛権をもつことを認めている。自衛隊のような自衛のための任務を有し、かつその目的のため必要相当な範囲の実力部隊を設けることは、何ら憲法に違反するものではない」という政府統一見解を表明し、「自衛隊は必要最小限度の"実力"であって、憲法9条で禁止された"戦力"には該当しない」と解釈した。1960年3月29日の参議院予算委員会において、岸信介首相も「陸海空の自衛隊は、あくまでも自衛のために必要最小限度のもので、憲法に違反しない」と説明し、「自衛力」と「戦力」を区別した。しかし、これら一連の憲法解釈によれば、「陸海空自衛隊は、近代戦争遂行に役立つ装備を備えた総合力をもたない」ことになり、そのような「実力」が「自衛のための実力部隊として機能し得るのか」という矛盾もはらんでいた。

　政府がこうした「詭弁」に類する無理な憲法解釈を重ねた背景には、日本の軍事化を求めるアメリカの要求と、戦後民主主義の高揚期を迎え明文改憲の見通しがないという状況認識があったが、この矛盾は、1960年の日米安保条約の改定以降も、日本の核武装、防衛予算の規模、集団的自衛権など、さまざまな問題について緊張の度を高めていった。

［Ⅰ］日本の核武装

　日本の核武装については、1955年の段階では「原子力基本法」との関連で、「核兵器を作らない」という原則的合意が与野党間に成立していたが、2年後の1957年には、岸信介首相が「名前が核兵器とつけばすべて憲法違反だと言

うことは正しくない。攻撃を主目的にするような兵器は，たとえ原子力を用いないものであっても憲法では持てない。ただし，核兵器はどんなものでもいけないかと言われると，今後の発達をみないと一概に言えない」と答弁，将来の核兵器保有の可能性に含みをもたせた。翌 1958 年，岸首相は「防衛的性格の核兵器は憲法上禁止されない」との見解を再度表明しつつ，「政策としてはいかなる核兵器も持たない」との立場を表明した。

また，核兵器については，日本の核武装と同時に，アメリカによる日本への核兵器持ち込みも問題となった。1960 年 4 月 19 日，岸首相は，衆議院日米安保条約特別委員会において日本の核武装を否定するとともに，「核兵器の持ち込みは認めない」と表明した。1967 年 5 月の参議院内閣委員会では増田甲子七防衛庁長官が，「政府の方針としては，核兵器は製造せず，保有せず，持ち込ませずという厳しい方針を岸内閣以来堅持している」と述べ，同年 12 月 11 日の衆議院予算委員会で，佐藤栄作首相も「私どもは核の 3 原則——核を製造せず，核を持たない，持込を許さない——これをはっきり言っている」と表明，いわゆる「非核 3 原則」の立場を明らかにした。その後も，佐藤首相は，「アメリカの行動を制限することになるから」という理由で，非核 3 原則の国会決議には難色を示していたが，結局，1976 年 4 月 27 日の衆議院外務委員会および翌 5 月 21 日の参議院外務委員会で，「核兵器を持たず，作らず，持ち込ませずとの非核 3 原則が国是として確立されていることにかんがみ，いかなる場合においても，これを忠実に遵守すること」が決議された。日本の核武装を望まないアメリカにとって「持たず，作らず」の原則は歓迎すべきことであったが，「持ち込ませず」の原則は，アメリカの核戦略の展開とって不都合なことであり，「核兵器持ち込み疑惑」という新たな火種を作り出すことになった。実際，1974 年にはジーン・ラロック退役米海軍少将が，また，1981 年にはエドウィン・ライシャワー駐日アメリカ大使が，核兵器が日常的に日本に持ち込まれていた事実を示唆し，1994 年には，若泉敬氏が著書『他策ナカリシヲ信ゼムト欲ス』のなかで，沖縄返還交渉時に日米間で「有事の核持ち込み」が密約されていたことが暴露されるなど，非核 3 原則が形骸化されている実態が明らかとなった。加えて，1998 年 6 月 17 日，インドの核実験の後を受けた参院予算委

図表10－2　日本の防衛関係費

年度	防衛関係費（億円）
1955	1,349
65	3,014
75	13,273
85	31,371
95	47,236
96	48,455
97	49,475
98	49,397
99	49,322
2000	49,358
01	49,553
02	49,560
03	49,530
04	49,030
05	48,564
06	48,139

員会の審議において大森政輔内閣法制局長官が，「核兵器の使用も我が国を防衛するために必要最小限度のものにとどまるならば，それも可能であるということに論理的にはなろうかと考えます」と答弁したことによって，日本政府の見解は，憲法9条の規定にもかかわらず，「核兵器は自衛のための最小限度を超えない限り，持っても使ってもいい」とまでエスカレートするにいたった。さらに，2006年10月9日の北朝鮮の核実験後には，政府与党の政調会長が「選択肢として核ということもある。議論は大いにしないと」と発言し，「核廃絶」よりはむしろ「核武装」の方向性に言及した。

　また，すでに1968年1月30日の衆議院本会議において，佐藤栄作首相は「非核3原則，核軍縮，アメリカの核抑止力への依存，および，核エネルギーの平和利用」の「核4政策」を表明したが，戦争が生み出した殺戮と破壊の手段である核兵器の非人道性を最もよく認識しているはずの日本の政府が，核兵器に依存する国家安全保障政策をとること自身，不戦・平和主義に基づく日本国憲法の精神とは本質的に整合しないのではないかとの批判もある。

［Ⅱ］防衛予算規模

　日本の防衛関係費は，図表10－2のように推移してきた。1995年度以降はほぼ5兆円の水準に近く，GDPの1％弱である。国によって軍事費の算定基準が異なるため，単純に比較することはできないが，絶対額としては世界有数の水準であり，2005年度の防衛費は，ベトナムのGDPに匹敵する。

　しかも，1970年代以降，アメリカの経済力が低下するにしたがって，アメリカの抑止力を維持するためには，日本による基地の提供や軍事費の肩代わり

が不可欠になり，あわせて，日本自身が，軍事力整備の面で自助努力を強化することが求められるようになった。日本が負担したアメリカ軍の駐留経費の総額は，いわゆる「思いやり予算」，基地周辺対策費，基地交付金などを合計すると，2006年までで約13兆円に達している。

　このような高額の軍事支出が，「陸海空軍その他の戦力はこれを保持しない」と最高法規に規定した国の政策と整合性をもつか否かが厳しく問われている。

[Ⅲ] 集団的自衛権

　国連憲章では原則として武力行使を違法とし，万一加盟国がそれに違反した場合は，個々の国ではなく，他の加盟国が集団で制裁を加える「集団安全保障体制」がとられている。しかし，集団安全保障措置がとられるまでの間にも武力行使が続いているような事態に対処するため，憲章第51条に例外措置が定められている。それが「個別的自衛権」と「集団的自衛権」である。すなわち，「この憲章のいかなる規定も，国際連合加盟国に対して武力攻撃が発生した場合には，安全保障理事会が国際の平和及び安全の維持に必要な措置をとるまでの間，個別的又は集団的自衛の固有の権利を害するものではない」という規定である。個別的自衛権は「外国から攻撃を受けた国が，自国を守るために反撃する権利」であり，集団的自衛権は「自国が攻撃を受けていなくても，同盟国が攻撃された場合に反撃する権利」である。

　日本政府は，これまで「個別的自衛権」は認めてきたが，「集団的自衛権」については，そのような権利があることを認めつつも，憲法9条の下ではその行使は許されないという見解をとってきた。すなわち，防衛白書にも，「国際法上，国家は，集団的自衛権，すなわち，自国と密接な関係にある外国に対する武力攻撃を，自国が直接攻撃されていないにもかかわらず，実力をもって阻止する権利を有しているものとされている。我が国が，国際法上，このような集団的自衛権を有していることは，主権国家である以上当然である。しかし，憲法第9条の下において許容されている自衛権の行使は，我が国を防衛するため必要最小限度の範囲にとどまるべきものであると解しており，集団的自衛権を行使することは，その範囲を超えるものであって，憲法上許されないと考え

ている」とあるとおりである。

　しかし，前述したとおり，「個別的自衛権」についても，多くの戦争が「自衛」の名において行われてきた事実に照らして，憲法解釈上問題があるとの指摘は根強く存在する。

　集団的自衛権については，自衛隊の海外派遣の憲法上の解釈をめぐって問題となった。1990年8月にイラクがクウェートに侵攻した時，集団的自衛権の行使は憲法上認められないという原則を崩さずに人的支援を行うことができるか否かが検討され，海部俊樹内閣は「国連平和協力法案」を提案した。その年の10月26日，政府は「『参加』とは国連軍の司令官の指揮下に入ることで，国連軍の組織外で行われる『参加』に至らない『協力』ならば，国連軍の任務が武力行使を伴うものであっても，武力行使と一体とならない支援は憲法上許される」という統一見解を発表したが，論議の過程で，ペルシャ湾に展開する多国籍軍に対する後方支援の是非をめぐって意見が対立し，法律は廃案となった。翌1991年1月に勃発した湾岸戦争に日本は114億ドルに及ぶ支援金を供出したが国際社会の評価を得られなかったとして，続く宮澤喜一内閣は，「国連PKO（平和維持活動）協力法案」を提出した。政府は，①紛争当事者間で停戦合意が成立している，②当該地域の属する国を含む紛争当事者がPKOの実施と日本の参加に同意している，③中立的立場を厳守する，④前記の原則のいずれかが満たされない状況が生じた場合，参加部隊は撤収できるものとする，⑤武器使用は要員の生命防護のために必要な最小限のものに限る，の「PKO参加5原則」の遵守を条件に同法を成立させ，内戦終結後のカンボジアに自衛隊を派遣した。

　さらに，1993年，自民党の小沢一郎会長（国際社会における日本の役割に関する特別調査会）が「今の憲法の下でも自衛隊の国連軍への参加は可能」と表明し，翌94年に発足した社会党の村山富市内閣はそれまでの党の方針を覆して「自衛隊は合憲，日米安保条約は堅持」との方針を打ち出したため，憲法をめぐる政党間の対立構造そのものが緊張感を喪失した。

　2000年，アメリカのアーミテージ国務副長官らをはじめとする，超党派の対日政策報告書（アーミテージ報告）のなかで，「日本の集団的自衛権の禁止が

"同盟協力の制約"になっている」と規定し，禁止解除を提起した。翌2001年5月8日，日本政府は野党からの質問に対する答弁書において，「憲法9条の解釈の変更は十分慎重であるべきだ」と述べつつも，「憲法に関する問題について，世の中の変化も踏まえつつ，幅広い議論が行われることは重要であり，集団的自衛権の問題について，様々な角度から研究してもいいのではないかと考えている」と述べ，「聖域」に踏み込む意図を示唆した。後継した安倍晋三内閣も「どういうケースが集団的自衛権の行使にあたるのか研究したい」との意向を示す一方，明文改憲を公約として掲げるにいたっており，日本国憲法はその制定以来，最大の緊張期を迎えつつある。

以上みるように，日本国憲法は，制定後間もなくから解釈改憲の波に洗われてきた。政府の憲法解釈には，軍事力を正当化しようとする日米両国政府の政治的意向と，憲法の平和主義の遵守・発展を求める世論のせめぎあいが反映しているとみることができる。世界に類例のない不戦・平和主義を掲げた憲法が，半世紀以上にわたって命脈を保ってきた背景には，憲法的理念を擁護する根強い世論があったことは，疑いもない事実である。

5 日本国憲法の世界化の動き

前節に述べたように，日本国憲法に結晶された不戦・平和主義の意義は，ひとり日本国民にとってそうであるだけでなく，世界の多くの人々によって尊ばれ，その世界化に向けた努力が続けられてきた。

元米軍パイロットであったチャールズ・オーバービー氏（オハイオ大学名誉教授）は，1991～92年の湾岸戦争を契機に「九条の会」を設立し，戦争放棄を掲げる日本国憲法9条をアメリカをはじめとする国際社会に広げる活動に旺盛に取り組んでいる。『地球憲法9条』の著書もある同氏は，ジャン・ユンカーマン監督の映画『日本国憲法』のなかでのチャルマーズ・ジョンソン（いわゆる「9.11同時多発テロ」の前に『アメリカ帝国への報復』という予言的な本を書いた政治学者）のコメント——「第9条は第二次世界大戦とそれに至るまでの日本の戦争行為への日本の謝罪」——を引用し，日米両政府が望むように9条が破

Ⅲ　平和創造と主体形成

壊されたら，それは謝罪の撤回を意味し，東アジアだけでなく，世界に大きな衝撃を与えると述べている。

　同様の視点は，日本の憲法擁護運動のなかにもみられ，たとえば『9条の会・おおがき通信』（創刊号 2004 年 9 月）にも，9 条は「世界に対して誓った不戦の約束証文」であり，「世界に誇る最も先駆的な到達点を示した条項」であるとし，「9 条は，私たち日本人にとって，アジア太平洋地域を侵略した過去の戦争責任の取り方の一つ」と規定，われわれは「9 条の世界化」に取り組む必要があると提起している。

　船による世界周遊ツアーを通じて旺盛に平和活動に取り組んでいる「ピースボート」も，国際的な NGO と共同で「グローバル 9 条キャンペーン」を展開し，「9 条の世界化」の運動に取り組んでいる。「世界の市民にとって 9 条は非常識なものではなく，知られていないだけだ。9 条の存在を知れば多くの人が共感し，そこに合理性を感じる」と述べ，「世界は 9 条に注目し始めている」とし，「それを生かすも殺すも日本市民の選択と行動にかかっている」との認識を表明している。

　こうした世界的趨勢の象徴的な結節点の 1 つは，1999 年 5 月にオランダで開かれたハーグ世界平和市民会議であった。討議結果を反映して，会議の最終日に発表された「公正な世界秩序のための 10 の基本原則」の第 1 項目に，「各国議会は，日本国憲法第 9 条のような，政府が戦争をすることを禁止する決議を採択すべきである」が取り入れられた。「日本ハーグ平和アピール運動」は，日本国憲法 9 条の非軍事平和思想が「10 の基本原則」（次ページ参照）に取り入れられたことを積極的に評価し，「世界の恒久平和を実現するための選択肢としての憲法 9 条の世界化」に取り組むことを確認している。

　「武力紛争予防のためのグローバル・パートナーシップ（GPPAC）」は，紛争予防や平和構築のために NGO として何ができるかを議論し，「行動提起」（アクション・アジェンダ）を取りまとめるための活動を積み上げてきた。2005 年 2 月には，日本・韓国・中国・台湾・モンゴル・極東ロシアの NGO が「東北アジア地域」のパートナーシップの形成をめざして東京で会合を開き，「東北アジア地域アクション・アジェンダ」を採択したが，その基調には「日本国憲

> 「公正な世界秩序のための10の基本原則」
> （ハーグ世界平和市民会議，1999年5月11日〜16日，オランダ・ハーグ）
> 1　各国議会は，日本国憲法第9条のような，政府が戦争をすることを禁止する決議を採択すべきである。
> 2　すべての国家は，国際司法裁判所の強制管轄権を無条件に認めるべきである。
> 3　各国政府は，国際刑事裁判所規程を批准し，対人地雷禁止条約を実施すべきである
> 4　すべての国家は，「新しい外交」を取り入れるべきである。「新しい外交」とは，政府，国際組織，市民社会のパートナーシップである。
> 5　世界は人道的な危機の傍観者でいることはできない。しかし，武力に訴えるまえにあらゆる外交的な手段が尽くされるべきであり，仮に武力に訴えるとしても国連の権威のもとでなされるべきである。
> 6　核兵器廃絶条約の締結をめざす交渉がただちに開始されるべきである。
> 7　小火器の取引は厳しく制限されるべきである。
> 8　経済的権利は市民的権利と同じように重視されるべきである。
> 9　平和教育は世界のあらゆる学校で必修科目であるべきである。
> 10　「戦争防止地球行動（Global Action to Prevent War）」の計画が平和な世界秩序の基礎になるべきである。
> 　　　　　　　　　　　　　　　　　　　　　　　　　　（君島東彦訳）

法第9条が東北アジア地域における武力紛争予防，平和構築の基礎である」という基本認識がある。日本国憲法は決して「時代に合わなくなった過去の遺物」なのではなく，現代の平和創造のための有効な指針であり続けていると言うべきであろう。

　日本の憲法研究者有志も，2001年9月11日のいわゆる「同時多発テロ」後に「緊急共同アピール」を発し，日本国憲法の軍事力によらない人間の平和保障の立場こそが，グローバル化した世界のなかに存在するテロリストを究極的に根絶し，「平和を維持し，専制と隷従，圧迫と偏狭を地上から永遠に除去」していくうえでとられるべき立場であると述べ，そのことは「世界政治の中でこれまでにもましてますます鮮明になっている」と指摘している。

　2004年6月，ノーベル文学賞作家の大江健三郎氏ら9人の著名人が「九条の会」を結成し，別掲のような「アピール」を発表した。その後2年半あまりの間に，これに賛同する人々が日本全国に6,000を越える地域・職域別の「九条の会」を結成，日本国憲法を守ることを訴えている。「アピール」は，「憲法

Ⅲ　平和創造と主体形成

「九条の会」アピール

日本国憲法は，いま，大きな試練にさらされています。

ヒロシマ・ナガサキの原爆にいたる残虐な兵器によって，5000万を越える人命を奪った第二次世界大戦。この戦争から，世界の市民は，国際紛争の解決のためであっても，武力を使うことを選択肢にすべきではないという教訓を導きだしました。

侵略戦争をしつづけることで，この戦争に多大な責任を負った日本は，戦争放棄と戦力を持たないことを規定した9条を含む憲法を制定し，こうした世界の市民の意思を実現しようと決心しました。

しかるに憲法制定から半世紀以上を経たいま，九条を中心に日本国憲法を「改正」しようとする動きが，かつてない規模と強さで台頭しています。その意図は，日本を，アメリカに従って「戦争をする国」に変えるところにあります。そのために，集団的自衛権の容認，自衛隊の海外派兵と武力の行使など，憲法上の拘束を実際上破ってきています。また，非核3原則や武器輸出の禁止などの重要施策を無きものにしようとしています。そして，子どもたちを「戦争をする国」を担う者にするために，教育基本法をも変えようとしています。これは，日本国憲法が実現しようとしてきた，武力によらない紛争解決をめざす国の在り方を根本的に転換し，軍事優先の国家へ向かう道を歩むものです。私たちは，この転換を許すことはできません。

アメリカのイラク攻撃と占領の泥沼状態は，紛争の武力による解決が，いかに非現実的であるかを，日々明らかにしています。なにより武力の行使は，その国と地域の民衆の生活と幸福を奪うことでしかありません。1990年代以降の地域紛争への大国による軍事介入も，紛争の有効な解決にはつながりませんでした。だからこそ，東南アジアやヨーロッパ等では，紛争を，外交と話し合いによって解決するための，地域的枠組みを作る努力が強められています。

20世紀の教訓をふまえ，21世紀の進路が問われているいま，あらためて憲法九条を外交の基本にすえることの大切さがはっきりしてきています。相手国が歓迎しない自衛隊の派兵を「国際貢献」などと言うのは，思い上がりでしかありません。

憲法9条に基づき，アジアをはじめとする諸国民との友好と協力関係を発展させ，アメリカとの軍事同盟だけを優先する外交を転換し，世界の歴史の流れに，自主性を発揮して現実的にかかわっていくことが求められています。憲法9条をもつこの国だからこそ，相手国の立場を尊重した，平和的外交と，経済，文化，科学技術などの面からの協力ができるのです。

私たちは，平和を求める世界の市民と手をつなぐために，あらためて憲法9条を激動する世界に輝かせたいと考えます。そのためには，この国の主権者である国民一人ひとりが，9条を持つ日本国憲法を，自分のものとして選び直し，日々行使していくことが必要です。それは，国の未来の在り方に対する，主権者の責任です。日本と世界の平和な未来のために，日本国憲法を守るという一点で手をつなぎ，「改憲」のくわだてを阻むため，一人ひとりができる，あらゆる努力を，いますぐ始めることを訴えます。

2004年6月10日

井上　ひさし（作家）　　　梅原　猛（哲学者）　　　大江　健三郎（作家）
奥平　康弘（憲法研究者）　小田　実（作家）　　　　加藤　周一（評論家）
澤地　久枝（作家）　　　　鶴見　俊輔（哲学者）　　三木　睦子（国連婦人会）

9条に基づいて，アジアをはじめとする諸国民との友好と協力関係を発展させ，アメリカとの軍事同盟だけを優先する外交を転換」させ，「平和を求める世界の市民と手をつなぐために，あらためて憲法9条を激動する世界に輝かせ」ることを求め，「国民一人ひとりが，9条を持つ日本国憲法を，自分のものとして選び直し，日々行使していくこと」を訴えている。

この「九条の会」による国民への訴えに呼応して，わずか2年半の間に6000に及ぶ地域・職域の「九条の会」が結成されたが，運動の短期間の広がりという点では，1954年のビキニ水爆被災事件直後に，燎原の火のように拡大した原水爆禁止運動の例に匹敵するものと言えるかもしれない。2007年5月に「憲法改正国民投票法」が成立し，憲法「改正」への布石が着実に布かれるなかで，憲法問題は，徐々に国民的な政治問題としての性格を帯びつつある。憲法9条に対する市民意識を調べるための「憲法9条 守る？変える？全国投票」プロジェクトの街頭投票調査によると，2007年5月現在，全国32都道府県，73市町村・区の91カ所で実施した投票結果は，憲法9条を守る＝22,475票（79％），変える＝3,262票（11％），わからない＝2,724票（10％）という結果であった。この結果でみる限り，憲法9条を変えることを求めている市民は少数派にすぎないが，なお予断を許さない状況にある。

6 おわりに

本章では，日本国憲法の「不戦・平和主義」の成立過程を跡づけたうえで，それが，アメリカの世界戦略上の要請に基づく日本の再軍備化への方針転換によってなし崩し的に形骸化され，日本政府による詭弁的な解釈改憲過程に受け継がれていく事情を概括した。そして今，行き着くところまで行き着いた解釈改憲が限界点に達し，いよいよ明文改憲過程に突入しつつある状況を警告的に問題提起した。そして，日本国憲法の人類史上の意味にかかわって，その世界化の動きを紹介し，日本国内での「九条の会」の訴えとそれに呼応する世論の実態を紹介した。

「人間が作ったものに完全は稀有である」という観点からすれば，日本国憲

Ⅲ　平和創造と主体形成

法にもより豊かに改訂すべき事情が生じ得ることは，一般的に言って当然のことである。しかし，現在取り沙汰されている「憲法改正」論は，平和主義の人類史的結晶とも言うべき憲法第9条の放棄を狙い撃ちしたものであり，法改定論一般に還元されるべき問題ではない。その本質は十分に理解される必要がある。

〈参考文献〉
水島朝穂編著『ヒロシマと憲法（第4版）』（法律文化社，2003年）
水島朝穂編著『世界の有事法制を診る』（法律文化社，2003年）
浦部法穂・大久保史郎・森英樹『現代憲法講義　1（第3版）』（法律文化社，2002年）
憲法研究所・上田勝美編『日本国憲法のすすめ——視角と争点』（法律文化社，2003年）
憲法教育研究会編『検証・日本国憲法——理念と現実』（法律文化社，1998年）
井上ひさしほか『憲法九条，いまこそ旬』（岩波書店，2004年）

終　章

平和創造の主体形成
——「憲法を守る」から「憲法で守る」へ

　平和教育の目的は，単に，さまざまな暴力の実態や原因に関する知識を供与することではないことはすでに述べた（第9章参照）。その最も重要な役割は「平和創造の主体形成」であり，非平和的な状況を変革の対象として認識し，自らが変革の主体となる意識をもち，それを実践するに必要な知識や方法を身につけることが期待される。日本でも多くの大学で平和学関連科目が展開されているが，その多くは，どちらかというと「知識供与型」で，実践的平和教育の展開という面ではなお試行錯誤の途上にある。

　「主体性」にかかわって，2つの事例をあげよう。

　第1は，平和博物館のケースである。世界的にみると，反戦・不戦などの価値を発信している平和博物館は110館余りあるとされるが，そのうち半数以上は日本にある。[1]比較的大きな平和博物館8館（沖縄県平和祈念資料館，長崎原爆資料館，広島平和記念資料館，大阪国際平和センター〈ピースおおさか〉，立命館大学国際平和ミュージアム，地球市民かながわプラザ，川崎市平和館，埼玉県平和資料館）は「日本平和博物館会議」を構成し，経験や情報を交流しつつ，協力の可能性を模索している。また，1998年に結成された個人加盟の「平和のための博物館市民ネットワーク」は，全国交流会等を通じて成果の共有化を図りつつ，直面する共通の問題について意見交換を重ねているが，年2回定期発行しているニュースレター『ミューズ（MUSE）』（日英両文）は，世界の平和博物館関係者を結ぶほとんど唯一のニュース媒体として，重要な役割を果たしている。[2]

　なぜ日本に平和博物館が特別に多いのか。2つの要因が考えられる。

Ⅲ　平和創造と主体形成

　第1の要因は，戦争が国民総動員体制で戦われたため，日本中いたるところに戦争の遺跡や遺品があり，戦争資料館や平和祈念館を開設する物質的な条件が客観的に広く存在したことである。

　第2の要因は，1978年の第1回国連軍縮特別総会に向けて取り組まれたNGO代表派遣活動および核兵器廃絶国連要請署名運動を契機に，日本全国で多くの市民が平和活動に公然と取り組む活動スタイルが広がり，その延長線上で，地方自治体に非核自治体宣言や平和博物館開設を要請する市民活動が，活発に取り組まれたことである。平和博物館をつくる物質的な条件があっても，それを実際に平和博物館として結実するためには，自治体に働きかけ，それを動かす市民の主体的な取り組みが不可欠である。まさに，日本の市民の主体性こそが，日本をある種の「平和博物館大国」にした原動力に他ならない。

　「主体性」に関する第2の事例は，筆者自身の平和学の講義経験を例にとろう[3]。

　筆者は，大学の平和教育においても「平和創造の主体形成」の視点を重視しているが，たとえば日本の十五年戦争の加害と被害について講じた後，その内容を次のようにまとめる。

① 戦争は組織的にして最大の直接的暴力であり，それによって敵・味方を問わずきわめて多くの人々が自己実現の道を閉ざされる。
② 直接的暴力としての大規模な戦争が起こる前には，それを正当化するための政治・経済・文化の各方面でさまざまな暴力が準備・実行される。学問・思想の抑圧もそうした兆候の1つである。
③ ある社会的規律の中で市民生活を送る個々の人間が必ずしも暴力的でなくとも，戦争という組織的な暴力体系に組み込まれると，人間は時として常軌を逸した暴力的行動に走り，大規模に他民族を殺傷したり，蹂躙したりする。大量虐殺や軍隊慰安婦問題もそうした例である。
④ われわれが戦争という直接的暴力を望まないならば，その兆候（軍備の増強，自由の束縛，国家主義的な傾向の増徴など）をできるだけ小さい芽のうちに摘み取らねばならない。

　とりわけ④にかかわって，「現代に過去を見，過去に現代を見る」[4]実践的な

視点の重要性を強調し，単に「過去を過去として学ぶ」のではなく，われわれの目の前にある問題に，どのように主体的にかかわるかという視点を忘れないことを提起するのが常である。

　このように「状況と自分との関わり」を意識化し，そこに非平和的な状況を見出した場合には，その変革のために，自分に何ができるかを考える生き方を提起することは，実践的な平和教育にとって常に大切なことであろう。

　前節で取り上げた日本国憲法の改変をめぐる問題を取り上げる場合にも，筆者自身が平和研究者としてどのように憲法状況を認識し，どのような価値判断に基づいて，どのように社会に働きかけ，その主体性を発揮しようとしているかについて語ることを心がけている。その大要は，たとえば以下のとおりである。

　平和に関心をもつ者にとって最も重要なことは，解決されるべき非平和的な状況を認識したら，「問題認識のレベル」から「問題解決のための実践行動のレベル」に一歩進めることである。もしそうであるならば，前節で取り上げた日本国憲法の改変をめぐる問題についても，筆者自身がどのようにその主体性を発揮しようとしているかについて語ることが求められよう。

　筆者は，「憲法を守る」という消極的な問題の立て方ではなく，「憲法で守る」，あるいは，「憲法でこそ日本の平和と安全は守られる」という積極的な問題の立て方を提起する。それは，アメリカ依存の国家安全保障政策とは別の「もう一つの安全保障政策」の提起でもある。

　第1に，日本国憲法との関係において「安全保障」の問題を論じる場合，ややもすれば，国家安全保障の視点から「自衛軍の憲法上の認知」や「海外派兵による国際貢献」といった軍事的視点に力点がおかれがちだが，筆者は，「人間の安全保障」の視点から，食料・エネルギー・災害対策・医療・年金・自殺予防などの諸問題の重要性を提起する[5]。

　第2に，国家安全保障政策に関しては，日米核安保体制のもとでアメリカの「核の傘」に依存する日本政府の政策を批判し，その放棄を求める。「日本が攻撃を受けた場合にはアメリカが核報復攻撃を加える」ことをあらかじめ敵に周知させることによって，敵の攻撃を事前に抑止する──これが「拡大核抑止」

Ⅲ　平和創造と主体形成

戦略であるが，核抑止力政策の背景には，「有事における核兵器の使用」を前提とした戦略思想が常にある。そのため，日本政府は，唯一の核兵器実戦使用の被災国でありながら，国連の「核兵器使用禁止決議」に賛成しない立場をとってきた。一方で，アメリカの核兵器使用を前提としておきながら，他方で，「核兵器使用禁止」に賛成することは矛盾するからである。また，核兵器使用を前提とする安全保障政策の下では，原爆被爆者に対する支援政策も及び腰にならざるをえない。核兵器の使用を前提としている限り，核兵器使用がもたらす非人道的な後遺の存在は認め難く，被爆者を切り捨てる冷酷な援護政策に陥らざるをえないからである。日本が国際社会において核兵器廃絶のイニシアチブを発揮できるためにも，日米核安保体制を離脱し，非同盟・中立・非核原理の安全保障政策を確立する必要がある——筆者はそう考える。

　第3に，「平和・共生外交基本法」を制定し，アメリカや北朝鮮を含めて対等・平等・互恵・不可侵の平和条約を締結することによって，互いの軍事力行使の憂いを断つ。「有事法制」ではなく，「無事法制」の策定である。政治の役割は，憂いを放置または生み出して備えに力を注ぐことではなく，憂いをなくすことこそが優先されなければならない。

　第4に，日本国憲法の「不戦・平和主義」を再確認し，非核3原則の法制化によって「非核原則」を拘束力のあるものとしたうえで，「モンゴルの一国非核地位」の方式にならって，国連総会の認知を得る。モンゴルは，1992年の国連総会で「一国非核地位」を宣言し，核兵器国に対して「核攻撃の対象から除外すること」を求めたのに対し，国連総会は1998年に同宣言を歓迎する決議を採択している。日本は国権の最高機関である国会で決議するだけでなく，国際社会の認知も受けることによって，日本の不戦・平和・非核政策の信頼性を高める。

　第5に，「武器輸出3原則」などの有効な諸原則を再確認し，内容的に強め，厳格に遵守する。直接的暴力としての戦争における殺戮や破壊のための手段を供給して利潤を得ることは，暴力の削減や根絶に逆行する経済行為と言うべきである。

　第6に，当面，自衛隊を「海上保安隊」と「災害救助隊」に再編・分離する。

現在日本には約 250,000 人の自衛隊員と約 12,000 人の海上保安庁要員がいるが，平和・共生政策への抜本的転換にともなってこれらを，①領海監視，経済水域および漁業専管水域監視，海上交通管制，難民・密航・密輸・拉致・難破船の監視などの諸業務にあたる「海上保安隊」と，②自然災害（地震・台風・洪水・竜巻・山火事・熱暑・冷害・大雪・旱魃など）や人為災害（原発・石油・危険物取扱施設等の事故，航空機災害，交通災害，都市ガス災害など）に備える「災害救助隊」に分離する。①に約 5 万人，他を②に割り当てる。災害救助については，原因別に調査・研究，災害予防法の開発・広報および教育・訓練，必要資材の整備などを行い，実動要員は全国に分散して適正配置し，必要に応じて直ちに出動できる態勢を整える。

　第 7 に，国際貢献は徹底的に非軍事的分野で追求する。国会に国際貢献委員会を設置し，世界の国や地域ごとに援助の質や規模を審議・決定する。検討にあたっては，国立国際貢献研究所においてなされる科学的な調査・研究の成果をふまえるものとし，派遣要員は国際貢献大学において養成する。同大学ではさまざまな専門家が養成されるが，いずれの場合にも，言語能力のみならず，派遣先の国や地域の宗教的慣行や意思決定のあり方を含めて，政治・経済・歴史・文化に関する豊かな素養を身につける。一定の達成度をクリアーした者は「国際貢献人材派遣プール」に登録する。社会人に対しても，セミナーやスクーリングを組織し，一定の基準をクリアーした場合には同様に「国際貢献人材派遣プール」に登録する。国会審議を経て具体化された派遣計画に従って人材プールから希望者を募集し，人権保護と安全保障のための措置を施して，国連や関係諸国との協力関係の下で派遣する。こうした方法によって，日本は，農業・教育・医療・建設その他の分野で大いに意味のある国際貢献ができるようになるに相違ない。

　第 8 に，平和研究を推進する研究環境をつくり，軍縮，紛争解決，核兵器廃絶，地雷除去，和解プロセス，非暴力，環境保護，平和教育など，平和創造にかかわる国連研究所を日本に誘致し，研究面からも国際社会に貢献することをめざす。大学・大学院には平和研究を専門とする部門を創設し，内外の人材を集めて，理論と実践の両面で優れた平和研究者を育てることが重要である。

Ⅲ　平和創造と主体形成

　第9に，平和教育を初等・中等・高等教育の各課程で推進し，「平和創造の主体形成」に取り組む。日本の平和教育は，広島・長崎の悲劇を含む過去の戦争の惨禍や，アジア・太平洋地域での加害の実態にも引き続き目を向けながら，世界に開かれた目で広義の平和の問題にも取り組み，何よりも問題解決に向けて実践的・積極的に取り組む主体性を育むことをめざす。

　第10は，官民両面における国際交流活動の旺盛な展開である。宗教や歴史や文化について，国家の枠組みをこえて相互理解を広く深く進展させることは，国家間の対立が生じた場合にも，破局に向かう事態を押し留める潜在的な力として作用することが期待される。

　以上のような施策を全面的に展開するならば，日本は，はるかに平和で安全な国になるに相違ないと筆者は考えている。

　いま改めて「北朝鮮脅威論」が，改憲や核武装の主張の追い風となっているかにみえるが，仮に北朝鮮が実際に日本に宣戦布告し，その戦争に勝つためには，日本に数十万の兵力を派遣し，実効支配しなければならない。万一そのような挙に出れば，北朝鮮は国連の集団安全保障体制の下で，国際社会からの厳しい批判と制裁にさらされて徹底的に封じ込められ，北朝鮮軍も退路を断たれて孤立無援に陥り，自滅するほかはない。最大・最強の国家アメリカが55万人の兵力を派遣し，自陣営だけで58,000人もの死者を出して敗北したベトナム戦争や，第一次世界大戦やベトナム戦争をも上回る戦費を使い，最も近代的な軍事力を投じてもなお「勝利」を得られないイラク戦争の実態などを見るにつけ，食料やエネルギーにさえ事欠く北朝鮮に，そのような戦争遂行能力がないことはきわめて明白である。冷静に判断して，不戦・平和・非核主義に基づく揺るぎない安全保障・外交政策をとっていくことが賢明であるに相違ない。

　以上は，日本の安全保障政策に関する筆者の見解を紹介したものであるが，もとより，本書の読者にこうした見解を一方的に押しつけるために紹介したのではない。その意図するところは，筆者自身が一人の平和学研究者として現実社会のありようと切り結びながら生きている主体的な姿を率直に開示し，読者自身が「自分ならどう行動するか」という「平和創造の主体としての視点」から学習に取り組むことを呼びかけることを意図したものである。

終　章　平和創造の主体形成

　「平和創造の主体形成」の重要性を意識しつつ書かれた本書を通じての学習が，読者自身の主体的な思考および行動のスタイルを形成する上で，何らかの示唆を与えることを心より期待したい。

〈注〉
1）　League of Nations Archives/Department of Peace Studies of Bradford University (ed.), "Peace Museum Worldwide" Geneva, 1998. 平和博物館の数は「平和博物館」の定義に依存する。現代平和学では，平和は単に「戦争のない状態」ではなく「暴力のない状態」と定義される傾向にあり，戦争・紛争・テロ・軍備競争などの直接的暴力の問題に加え，飢餓・貧困・社会的差別・人権抑圧・不公正・環境破壊・医療や教育の遅れなどの構造的暴力も研究対象とされる。ここで言う平和博物館は，いわば「狭義の平和概念」に基づくもので，不戦・非戦・反戦などのメッセージを発している展示施設に限られる。現在では施設数はさらに増加しているが，日本が平和博物館の数において優越している傾向には変わりはない。
2）　「平和のための博物館市民ネットワーク」事務局は「東京大空襲・戦災資料センター（館長：早乙女勝元）〒136-0073　東京都江東区北砂1丁目5－4（電話：03-5857-5631）http://www9.ocn.ne.jp/~sensai/　ニューズレター『ミューズ』は，平和資料館「草の家」（高知市）国際交流部の山根和代氏が中心となって，東京大空襲・戦災資料センターや立命館大学国際平和ミュージアムと協力しながら編集・発行している。
3）　安齋育郎「大学における学生参加型『平和学』講義の試み」『立命館平和研究』第8号（2007年3月）。
4）　加藤周一・大南正瑛『わだつみ不戦の誓い』（岩波ブックレット，1994年）。本書に加藤周一氏が1993年12月9日に行った講演が収録されており，その中で「過去に現在を見，現在に過去を見る」視点が提起されている。
5）　「人間の安全保障」という概念は，なお生成途上にあり，十分成熟していない。もともと国連開発計画（UNDP）が『人間開発報告』（1994年）において，発展途上国の生存条件の改善の必要性をアピールするための概念として打ち出したものであるが，やがて，先進国の環境破壊，人権侵害，少数民族の抑圧，難民問題，貧困なども視野に入れた概念に拡張されていった。2000年の国連ミレニアム・サミットを契機に設立された「人間の安全保障委員会」（議長：緒方貞子＋アマルティア・セン）の報告書は，「人間の安全保障」を「人間の生にとってかけがえのない中枢部分を守り，すべての人の自由と可能性を実現すること」と解説した。日本政府はODA政策に関連して，「人間の安全保障」を「ひとりひとりの人間を中心に据えて，脅威にさらされ得る，あるいは現に脅威の下にある個人及び地域社会の保護と能力強化を通じ，各人が尊厳ある生命を全う

233

Ⅲ 平和創造と主体形成

　できるような社会づくりを目指す考え方」と規定し，ここでいう「脅威」とは，「紛争，テロ，犯罪，人権侵害，難民の発生，感染症の蔓延，環境破壊，経済危機，災害」などの「恐怖」と，「貧困，飢餓，教育・保健医療サービスの欠如」などの「欠乏」を意味するものとされた。JICA（国際協力機構，理事長＝緒方貞子）は，「人間の安全保障」を「人々が安心して生活できるような社会づくりを行なうための枠組み」と説明しているが，筆者が本稿で用いている「人間の安全保障」も，おおよそそのような意味においてである。

資　　料

日本近現代史略年表

1　明治史略年表
2　大正史略年表
3　昭和史（第二次世界大戦前）略年表
4　昭和・平成史（第二次世界大戦後）の略年表

[資料１] 明治史略年表

西暦	日　　本	世　　界
1868	戊辰戦争／五箇条のご誓文／神仏分離令／江戸を東京と改称／明治天皇の即位の礼／明治と改元	土佐藩兵とフランス兵衝突／イギリス公パークス襲撃事件
69	戊辰戦争終結／版籍奉還（支配権を天皇に返還）	スエズ運河開通
71	廃藩置県／日清修好条規／岩倉遣欧使節団	ジュネーブ海軍軍縮会議
72	太陽暦の採用／日本発の学校制度を定めた学制公布／富岡製糸工場（群馬県）設立	岩倉（具視）使節団，欧米視察
73	徴兵令（20歳以上の男子に兵役義務）／地租改正（地価の3％を現金で納付）／征韓論争で西郷隆盛・板垣退助ら敗れ，下野（明治6年の政変）	岩倉使節団，欧米12カ国を視察して帰国
74	民撰議院設立建白書，自由民権運動始まる／佐賀の乱／台湾征討を閣議決定するも中止	
75	元老院，大審院設置	日露間で樺太・千島交換条約
76	神風連の乱，秋月の乱，萩の乱など続発	日朝修好条規
77	西南戦争で西郷敗れ，西郷自殺（最後の士族武装蜂起）／第1回内国勧業博覧会（東京）／電話機使用開始	日本，万国郵便連合に加盟
78	地方3新法／紀尾井坂の変（内務卿・大久保利通暗殺）／竹橋事件（西南戦争の論功を不満に近衛砲兵部隊が反乱，軍人勅諭や後の皇宮警察設立の契機となる）／参謀本部設置	万国郵便連合条約調印
79	琉球処分（沖縄県設置）／ボアソナード（仏）が民法起草に着手	エジソン，白熱電球開発
80	自由民権運動高揚，国会期成同盟結成／集会条例，刑法，治罪法制定	朝鮮の漢城（ソウル）に日本公使館設置
81	大蔵卿松方正義による松方デフレ政策／国会開設の詔勅／板垣退助，自由党結成／大隈重信失脚（明治14年の政変）／植木枝盛が「東洋大日本国国憲案」を作成	アメリカ大統領，銃撃され死亡
82	軍人勅諭／日本銀行設立／伊藤博文，西園寺公望ら憲法調査で渡欧／大隈重信が立憲改進党結成／福島事件（福島県の自由党員や農民が圧政に反抗）	ドイツ，オーストリア＝ハンガリー，イタリアの三国同盟成立／コッホ，結核菌発見
83	鹿鳴館（文明国であることを示すための外国人接待所）落成	朝鮮の仁川（インチョン）に日本租界設定
84	秩父事件（困民党による反乱）	甲申事変（朝鮮の開化派が日本の協力で起こしたクーデター）

85	内閣制度発足（初代内閣総理大臣：伊藤博文）	天津条約（清国と諸外国間の不平等条約）
86	帝国大学令施行／井上外相，各国公使と条約改正会議	
87	伊藤博文ら，プロイセン憲法を参考に憲法起草始める	国際語「エスペラント語」発表される
88	枢密院発足／山県有朋内相，地方制度調査で渡欧	メキシコとの間で初の平等条約締結
89	大日本帝国憲法発布／森有礼文相暗殺	
90	第1回衆議院総選挙（15円以上の納税した25歳以上男子）　第1回帝国議会召集／教育勅語発布／大日本帝国憲法施行	
91	大津事件（訪日中のロシアの皇太子に対する暗殺未遂事件）	
92	臨時総選挙に対する干渉騒動で死傷者／「萬朝報」創刊	軍艦「千島」がイギリス船と衝突，沈没
93	東京弁護士会創立	ハワイ革命（王政を廃し，臨時政府樹立）
94	日清戦争（李氏朝鮮をめぐる日本と清朝中国の間の戦争）	日英通商航海条約
95	下関条約（清の遼東半島割譲を決めたが，三国干渉で還付）	
96	民法公布	朝鮮に関する日露協定
98	大隈重信，史上初の政党内閣を組閣	日露が朝鮮の主権を確認
99	北海道土人保護法	第1回ハーグ平和会議。ハーグ陸戦条規
1900	軍部大臣現役武官制が確立	義和団の乱（秘密結社・義和団の排外運動）
01	足尾銅山鉱毒事件／官営の八幡製鉄所操業開始	日本を含む諸国と中国の間で北京議定書
02	国際調査に関する法律公布	第1次日英同盟
04	朝鮮，満州をめぐる交渉が決裂し，日露戦争勃発	第1次日韓協約
05	日本海海戦／アメリカの斡旋でポーツマス条約／日露講和に反対する民衆の日比谷焼き討ち事件（史上初の大衆暴動）	第2次日英同盟／第2次日韓協約
06	ロシアから南樺太を受領	韓国総統監府開庁／英米が満州の門戸開放を要求
07	株暴落，戦後恐慌／足尾銅山で労働争議／小学校6年制	ハーグ密使事件／第2回ハーグ国際平和会議／第3次日韓協約
08	増税法／国民精神作興に関する詔書発布	樺太境界に関して日露が協定／太平洋の現状維持に関する日米協定
09	新聞紙法／伊藤博文，ハルビンで安重根により暗殺される／韓国併合の方針を決める	アメリカによる満州鉄道中立化案に日露が反対
10	大逆事件（明治天皇暗殺計画の発覚を機に社会主義者や無政府主義者を根絶しようとし	日韓併合，朝鮮総督府設置

237

11	幸徳秋水ら大逆事件の被告24人に死刑判決／初の普通選挙法	日米新通商航海条約（関税自主権の回復）／第3次日英同盟
12	明治天皇死去，乃木希典後追い自殺	

[資料２] **大正史略年表**

西暦	日本	世界
1912	明治天皇死去／乃木希典後追い自殺／富山で米騒動	清朝滅亡
13	議会無視の桂太郎内閣総辞職／東北・北海道で大凶作	孫文ら，日本亡命
14	第1次大戦の影響で株価暴落／ドイツの勢力下のチンタオや南洋諸島を占領	第1次世界大戦勃発／パナマ運河開通／ウィルソン米大統領，中立宣言
15	日本が中国に21か条の要求／大正天皇の即位の大典／東京株式市場大暴落	米軍がハイチ侵攻，5万人殺害
16	吉野作造の「民本主義」発表，大正デモクラシーを主導／初の労働者保護法である「工場法」施行	第1次大戦史上最大の海戦（ジュットランド海戦）
17	金銀輸出禁止，金本位制停止／ロシア臨時政府を承認	ロシア革命，皇帝退位／アメリカ，ドイツに宣戦布告／中華民国も対独宣戦布告
18	シベリア出兵／米価高騰で，史上空前の米騒動（1道3府39県368か所騒動）／女性初の運転免許	ウィルソンの14か条／ドイツ革命，ヴィルヘルム2世退位，亡命／ドイツが降伏，休戦協定で第1次大戦終結（11月11日）
19	朝鮮の留学生が独立期成宣言／韓国の独立運動を軍と憲兵が弾圧／都下17校の学生が普通選挙を求めて，衆議院にデモ	韓国で3・1独立運動／共産主義インタナショナル（コミンテルン）創立大会／ムッソリーニがファシズム運動開始／ヴェルサイユ条約締結／ドイツが主権在民のワイマール憲法
20	婦人協会が婦人参政権を要求／大杉栄ら，日本社会主義同盟結成／株式・米・生糸市場など大暴落／農業恐慌	国際連盟成立，42カ国が参加するも，アメリカは不参加／ロシア革命を恐れ，アメリカで「赤狩り」，1万人逮捕
21	原敬首相暗殺／皇太子（裕仁）大正天皇に代わり摂政	ヒトラーがナチス党党首に
22	日本共産党が極秘裏に結成／監獄を刑務所に改称	ワシントン会議で海軍軍縮条約調印
23	関東大震災／流言で朝鮮人虐殺／虎の門事件（摂政裕仁狙撃事件）／力士がストライキ	フランス，ベルギーがドイツの賠償不払いを口実にルールを占領／ヒトラー，ミュンヘン暴動
24	護憲三派内閣発足（加藤高明首相）／婦人参政権獲得期成同盟会結成	中国で第1次国共合作／メートル法条約実施
25	普通選挙法と治安維持法が成立／朝鮮総督府庁舎完成／日ソ基本条約調印，ソ連と国交回復	ムッソリーニ独裁宣言／ドイツで右派のヒンデンブルクが大統領当選

26	京都学連事件で治安維持法適用／大正天皇死去／労働農民党、社会民衆党、日本労農党結成／浜松市会議員選挙で地方議会初の普通選挙	ドイツが国際連盟に加盟

[資料3] **昭和史（第二次世界大戦前）略年表**

西暦	日 本	海 外
1925	普通選挙法／治安維持法成立／朝鮮総督府庁舎完成	伊でムッソリーニ独裁／独に右派大統領／ロカルノ条約（欧州相互保障協定）
26	大正天皇死去、昭和へ／治安警察法公布／京都学連事件で初の治安維持法適用	
27	金融恐慌始まる／血液型俗説	ジュネーブ海軍軍縮会議
28	張作霖爆殺事件／全国に特高警察設置／3・15事件（共産党員ら1568人検挙）／山東省に5千人派兵／昭和天皇即位	
29	4・16事件（共産党員ら約700人検挙）／山本宣治刺殺	ニューヨーク株式市場大暴落、世界大恐慌
30	浜口首相狙撃／金輸出解禁、昭和恐慌	ロンドン海軍条約調印
31	柳条湖事件、満州事変勃発／重要産業統制法／金再び禁輸	国際連盟、期限付で日本の満州撤兵勧告
32	満州国建国宣言／5・15事件（犬養首相暗殺）／上海事変日本軍勢力拡大／平頂山事件（3000人余殺害）	リットン調査団が国際連盟に報告
33	国際連盟がリットン報告、日本の満州からの撤退を勧告／国際連盟脱退／小林多喜二拷問死／京大瀧川事件	ドイツ、全権委任法制定、ナチス一党独裁
34	海軍軍縮条約破棄をアメリカに通告／カーキ色を国防色に	ヒトラー総統／毛沢東長征（36年10月まで）
35	天皇機関説批判／美濃部達吉著書発禁、貴族院議員辞職／	中国共産党、国共合作を呼びかけ
36	ロンドン軍縮会議脱退／2・26事件／日独防共協定締結	スペイン内乱／独、オーストリアを友好協定
37	盧溝橋事件で日中全面戦争／南京事件／日独伊防共協定戦艦大和起工	国民政府、重慶に首都移転／ゲルニカ爆撃／ピカソ『ゲルニカ』描く／伊、国際連盟脱退
38	国民総動員法公布／灯火管制規則／電力管理法／重慶空爆	独、オーストリア併合／水晶の夜事件（組織的ユダヤ人迫害）
39	ノモンハン事件、日本軍敗北／映画法／米国配給統制法／ネオンやパーマネント廃止	独、ポーランド侵攻、第二次世界大戦勃発
40	大政翼賛会／大日本産業報国会／創始改名／斎藤隆夫、議会で反軍演説／言論統一のため情報局設置／大東亜新秩序・国防国家建設方針	日独伊三国軍事同盟／独、パリ爆撃／独空軍、ロンドン大空襲

41	戦陣訓／新聞紙掲載制限令／国防治安法／ゾルゲ（国際スパイ）事件／真珠湾攻撃で太平洋戦争勃発／戦艦大和竣工	独ソ戦開戦／独伊，対米宣戦布告
42	ミッドウェー海戦で大敗／ガダルカナル攻防戦など海戦／食料・衣料品など各種配給切符	日独伊に対抗し26カ国が連合共同宣言／米，原爆製造計画発足／B29試験飛行に成功
43	日本軍ガダルカナル島撤退／アッツ島玉砕／学徒出陣大東亜会議（傀儡政権の会議）	原爆対日使用を検討／伊，全面降伏，内戦へ
44	インパール作戦／サイパン玉砕／学童疎開／B29飛来／神風特攻隊，初出撃	ノルマンディ上陸作戦（6月〜8月）／パリ解放（8/25）
45	東京大空襲（3/10）／硫黄島陥落（3/22）／米軍沖縄本島上陸（4/1），沖縄戦／戦艦大和沈没（4/7）／都市空襲続く／ポツダム宣言（7/26）を鈴木貫太郎首相「黙殺」／広島原爆（8/6）／ソ連，対日参戦（8/8）／長崎原爆（8/9）／終戦の詔勅（8/14）／玉音放送（8/15）／降伏文書に調印，太平洋戦争終結（9/2）／東条英機ら戦犯容疑者逮捕（9/11）／中国大陸の日本軍全面降伏，日中戦争終結（9月下旬）	米英ソ，ヤルタ会談（2月）／国連憲章採択（4/25）／ベルリン陥落（5/2）／ドイツ無条件降伏（5/8）／ポツダム宣言（7/26）／連合国軍最高司令官マッカーサー来日（8/30）／日本無条件降伏（9/2）／プレス・コード（9/10）／国連発足（10/24）

[資料4] 昭和・平成史（第二次世界大戦後）の略年表

西暦	日　本	世　界
1945	東京大空襲など無差別爆撃（死者約70万人），沖縄戦，広島・長崎原爆投下を経て，日本が無条件降伏／8月14日，第3の原爆の京都への投下リハーサル／治安維持法・特高など廃止	アメリカ原爆開発／連合国軍最高司令部（GHQ）が言論・新聞の自由を統制（プレス・コード）
46	天皇人間宣言／東京裁判／労働組合法／婦人参政権／琉球列島・小笠原群島などの行政権停止	アメリカが戦後初の原爆実験（ビキニ環礁）／世界保健機関憲章調印
47	日本国憲法施行／教育基本法・学校教育法・労働基準法刑法・民法・国会法など重要法規続々公布	アメリカがマーシャル・プラン（欧州経済復興計画）
48	東京裁判判決（東条英機ら7人死刑，16人終身禁固刑）／郵政保護法公布／海上保安庁発足	大韓民国（韓国）・北朝鮮が成立／世界保健機関（WHO）発足／第一次中東戦争
49	三鷹事件・松川事件などで共産党員逮捕（松川事件は後に全員無罪確定）／身体障害者福祉法施行／『きけわだつみのこえ』発刊／池田蔵相「所得の少ない者は麦を食う」発言／広島平和記念都市建設法および長崎国際文化都市建設法公布，原爆被災資料の	北大西洋条約調印／中華人民共和国成立／ソ連核保有／国連本部ビル完成／ベルリン封鎖解除

	公開展示開まる	
1950	レッドパージ（共産党員追放）／警察予備隊発足／軍国主義者の追放解除／天野文相「教育勅語に代わるべきもの」発言／戦没学生記念会（わだつみ会）発足	ストックホルム・アピール／朝鮮戦争勃発／トルーマン米大統領，対日講話交渉を開始声明
51	サンフランシスコ条約調印／政府が財閥解体完了発表／鳩山一郎・岸信介らA級戦犯公職追放解除	世界平和評議会がベルリン・アピール，5大国に平和条約締結を要請／北大西洋条約機構（NATO）軍発
52	サンフランシスコ平和条約発効／日米行政協定／血のメーデー事件／破壊活動防止法／警察予備隊と海上警備隊を保安隊に統括／天皇靖国神社に参拝	国連に加盟申請／ソ連の拒否権で否決／アメリカが水爆実験に成功／イギリスが原爆実験に成功
53	ストライキ規正法／池田・ロバートソン会談で日本の防衛力強化合意	中国・ソ連から引き揚げ／朝鮮戦争休戦協定／ソ連水爆を保有
54	ビキニ水爆被災事件（第五福竜丸）／自衛隊・防衛庁発足	東南アジア条約機構（SEATO）発足
55	保守合同（55年体制）／原水爆禁止日本協議会結成／第1回原水爆禁止世界大会開催	ラッセル＝アインシュタイン宣言／東欧諸国がワルシャワ条約機構（WTO）結成
56	日ソ国交回復／衆参両院「原水爆実験禁止要望決議」／日本原水爆被害者団体協議会，結成／砂川基地闘争／鳩山首相「防衛上必須なら他国の基地攻撃も可」と発言	日本の国連加盟承認
57	東海村に原子炉／国連加盟正式決定，非常任理事国へ／「攻撃的核兵器保有は違憲」との政府見解	日米共同声明で「日米新時代」強調／パグウォッシュ会議，核実験中止要請／国際原子力機関（IAEA）発足
58	日教組，勤務評定反対闘争／社会党が選挙で最高水準	ヨーロッパ経済機構
59	安保反対デモ，国会突入／社会党分裂	キューバ革命／中印国境紛争／ソ連首相訪米／南極条約調印
1960	安保条約反対闘争（自衛隊強化，極東の範囲，核持ち込みなどで国民的反対運動）／岸首相「声なき声」発言／浅沼社会党委員長刺殺事件／三井三池炭鉱争議／池田内閣が所得倍増計画	フランスが初の原爆実験に成功／ソ連の戦略ミサイル配備偵察のための米スパイ偵察機撃墜される
61	松川事件全員無罪／釜ケ崎で暴動／三無主義（共産主義に対抗するクーデター計画）発覚	フルシチョフ書簡「領土問題は解決済み」／アメリカがキューバと国交断絶／ソ連が50メガトン級の超巨大水爆実験
62	ケネディ大統領「沖縄は日本」と言明	キューバ危機／アメリカがクリスマス島で大気圏内核実験強行／中印国境紛争
63	政府主催の戦没者追悼式／松川事件，全員無罪	ケネディ大統領暗殺事件／米英ソが部分的核実験禁止条約調印
64	政府が米原子力潜水艦の寄港を受諾／東京大空襲を指揮したルメイ将軍に「航空自衛隊	ベトナムでトンキン湾事件　中国が初の核実験／キング牧師にノーベル平和賞

65	への貢献」を理由に勲一等旭日大綬章授与 日韓基本条約成立。原水爆禁止日本国民会議結成　徴兵制や核持ち込みを肯定する防衛庁の「三矢研究」が暴露される／戦後初の赤字国債発行／家永教科書訴訟	アメリカがベトナム戦争に介入，北爆開始／ワシントンで「法による世界平和」に関する国際会議
66	建国記念の日／成田空港建設計画で住民の反対闘争	北京で文化大革命祝賀紅衛兵100万人集会
67	佐藤首相訪問外交反対の羽田闘争／小笠原諸島返還決定／与党「非核3原則」を含む核政策の基本方針決定	米軍がベトナムで枯葉作戦開始／中国が初の水爆実験に成功／トラテロルコ条約調印
68	東大紛争など全国で大学紛争／消費者保護基本法／水俣病・イタイイタイ病など公害病として認定／カネミ油症事件／米空母日本寄港で反対運動／米軍ジェット機九州大学墜落	米軍がソンミ村虐殺事件／ベトナム和平会談がパリで本格協議開始
69	佐藤首相訪米で72年に「核抜き・本土並み」で沖縄返還／日本GNP世界第2位へ／与党，靖国神社法案提出	中ソ国境紛争／ベトナム反戦などでフランシーヌが焼身自殺（パリ）／南ベトナム臨時革命政府樹立
1970	日米安保条約自動延長／沖縄国政参加選挙／大阪万博開催／三島由紀夫が自衛隊員にクーデター呼びかけ割腹自殺	核不拡散条約発効／ニクソン大統領，ベトナム和平で5項目提案
71	全日空機が自衛隊機と空中衝突／天皇訪欧，戦争責任浮上／成田空港反対闘争／広島平和記念式典に首相が初出席　海上自衛隊，初の日米合同演習／第4次防衛力整備計画	米中国交回復／ニクソン大統領が新経済政策で関税一律10％追徴
72	日中国交正常化／沖縄返還／原発中心の電力開発政策／田中角栄首相「日本列島改造論」	米中「平和5原則」共同声明／米ソ「戦略兵器削減協定」調印／第1回国連人間環境会議「かけがいのない地球」／ウォーターゲート事件／米最後の部隊ベトナム撤退
73	石油危機／天皇が防衛庁長官に「旧軍の悪いところは真似せず，いいところは取り入れてしっかりやれ」と発言／長沼ナイキ訴訟で札幌地裁が違憲判決／日ソ共同声明で北方領土問題未解決を確認／北京に日本大使館	イギリスなどECに加盟，第一次拡大／チリで軍事クーデター／第4次中東戦争
74	ラロック証言「米艦船は核搭載のまま日本に寄港」／第1回中国残留日本人孤児公開調査／日韓大陸棚協定調印	世界食糧会議／米ソが戦略兵器削減交渉促進で合意
75	沖縄海洋博覧会／天皇記者会見「原爆投下やむを得なかった」と発言／新潟地裁，反戦ビラ配布自衛官に無罪／女子定年差別は無効と東京高裁	南ベトナム崩壊，戦争終結／国際婦人年　第1回主要国首脳会談（サミット）
76	ロッキード事件／ソ連ミグ25亡命事件／初の	第一次天安門事件

資料

	防衛大綱／天皇在位50年記念式典	
77	異常円高で影響／新海洋体制（領海12海里，漁業専管水域200海里）へ海洋2法／ソ連，日ソ漁業条約破棄／NGO被爆問題国際シンポジウム／原水爆禁止世界大会統一開催	中国，文化大革命終結宣言
78	日中平和友好条約調印／日米防衛協力のための指針決定／栗栖統幕議長が「緊急時には超法規的行動も可」と発言，更迭	第1回国連軍縮特別総会（日本から約500人）／世界初の体外受精児
79	東京サミット／官公庁不正続出／広島が政令指定都市に／第2次石油危機	米中国交樹立／中越国境紛争／スリーマイル原発事故／朴韓国大統領暗殺／ソ連アフガニスタン侵攻
1980	奥野法相「現行憲法は占領軍の指示で制定」などと発言	光州事件／イラン・イラク戦争
81	ライシャワー「核持ち込み」発言／ローマ法王来日／北朝鮮日本人妻問題	第7回サミット，テロに関する声明
82	教科書検定で「侵略」を「進出」に変えさせ内外から批判／教科書検定，中国・韓国が抗議，国際問題化	フォークランド紛争／国際環境計画特別会議ナイロビ宣言／商業捕鯨全面禁止／第2回国連軍縮特別総会
83	老人保健法施行，70歳以上の医療有料化／中曽根首相「不沈空母」発言／レーガン大統領来日「日米安保信頼性強化」／北朝鮮兵士を密入国で逮捕	大韓航空機撃墜事件／米軍，グレナダに軍事侵攻／第9回サミット「平和と軍縮のための政治声明」
84	中曽根首相，靖国神社に首相として戦後初参拝／防衛費1％枠が問題化／韓国大統領初来日，日韓共同声明	中英が香港返還で合意文書／第10回サミット「発展途上国の累積債務問題」
85	日本人エイズ患者第1号／中曽根首相，靖国公式参拝／先進5カ国蔵相・中央銀行総裁会議で新しい為替レート合意（プラザ合意）で日本は急速に円高，バブル景気を誘発	イギリスで狂牛病／レーガン・ゴルバチョフ会談／第11回サミット「ガット新ラウンドの早期開始」で一致／ラロトンガ条約調印
86	自民党300議席超／藤尾文相「日韓併合は韓国にも責任」発言／中曽根首相，アメリカの黒人などについて差別発言，謝罪／男女雇用機会均等法／逗子市住民，池子弾薬庫跡地問題で市議会をリコール	スペースシャトル爆発／チェルノブイリ原発事故／イラン・コントラ事件，テロ支援が発覚／G7蔵相会議初会合
87	東芝機械ココム違反事件／エイズもない深刻化／林野庁が知床国立公園内の国有林伐採を強行	第13回サミット「アジア新工業経済地域への協力要請」
88	自衛隊潜水艦「なだしお」と漁船が衝突／天皇の病状悪化／最高裁が「自衛官合祀」逆転合憲判決／佐治サントリー社長が「東北は熊襲の産地」発言	イラン・イラク戦争停戦／米艦がイラン旅客機撃墜／米ソ間で中距離核戦力全廃条約が発効／第14回サミット「最貧国の債務救済への協力」を要請／第3回連軍縮特別総会
89	バブル経済／リクルート事件／参議院で与野	ベルリンの壁崩壊／第2次天安門事件／ホメ

243

年		
	党逆転／昭和天皇死去／消費税創設	イニ師が『悪魔の詩』を反イスラム的とし著者に死刑を宣告／ソ連，アフガニスタンから撤退／アメリカがパナマに軍事介入
1990	天皇即位式／「大嘗祭」への首相出席のための宮廷費支出が憲法20条違反か否かで論議／梶山法相「アメリカには黒が入って白が追い出される」との差別発言／対イラク多国籍軍に10億ドル支出／金丸訪朝団共同宣言「戦後45年の謝罪と償い」をめぐって論議	東西ドイツ統一／イラクがクウェートに侵攻／南アの黒人解放運動のマンデラが釈放／南北朝鮮，分断初の首脳会談／米議会公聴会でのイラク兵の残虐行為に関する少女の証言は虚偽と判明／韓ソ国交樹立
91	湾岸戦争の多国籍軍に90億ドル追加支援／日ソ共同声明でソ連は領土問題の存在認めるも，56年日ソ共同宣言の再確認せず	湾岸戦争勃発／ソ連崩壊／北朝鮮・韓国が国連加盟／ソウルの第5回南北首脳会談「南北間の和解と不可侵および交流協力」を合意／ソマリアで内戦／油まみれの鵜の写真で「環境テロ」を訴えた記事は捏造による情報操作と判明
92	PKO協力法成立／カンボジアに自衛隊を派遣／天皇訪中「わが国が中国国民に対し多大な苦難を与えた不幸な一時期」	第1回中東和平多国間会議／地球環境サミット「リオ宣言」／第18回サミット「新パートナーシップ形成」呼びかけ／EC，マーストリヒト条約（欧州連合条約）調印／中韓国交樹立
93	天皇が戦後初の沖縄訪問／自衛隊をモザンビークにPKO派遣／エリツィン大統領来日，「領土問題を解決して平和条約締結」めざす東京宣言	ニューヨークの世界貿易センタービルで爆弾テロ／カンボジアに暫定政府／イスラエルとPLOが相互承認
94	村山政権誕生／「自衛隊は合憲」／社会党は変質して急速に衰退／オウム真理教松本サリン事件／永野法相「南京大虐殺はでっち上げ」／櫻井環境庁長官「アジアは日本の戦争で植民地支配から独立」／自衛隊をザイールに派遣	マンデラが南ア初の黒人大統領／米朝枠組み合意「北朝鮮の黒鉛減速炉放棄の見返りに軽水型原発2基提供」
95	戦後50年／阪神大震災／オウム真理教地下鉄サリン事件／沖縄の米兵少女暴行事件で米軍基地問題紛糾／高速増殖炉もんじゅでナトリウム漏れ事故／自民党渡辺美智雄氏「日韓併合条約は円満に結ばれた条約であり，植民地支配に当たらない」／村山首相談話「戦争でアジア諸国に損害と苦痛を与えたことを反省」／「新防衛大綱」閣議決定	世界貿易機関（WTO）発足／第21回サミット「IMFなどの国際機関の見直し論」／フランスが核実験強行／バンコク条約調印
96	オウム真理教裁判／らい予防法廃止法が成立／母体保護法／自衛隊をゴラン高原に派遣／巻原発の住民投票で反対派が圧倒	ペルー日本大使館公邸人質事件／アフガニスタンでタリバンが首都占拠／第22回サミット「経済のグローバル化」を中心に，中

97	ナホトカ号，日本海に重油流出／臓器移植法成立／アイヌ保護法成立（北海道旧土人保護法廃止）／橋本・エリツィン，2000年までの平和条約締結への努力で合意（クラスノヤルスク合意）	東・朝鮮半島情勢を論じる／ペリンダバ条約調印／金正日が党総書記に／コソボ紛争深刻化／第23回サミット「温暖化ガス削減などの地球環境問題，感染症，テロ」で討議／「地球温暖化」などで京都議定書
98	衆議院が小渕恵三，参議院が菅直人を首相に指名／橋本・エリツィン会談「領土を含む包括的条約づくりをめざす」／江沢民中国国家主席来日，小渕首相「戦争責任の反省と謝罪」	金大中が大統領就任／イギリスとアイルランドが和平合意／北朝鮮の潜水艦が韓国領海に侵入／ケニア，タンザニアで米大使館爆破テロ
99	東海村で国内初の臨界事故／脳死判定による移植手術／海上自衛隊が初の海上警備行動／国旗・国歌法成立／通信傍受法成立／改正住民基本台帳法成立／西村防衛政務次官，日本の核武装の検討を示唆。「国防とは大和撫子が他国の男に強姦されるのを防ぐこと」などの発言で辞任／自民・自由・公明連立内閣／自衛隊を東チモールに派遣	NATOがユーゴスラビア空爆／アメリカの高校で銃乱射事件／北朝鮮艇が韓国軍艦と銃撃戦／世界的に2000年（2KY）問題
2000	犯罪被害者法，改正少年法成立／コンピュータ・ウイルス問題／森首相「日本は神の国」発言／花岡事件，和解／沖縄サミット	南北朝鮮首脳が初の会談／米大統領選で票の集計で混乱／中東和解交渉決裂／ソ連原子力潜水艦事故／ユーゴ政権崩壊／第26回サミット「IT格差，感染症予防対策」
01	ハワイ沖で米原潜が宇和島水産高校の実習船に衝突，8人死亡／国内初の狂牛病／自衛隊がインド洋で米英軍支援／北朝鮮籍とみられる不審船沈没／小泉首相，靖国神社参拝公約	アメリカで9・11テロ／アフガニスタン攻撃／タリバンがバーミヤン遺跡破壊／アメリカで愛国法成立
02	日本の首相が初訪朝して首脳会談，日朝ピョンヤン宣言／中国の警察が日本公館内で北朝鮮男女を拘束，主権侵害が問題化／自衛隊を東チモールに派遣／個人情報保護で各地で反対運動	モスクワ劇場占拠事件／バリで爆弾テロ／対イラク安保理決議／ユーロ現金流通開始／ブッシュ大統領，イラン・イラク・北朝鮮を「悪の枢軸」と非難／韓国で米軍戦車が轢殺事件，抗議運動全国化／ブッシュ大統領「イラクの核兵器保有」を根拠なく主張
03	自衛隊のイラク派遣／イラクで日本人外交官2人殺害／有事法制関連3法成立／イラク復興支援特別措置法成立／小泉首相靖国神社参拝／小泉首相発言「自衛隊は実質的に軍隊」「集団的自衛権を認めるなら憲法は改正した方がいい」／財務省が20兆円余のドル購入，ブッシュ政権支援／東京都の教育委員会が日の丸・君が代強制通達	米軍，大量破壊兵器疑惑を理由にイラク侵攻（3/20）／大規模戦闘終結宣言（5/1）／SARS集団発生／盧政権「太陽政策」を継承，「平和繁栄政策」

04	イラクへの自衛隊派遣／イラクで日本人が人質／鳥インフルエンザ騒動／岡田民主党代表「安保理決議があれば自衛隊が武力行使できるよう憲法を改正すべき」と発言／改正外為法成立（北朝鮮への経済制裁可能に）／年金制度改革関連法成立／小泉首相靖国神社参拝，政教分離原則違反が改めて問題化／沖縄国際大学に米軍ヘリコプター墜落	インド洋津波／中国活動家が尖閣諸島上陸／イラク戦争，長期化の様相／スペインで列車爆破／コソボ紛争再燃／米調査団，イラクの大量破壊兵器保有に否定的見解／特別法廷，サダム・フセインを戦犯容疑で告発／ニューヨーク地裁「愛国法は違憲」／アブグレイブのイラク人拘束者に虐待
05	慰安婦問題の番組制作で安倍晋三氏らがNHKに圧力との批判／前原民主党代表「中国の脅威に対抗するため，集団的自衛権行使を可能にする改憲の必要性」発言／郵政民営化総選挙／小泉首相，平和祈念式典後，恒例の被爆者との懇談もたず／首相，5年連続靖国参拝／文部科学省，中学公民教科書検定で「イラクに大量破壊兵器はなかった」との記述に修正求める／普天間基地移設先として日米が辺野古崎で基本合意／島根県議会が「竹島の日」を制定，韓国で大きな反発	靖国問題で日中対立激化／米政府が横須賀への原子力空母配備計画を発表／イラクの治安安定せず／ロンドンで同時爆破事件／北朝鮮が6カ国協議参加無期限中断と核兵器の製造・保有を公式宣言／京都議定書発効／イラクで新憲法草案国民投票，約8割が賛成／ブッシュ大統領，イラク開戦情報の錯誤を認める／初の非核地帯会議
06	社民党が自衛隊合憲解釈を撤回／小泉首相が靖国参拝／防衛庁を防衛省に昇格／教育基本法タウンミーティングでやらせ／昭和天皇が1988年靖国へのA級戦犯合祀で不快感を示していたことを示す元宮内庁長のメモ	北朝鮮がミサイル発射実験と核実験実施 ネバダで臨界前核実験／ロンドンで航空機爆破テロ計画／フセイン元大統領死刑／イラク泥沼化，米兵死者3000人超，イラク人犠牲者15万人超

（作成：安斎育郎）

あとがき

　平和学に関する教科書が，このところ何冊も出版されている。それらの書物のなかで，必ずといっていいほど紹介されるのが，ヨハン・ガルトゥングの提唱した「構造的暴力」論である。この議論は，社会構造のなかに「暴力性」をはらんでいるという重要な指摘であり，「ワーキング・プア」や「ネットカフェ難民」の存在が，現代の日本社会においてクローズアップされるなかで，日本においても「構造的暴力」の問題は無視できるものではない。

　しかし，そのようななかで，日本から発信する，あるいは，日本オリジナルの「平和学」はないのかと考え，日本オリジナルな「平和学」のありようを示唆するテキストを編集してみようと編者は考えた。そこで，「平和憲法」の理念とともに，ヨーロッパにおける市民革命以降，長い時間をかけて培われてきた「基本的人権」の精神が結晶化されていることにも目を向け，現在の日本政府の政策を「平和学」の観点から批判的に検討することも試みた。

　たしかに，時代の制約を受けて人間がつくったものに「完全無欠」ということはありえないことから，日本国憲法にも，戦後60年以上を経た今日，時代にそぐわない部分もあるかもしれない。しかし，その点を認めたうえで，なおかつ，「平和主義」を掲げる時代の先見性が，日本国憲法の中には盛り込まれている点に注目し，最終的には，立憲主義に基づく「権力の抑制」が今の日本には最も求められていることから，編者は，『日本から発信する平和学』という，少々大胆なネーミングをしてみることにした。

　そのため，もともとは，憲法学を平和学の観点から説き起こそうとする君島東彦・立命館大学教授にも原稿執筆を依頼していたのだが，ご多忙のため，代わりに，もう一人の編者である安斎育郎・立命館大学国際平和ミュージアム館長に，平和憲法の意義を，平和運動の実績と重ね合わせるかたちで執筆していただくことにした。

　君島教授は，2007年6月，一般市民に向けて年1回開催される「憲法再生

フォーラム」の基調講演のなかで,「今の憲法9条がある限り,いくら"解釈改憲"と批判されようが,自衛隊と憲法との整合性を説明する責任は政府にある。ところが,憲法9条が改正されてしまったら,たとえ,憲法9条1項は残すにせよ,2項に自衛軍の規定が盛り込まれれば,"平和"の理念や,"平和運動"の意義に関する説明責任は,われわれ市民の側に移ってしまう。そうなれば,この説明責任を果たす仕事はかなり困難なものとなる」と指摘された。

　この指摘は非常に重要である。本書第Ⅰ部を読めばわかるように,権力の濫用や軍部の政治的台頭を食い止めることができなかった結果,あるいは,個人の内面の自由に国家が荒々しく介入した結果,最終的には太平洋戦争の勃発へと突き進んでしまった。

　現在,9条2項を変更することへの抵抗感を減殺するために,あえて「プライバシー保護」の権利や環境権など,「新しい人種」を盛り込もうとする試みがとりざたされているが,これまでも,憲法学の世界では,たとえば,憲法13条の幸福追求権を援用して,プライバシーの権利をはじめとする「新しい人権」を認めようとする動きは起きていた。このように考えてみると,「平和」創造のためには,一人ひとりが国家権力の濫用を監視することによって,また,社会構造のありようを注意深く観察することによって,暴力を未然に防ぎ,「知らなかったことに気づく」ことが,平和学のスタート地点であることに気がつかされるであろう。

　また,本書が刊行される2007年は,日中戦争開戦から70周年の節目にあたる。しかし,ここ最近の日本の傾向として,「日本という国家としての誇り」あるいは「日本国民としての誇り」を尊重するあまり,過去にあった出来事をあたかもなかったかのように語ったり,事実関係を歪曲して伝えたりする歴史修正主義的な動きが見られ,より普遍的な「人間としての誇り」を捨てつつある動きが一部に見受けられる。このことは,日本において唯一地上戦を闘った沖縄において,軍部の命令による集団自決はなかったとして,教科書検定において,集団自決に関する記述を削除したことにも現れている(このため,沖縄県では,2007年9月に,歴史教科書の改ざんに対する県民集会が開催された)。こうした戦後国際秩序を否定するかのような動きには,隣国だけでなく,戦後国際秩序

あとがき

の礎を築いた，同盟国アメリカからも批判されていることに留意する必要があろう（アメリカは，戦前の日本への回帰を恐れているという点に注意を払うべきである）。

そのためには，序章に記述しておいたように，故馬場伸也先生（元大阪大学教授，日本平和学会会長時代にご逝去された）が「アイデンティティ」の概念を国際関係論や平和学の世界に持ち込んだ先見性にも着目する必要があろう。1980年代の第二次冷戦と呼ばれる時期に，大国からのパワーから抜け出そうとする様々なアクター（中小国だけでなく，NGOや諸個人など）に着目し，「アイデンティティ」という概念で国際関係論を語る，当時としては斬新な考えに，編者は学部時代に，そして，本書の執筆者の一人である川村暁雄氏は大学院生として大いに触発された。

馬場先生のユーモアあふれる講義は，亡くなられて18年経った今でも私の脳裏から離れることはないが，先生が講義のなかで語った言葉のなかに，「皆さんは，関西でしか学べない国際関係論を学びなさい。それは，東京といった権力の中枢から離れてみると見えてくる動き，すなわち，権力をはねのけ，自分は何者かを問う，アイデンティティの煩悩をだれしもがもっていることに気づかされる。「国際社会」は，そうした人間たちが集まる綾（あや）として形成されつつあるのである。だから，関西で国際関係論を学ぶことの意義は，反権力・被抑圧の立場に立った国際関係論を学ぶということにある」と力説され，関西地区における平和学の礎を築かれようとしていたように，今となっては思われる。

反権力・被抑圧の視点に立つということは，平和学にとって重要な視点であるが，馬場先生が生きておられた冷戦時代における日本の平和学は，J. ガルトゥングの「構造的暴力」論が一世を風靡する一方で，非核運動においてそれなりの実績を積み重ねつつあったものの，平和運動と平和研究の接点が緊密であったかというと，十分な成果をあげるまでには到達しておらず，まして，「平和憲法」のもとで，平和学独自の安全保障観を打ち出すことはできずにいた。

馬場先生が亡くなられて1カ月後の1989年11月，ベルリンの壁は崩壊し，冷戦構造がドラスティックに変化する中で，アイデンティティをめぐる紛争が

起きるようになり，戦争形態も「新しい戦争」（M.カルドー）に移りつつあった。それでも，グローバリゼーションの流れのなかで，人々のアイデンティティは，序章でも触れたように，同一人物のなかで，アイデンティティは重層的に形成され，場面ごとに使い分けられるようになってきた。また，核廃絶を求めたり，対人地雷全廃条約を締結させたり，地球温暖化への対策に向けて歩調を合わせるようになるなど，志を共にする「地球市民」が，活動の拠点はローカルであっても，トランスナショナル（脱国家的・超国境的）に人々が連帯する動きが見られるようになってきた。ここに，グローバル化時代の新たな「平和学」の創造が求められるとともに，権力自体も，一国単位ではなく，グローバルな単位で行使され，また，政治権力だけでなく，多国籍企業による労働力の搾取など，様々な権力行使の源泉が見られるようになってきたことにも注意を払う必要が生まれてきている。

　こうした状況のなかで，本書では，「平和憲法」の理念や「核廃絶」の訴えを世界に発信する責務を有する日本が，自ら，平和学の重要性についても発信する必要があると考え，平和学のこれまでの到達点を確認すると同時に，日本政府の動きを監視し，なおかつ，これまでの「平和」への歩みを概観するよう，平和教育や平和憲法の理念を明らかにするという構成を考えた。編者の試みが成功しているかどうかは，読者に委ねるほかないが，本書を読んで，一人でも，日本の現状を憂い，平和学に関心を寄せ，自ら考え，行動する人が増えることを心から願っている。

　最後に，編者と率直な意見交換を行いながら，遅れがちな原稿執筆や編集作業を忍耐強く見守っていただいた法律文化社編集部の小西英央氏に，心よりお礼を申しあげる次第である。

　　2007年7月

　　　　　　　　　　　　　　　　　　　　　編者を代表して　　池尾靖志

索引

ア 行

愛国心……………………………15,16,200
アイデンティティ………5,6,9,11,12,16,24,27
アイヌ文化振興法………………………187
アイヌ民族………………………………186
IPCC(気候変動に関する政府間パネル)……165
アウトリーチ活動…………………103,106
悪の枢軸…………………………………113
朝日訴訟…………………………………18
アジア開発銀行…………………………143
アジア不拡散協議(ASTOP)……………106
アジア輸出管理セミナー………………106
ATTAC(市民を支援するために金融取
　引への課税を求めるアソシエーション)……18
新しい戦争……………………11,12,44,123
アトミック・ソルジャー…………………17
アナーキー…………………………………7
UNOSOM Ⅱ………………………………18
アフガニスタン攻撃……………………198
アボリジニ………………………………177
アボリション 2000………………………59
アーミテージ報告………………………220
アムネスティ・インターナショナル……8
アメリカナイゼーション………………10
安全保障のジレンマ……………………37
慰安婦問題………………71,72,78,86,198,228
移動の自由………………………………177,181
イラク戦争………………………14,48,65,198,232
イラク復興支援特措法……………………23
イラク復興支援特別措置法………………13
ウェストファリア・システム……………3
右傾化……………………………………14
宇宙条約………………………………61,69
エスニック集団…………………………12
エスノセントリック……………………200
NGO…………………………………65,228
NPT…………………………………7,104
エネルギーの利用の合理化に関する法律……160
援助委員会(DAC)………………………136

カ 行

沖縄県民投票……………………………35
沖縄戦の集団自決…………………………24
沖縄返還……………………………51,52
　──・基地撤去運動………………49,66
　──協定………………………………68,81
教え子を二度と戦場に送るな……………56
オーストラリア・グループ(AG)………99,103
思いやり予算…………………………34,219
温室効果ガス……………………156,165
オンブズマン……………………………190

カ 行

海外経済協力基金(OECF)………………142
海外派兵……………………………13,31
外国人労働者……………………………182
解釈改憲………………………14,31,215,225
改正駐留軍用地特借法……………………35
解放令……………………………………183
科学的命題(客観的命題)……………71,82,87,89
化学兵器禁止条約(CWC)………………97
格差社会…………………………………15
拡散に対する安全保障構想(PSI)……93,104,113
学習指導要領………………………179,197
拡大核抑止………………………………229
核抜き・本土並み……………………52,62
核の傘………………………44,110,112,229
核の冬……………………………………4
核の平和…………………………………4
核の闇市場…………………………99,105
核廃絶……………………………………110
核不拡散条約(NPT)…………………93,97
核武装論…………………………………112
核兵器……………………………………216
　──使用禁止決議……………………230
　──廃絶国連要請署名運動……………228
　──持ち込み…………………………217
核抑止政策………………………………88
核抑止力………………………4,17,61,110
核抑止論…………………………………88
核4政策…………………………………218

251

価値相対主義	85
価値的命題	71, 83, 84, 89
家庭内暴力	177
神風特攻隊	28
神の見えざる手	7
環境社会配慮ガイドライン	146
環境税	167
機関委任事務	35
企業の社会的責任	103
旗国主義	107
北朝鮮脅威論	232
基盤的防衛力構想	33
キャッチ・オール規制	93, 100, 101, 102, 112
九条の会	54, 56, 68, 221, 223, 225
9条の世界化	222
9条擁護運動	210
旧敵国条項	43
キューバ危機	4
教育基本法	15, 24, 50, 195, 196, 198
教育勅語	25
教科書問題	86, 198
強制連行	198
京都議定書	156, 160, 170
——目標達成計画	171
恐怖からの自由	118
玉音放送	213
極東委員会	55, 213
極東軍事裁判	29
極東国際軍事裁判	79
近隣諸国条項	78
草の根・人間の安全保障無償資金協力	148
グローバリゼーション	9, 13, 65
グローバル・アパルトヘイト	10
グローバル・ガヴァナンス	124, 127, 129
グローバル9条キャンペーン	222
グローバルな危害（global harm）	121
軍縮	94
軍部	28, 31
——大臣現役武官制	26, 43
経済協力開発機構（OECD）	136
警察予備隊	31, 50, 216
欠格条項	188
欠乏からの自由	118
ゲームの理論	17

原子力基本法	48, 216
原子力供給グループ（NSG）	98
原子力平和利用3原則	57
原水爆禁止運動	58, 64, 225
原水爆禁止世界大会	57
原潜寄航反対運動	51
原爆医療法	57
原爆投下	203
憲法改正	2, 28, 41
——国民投票法	225
——草案要綱	54, 213
憲法草案要綱	29, 213
憲法第9条	2, 14, 40
憲法問題調査会	213
憲法擁護運動	49, 66, 222
憲法擁護論	65
権　利	175, 176, 178
権　力	15, 135, 179
言論の自由	179
公害反対運動	47
公正な裁判を受ける権利	176
構造改革政策	10
構造的暴力	2, 5, 8, 11, 47, 84, 121, 198
交通バリアフリー法	188
高度経済成長	136
河野談話	78
公民権運動	181
小型武器	12, 18, 95
国際海事機構	107
国際教育開発学	208
国際協力機構（JICA）	140
国際協力銀行（JBIC）	140
国際公共財	7
国際貢献	13, 14, 43
国際司法裁判所（ICJ）	60, 88, 110, 111
国際人権規約	177, 186
国際政策	127, 130
「国際平和協力懇談会」報告書	149
国際レジーム	7
国際連盟	3
国籍条項	185
国体護持	28
国内排出量取引制度	170
国民主権	213

国民総動員体制·················228
国民投票法(案)················23,43
国民保護計画··················37,45
国民保護法··················36,37,128
国連安全保障理事会·················41
国連開発計画·················116,146
国連海洋法条約··················106
国連軍縮特別総会············52,60,64,228
国連先住民作業部会················187
国連地球環境リオ・サミット············65
国連の規約人権委員会···············184
国連平和維持活動(PKO)協力法··········44
国連平和協力法案·················220
国連ミレニアム・サミット············126
ココム(COCOM)················100
コソボ空爆····················14
国家安全保障················117,229
　　──政策···················229
　　──戦略····················38
国家主義····················228
国家神道·····················25
国旗・国歌法················15,198
コトパンジャン・ダムプロジェクト········142
子どもの権利条約·················177
「個別的」自衛権···············31,44,219

サ　行

再軍備···················29,215
財産権······················176
財政投融資····················138
在日外国人····················199
在日コリアン···················182
在日米軍再編最終報告················64
在日米軍再編特措法·················40
再編実施のための日米ロードマップ·········40
SACO(沖縄に関する特別行動委員会)········36
差別禁止法····················181
サミット(主要国首脳会議)··············7
ザンガー委員会···················98
産業構造審議会(産構審)··············161
サンフランシスコ講和会議··············29
サンフランシスコ講和条約············30,80
自衛権······················215
自衛戦争観····················79

自衛隊····················50,216
　　──法····················23
自国中心主義···················200
資産家の選挙権··················176
自助努力支援···················140
事前協議·····················34
死の灰·······················4
シビリアン・コントロール············26
市民革命·····················27
社会意識(集団の意識)···············201
ジャパン・ODAモデル············150,151
集合的記憶····················201
15年戦争················3,48,67,72
終戦記念日····················79
集団安全保障···············30,40,232
　　──体制···············3,14,41,219
集団的自衛権··········42,44,55,216,219,221
周辺事態··················35,38,45
　　──安全確保法·················35
JUBILEE 2000·················18
循環型社会形成推進基本法·············160
障害者基本法···················189
障害者差別撤廃条約················177
障害者福祉法···················188
消極的平和··················17,93
少女暴行事件···················35
少数民族·····················186
情報公開法····················181
条約に基づくアプローチ···············95
女性差別撤廃条約·················177
所得倍増計画····················51
新アジェンダ···················69
　　──連合·················59,60,64
新ODA大綱···················137
新ガイドライン··················35
　　──関連法···················35
信教の自由····················79
Think Globally, Act Locally···········12
人　権·······16,119,120,174,177,178,179,180,191
　　──委員会···················190
　　──の国際化··················177
　　──擁護法案················185,190
人種隔離政策(アパルトヘイト政策)········10
人種差別撤廃条約·················177

253

人種差別撤廃宣言……………………185
真珠湾攻撃……………………………27
新植民地主義…………………………5
心身障害者対策基本法………………189
新世界秩序……………………………10
人道支援………………………………134
人道主義的アプローチ………………108
人道問題調整局………………………126
新防衛計画の大綱……………………38
新防衛大綱……………………………13
臣　民…………………………………27
侵略戦争………………………………72
人類益…………………………………6
新冷戦…………………………………9
水平社…………………………………183
枢密院…………………………………54
ステップ・バイ・ステップ・アプローチ…159
生活保護法……………………………181
正義の戦争論（正戦論）……………202
政策提言（アドボカシー）型NGO…168, 169
生存権…………………………………15
正統性…………………………………131
政府開発援助（ODA）……126, 129, 135, 136, 191
　　──大綱……………137, 139, 144, 145, 146
生物兵器禁止条約（BWC）…………97
世界銀行………………………………143
世界社会フォーラム…………………65
世界人権宣言………………………175, 177
世界貿易機関（WTO）第3回閣僚会議……65
世界法廷運動………………………69, 88
積極的平和………………17, 198, 205, 208
絶対的貧困層…………………………10
セーフガード政策……………………143
尖閣諸島……………………………80, 81
選挙権…………………………………179
選挙制度………………………………179
全権委任法……………………………3
戦後政治の総決算……………………52
戦後世代の戦争責任…………………89
戦陣訓…………………………………28
戦争加害………………………………199
戦争責任………………………………200
戦争体験の風化………………………197
戦争についての教育………………201, 207

戦争放棄……………………………55, 213
戦略兵器削減条約……………………60
総合安全保障…………………………122
促進・実現……………………………180
阻止原則宣言…………………………105
尊厳のうちに生きる自由……………119

　　　　　　　タ　行

大気汚染防止法………………………160
第5福竜丸…………………………4, 51
対人地雷禁止条約……………………93
大東亜共栄圏………………………3, 12
対日理事会……………………………213
大日本帝国憲法……………………25, 212
代理署名……………………………35, 63
大量破壊兵器（WMD）……………93, 95
竹　島…………………………………80
多国籍軍………………………………10
他策ナカリシヲ信ゼムト欲ス………44, 217
多文化共生主義………………………85
炭素税制度……………………………170
治安維持法……………………………28
地球温暖化……………………………9
　　──対策推進大綱…………158, 170, 171
　　──対策推進本部…………………163
　　──対策の推進に関する法律（温対法）…158
　　──防止京都会議…………………65
　　──防止行動計画…………………158
地球市民………………………………11
中央アジア非核兵器地帯条約………61
中央環境審議会（中環審）…………161
中央集権国家………………………25, 27
中距離核戦力全廃条約………………60
中堅国家構想（MPI）………………59
駐留米軍地特借法……………………63
超国家主義…………………………27, 28
朝鮮戦争……………………31, 197, 215
直接的暴力……………5, 11, 47, 84, 228, 230
帝………………………………………11, 13
デモクラティック・ピース（民主主義による平和）…10
テ　ロ…………………………………9
　　──対策特別措置法………13, 23, 36, 42
天　皇…………………………………181

――外交……………………………31
　　――制…………………………25, 29
　　――大権………………………212
　　――独白録……………………29
　　――メッセージ………………30
　象徴――…………………………55, 213
同化政策……………………………186
東京招魂社…………………………79
東西問題……………………………5
同時多発テロ事件…………………13, 198, 223
統帥権の独立………………………26
同対審………………………………183, 184, 187
投票権………………………………181
東北アジア地域アクション・アジェンタ……222
同和対策事業促進法………………189
同和対策事業特別措置法…………184
同和対策審議会……………………183
　　――答申………………………183
独島の月……………………………80
トービン税…………………………18
トラテロルコ条約…………………61
トランスナショナル………………11
　　――市民社会…………………18, 53, 54
　　――社会………………………53
　　――（脱国家・超国家）な関係………18
　　――な関係……………………6, 7

ナ　行

内外人平等原則……………………186
内閣総理大臣………………………25
内心の自由…………………………24
長い平和……………………………17
ナショナリズム……………………11, 28, 112, 200
NATO（北大西洋条約機構）……14, 35, 41, 116
ナポレオン…………………………191
ナルマダダム・プロジェクト……143
南極条約……………………………61, 69
南京虐殺……………………………198
南北問題……………………………5, 10
難　民………………………………182, 191
　　――条約………………………186
2010年地球温暖化防止シナリオ…170
日米安全保障条約…………………29, 30, 34, 49, 50, 61, 216
日米安保共同宣言…………………35

日米安保再定義……………………35, 54
日米核安保体制……………………49, 229
日米地位協定………………………63, 69
日米防衛協力のための指針………34, 35
日韓共同宣言………………………73
日朝平壌宣言………………………73
二風谷訴訟…………………………187
日本教職員組合（日教組）………197
日本経済団体連合会（経団連）…164
日本国憲法…………………………2, 50, 196, 210, 212
日本ハーグ平和アピール運動……222
日本平和博物館会議………………227
「日本万国博覧会」（大阪万博）…52
人間開発……………………………119
　　――報告書……………………116
人間の安全保障……………………95, 108, 115, 117,
　　119, 120, 124, 129, 134, 146, 148, 149, 229
　　――委員会……………………116, 126, 146
　　――基金………………………125, 129, 146
　　――ネットワーク……………129
　　――ユニット…………………126
人間の解放…………………………125
人間の鎖……………………………64
人間の尊厳…………………………118, 175, 176, 177, 178
人間の不安全………………………121
ネオリアリズム……………………8, 17, 34, 44
ノーマライゼーション……………188

ハ　行

排出量取引…………………………167
ハーグアジェンダ…………………198
ハーグ世界平和市民会議…………222
ハーグ陸戦規則……………………111
覇権国………………………………7
破綻国家（failed states）…………12
バブル景気…………………………52
パリ原則……………………………190
パルメ委員会………………………122
反核運動……………………………49, 56, 66
反核平和運動………………………197
バンコク条約………………………61
反戦的平和運動……………………47
非核3原則…………………………49, 57, 62, 217, 230
非核自治体宣言……………………60, 228

非核宣言自治体協議会	59
ビキニ水爆被災事件	197, 225
PKO	18
——参加5原則	220
非国家的行為体	6
被差別部落	182, 183
——開放	47
ピースボート	222
被爆者援護法	57
BBCチャイナ号事件	105
表現の自由	24, 176, 180
ファシズム	3
不安定の狐	39
フィージビリティ・スタディ(実行可能性調査)	142
不拡散	93, 94
武器輸出3原則	39, 45, 99, 230
福祉国家	176
福祉政策	181
富国強兵	27
不戦条約	3, 210
普通選挙	28, 182
普天間基地移転	54
部分的核実験禁止条約	60
部落解放同盟	184
部落差別	183
プラザ合意	52
フランス革命	191
フランス人権宣言	176
武力攻撃事態対処法	36
武力紛争予防のためのグローバル・パートナーシップ(GPPAC)	65, 222
プロパガンダ	87
文化的暴力	47
紛争の「民営化」	13
紛争ワーカー	12
文民統制(シビリアン・コントロール)	31
兵器用核分裂性物質生産禁止条約(カットオフ)条約	97
米軍再編	14, 23, 24, 38, 40, 41
——特措法	23
米軍トランスフォーメーション	38
平和運動	16, 66
平和教育	16, 197, 227

平和強制	18
平和構築	13, 65, 146, 148
平和構築活動	149
平和市長会議	59, 60
平和主義	204
平和資料館・博物館	84, 198, 227
平和の礎	64
平和のための博物館市民ネットワーク	227
平和の文化	198
平和への課題	149
平和問題研究連絡委員会	9
北京女性会議	65
ペシャワール会	51
ベトナム戦争	48, 51
ベトナム反戦運動	51
辺野古	36
ペリンダバ条約(アフリカ非核兵器地帯条約)	61
ベルリンの壁	8
偏向教育	16, 195
保安隊	50, 216
防衛計画の大綱	31, 39
防衛省	23
貿易振興機構(JETRO)	140
包括的核実験禁止条約(CTBT)	97
包括的平和教育	198
方言撲滅運動	25
法治主義	42
報道の自由	181
法の支配	42, 175, 182
法務省	184
保護	121, 147, 180
戊辰戦争	25
北海道ウタリ協会	186
北海道旧土人保護法	186
ポツダム宣言	213
北方領土	80
輔弼	26, 27

マ行

マッカーサー3原則	213
マッカーサー草案	213
マッカーサー・ノート	54
満州事変	48, 212

ミサイル技術管理レジーム（MTCR）	99
三矢研究	45
ミドル・パワー	6, 17
南満州鉄道(満鉄)	67
ミレニアム開発目標	137
民間軍事会社	12, 18
民主主義	176, 179, 182
民主的平和論	198
無事法制	230
村山談話	73
明文改憲	215, 221, 225

ヤ 行

夜警国家	7
靖国神社	79
──参拝	72
──問題	71
ヤルタ会談	4
有　事	15
──関連 7 法	36
──法制	230
遊就館	79
輸出管理政策	93
輸出管理レジーム	98, 100
──に基づくアプローチ	95
ユネスコ	198
要請主義	137, 140
抑止力	4
吉田外交	44

世論操作	87
拉致問題	81, 86, 191

ラ 行

ラロトンガ条約	61
リアリズム	6, 7
リスト規制	100, 102
理想主義	3
立憲君主制	25, 28
立憲主義	25
リベラリズム	7
リベラル・ピース	10
柳条湖事件	67
良心の囚人	18
領土問題	71, 72, 80, 86
累積債務問題	10
冷　戦	4, 35, 41, 197
──終結宣言	9, 34
歴史教科書問題	71, 73
レジーム	93
連合国軍総司令部	54
労働基準監督署	175
労働者の権利	176
盧溝橋事件	27, 67

ワ 行

ワッセナー・アレンジメント（WA）	99
ワルシャワ条約機構	41
湾岸戦争	99, 220

執筆者紹介

(執筆順・＊印は編者)

＊池尾 靖志(いけお やすし)　京都精華大学教育推進センター嘱託准教授　序章・1章・あとがき

＊安斎 育郎(あんざい いくろう)　立命館大学特命教授・同国際平和ミュージアム館長　2章・3章・10章・終章・資料(年表)

佐藤 史郎(さとう しろう)　龍谷大学アフラシア平和開発研究センター博士研究員　4章(2・5・6・7節)・コラム3

松村 博行(まつむら ひろゆき)　立命館大学非常勤講師　4章(1・3・4節)

池田 丈佑(いけだ じょうすけ)　立命館大学衣笠総合研究機構ポストドクトラルフェロー　5章

上野 友也(かみの ともや)　日本学術振興会特別研究員　コラム4

川村 暁雄(かわむら あきお)　チュラロンコン大学客員教員　6章・8章

山岸 尚之(やまぎし なおゆき)　WWF(世界自然保護基金)ジャパン自然保護室気候変動グループ長　7章

村上登司文(むらかみ としふみ)　京都教育大学教授　9章

| 2007年11月10日 | 初版第1刷発行 |
| 2010年2月15日 | 初版第3刷発行 |

日本から発信する平和学

編者　安斎育郎（あんざい いくろう）
　　　池尾靖志（いけお やすし）

発行者　秋山　泰

発行所　株式会社　法律文化社

〒603-8053　京都市北区上賀茂岩ヶ垣内町71
電話 075(791)7131　FAX 075(721)8400
URL：http://www.hou-bun.co.jp/

Ⓒ2007 Ikuro Anzai, Yasushi Ikeo Printed in Japan
印刷：㈱太洋社／製本：㈱藤沢製本
装幀　石井きよ子
ISBN 978-4-589-03046-7

ヨハン・ガルトゥング著
木戸衛一・藤田明史・小林公司訳
ガルトゥングの平和理論
―グローバル化と平和創造―
A5判・280頁・3465円

平和を脅かすあらゆる紛争を平和学理論に基づいて整理し，紛争転換のための実践的方法論を提示したガルトゥング平和理論の体系書。国家や民族の紛争だけでなく，開発や文化に内在する問題にも言及。

石原昌家／仲地　博／C・ダグラス・ラミス編
オキナワを平和学する！
A5判・230頁・2310円

沖縄の歩みが戦後日本に問い続けるものとは何か。平和的営みを模索してきた住民の思想や脱基地にむけた動きをさぐり，平和な島づくりを阻む要因を明らかにする。沖縄の基地化60年の歴史を知るための決定版。

進藤榮一・水戸考道編
戦後日本政治と平和外交
―21世紀アジア共生時代の視座―
A5判・208頁・2415円

戦後日本の歩んだ平和と安全保障をめぐる政治過程を分析するとともに，日本政治における対アジア外交の実証的検証を試みる。戦後日本政治の成果と課題を明確にし，21世紀アジア共生時代の展望を考察する。

木村　朗著
危機の時代の平和学
四六判・318頁・2835円

ユーゴ＝ソ連紛争から冷戦の終焉，その後の国際秩序の変容をたどった第二次大戦後の国際関係史の証言と記録。構造的暴力の克服と市民や自治体を主体とする積極的平和の創造を説き，平和の研究・教育・運動の三位一体をめざす。

初瀬龍平・野田岳人編
日本で学ぶ国際関係論
A5判・194頁・2625円

「日本で学ぶ」という視点で国際関係を考えるユニークな教養テキスト。政治学の基本からグローバル化時代の今後の国際関係論まで網羅的にカバーする。わかりやすい記述とルビつきの文章で外国人学生にも最適。

―法律文化社―

表示価格は定価（税込価格）です。